KB262747

TOPIK II

Test Of Proficiency In Korean II

만점에 도전하라!

천성옥 · 김윤진 · 차은영

Hawoo Publishing Inc.

저자 소개

천성옥

한국외국어대학교 대학원 글로벌문화콘텐츠학과 박사 과정
이화여자대학교 국제대학원 한국학과 한국어교육 석사
인덕대학교 국제교육센터 한국어 전임 강사
Master Topik 중·고급 온라인 강의
전 한국국제교류재단 문화센터 한국어교실 팀장
저서: 『한국어 이렇게 가르쳐요!』(교사용 지침서)
　　　『TOPIK 실전모의고사』(2015)
　　　『TOPIK 만점에 도전하라』 초·중·고급
　　　『TOPIK 어휘로 잡아라』 초·중·고급
　　　『열린 한국어』 초·중급·고급
　　　『한국어교실 엿보기』 초·중급(교사용 지침서)
　　　『거침없이 한국어』 1·2·3권
　　　(MBC 시트콤 〈거침없이 하이킥〉으로 배우는 한국어)
　　　『즐거운 한국어 문법』 초·중·고급
　　　『셰프 한국어』(광고로 배우는 한국어/교사용 지침서)
　　　『TOPIK 한 번에 패스하기』 중급

김윤진

한양대학교 교육대학원 외국인을 위한 한국어교육 석사
한양대학교 국제교육원 한국어 강사
저서: 『열린 한국어』 초·중급
　　　『TOPIK 만점에 도전하라』 고급
　　　『TOPIK 어휘로 잡아라』 고급

차은영

한국외국어대학교 한국어문화원 한국어강사
한국외국어대학교 국제지역대학원 한국학과 박사 과정
한국외국어대학교 대학원 국어국문학과 한국어교육 석사
저서: 『TOPIK 만점에 도전하라』 고급
　　　『TOPIK 어휘로 잡아라』 고급

TOPIK Ⅱ 만점에 도전하라!

초판 1쇄 2016년 2월 18일
3쇄 2019년 9월 11일

지은이 천성옥 · 김윤진 · 차은영
펴낸이 박민우
기획팀 송인성, 김선명, 박종인
편집팀 박우진, 김영주, 김정아, 최미라, 전혜련
관리팀 임선희, 정철호, 김성언, 권주련
펴낸곳 (주)도서출판 하우

주소 서울시 중랑구 망우로68길 48
전화 (02)922-7090
팩스 (02)922-7092
홈페이지 http://www.hawoo.co.kr
e-mail hawoo@hawoo.co.kr
등록번호 제475호

값 22,000원(MP3 CD 포함)
ISBN 979-11-86610-34-3　18710

　이 책은 35회부터 개편된 한국어능력시험의 새로운 체제에 맞추어 한국어능력시험Ⅱ(중·고급)를 준비하고 있는 수험자들에게 효과적이고 체계적으로 학습할 수 있도록 안내하는 수험 전략 대비서이다.

　한국어를 오래 공부한 학습자라 할지라도 TOPIK의 문제 유형을 평소 골고루 접해 보지 않으면 시험에서 좋은 성적을 거두기가 쉽지 않다. 따라서 한국어능력시험을 대비하기 위한 효율적인 수험 준비를 위해 토픽의 유형을 정확하게 파악하고 익히는 것이 중요하다. 이 책에서는 최신의 기출 회차 문제를 중심으로 기존의 중급과 고급 단계의 기출 문제를 고루 접하게 함으로써 수험생들에게 가장 필요한 핵심 전략을 한눈에 파악하기 쉽도록 단계적으로 제시하였다. 이러한 풀이 전략을 통해 학습자 스스로 문제 해결 능력을 키울 수 있도록 하여 시험에 적절하게 대처할 수 있도록 하였고 책의 말미에는 실제 시험과 동일한 모의고사를 2회 수록하여 실전에 완벽하게 대비할 수 있게 하였다.

　수험서는 계속 쏟아져 나오지만 정작 학습자의 시각에서, 학습자에게 필요한 효율적인 교재의 선택은 그리 쉽지 않다. 이러한 면에서 이 책이 한국어능력시험 고급 단계의 합격을 향해 조금 더 수월하게 다가갈 수 있는 친절한 학습서가 될 수 있기를 바란다.

　마지막으로 한국어교육에 대한 열정으로 'TOPIK 만점에 도전하라'와 '어휘로 잡아라' 초급, 중급과 고급에 이르기까지, 한국어능력시험 Ⅰ,Ⅱ의 수험서 전 단계를 망라하는 전 시리즈 출간을 위해 애써 주신 도서출판 하우의 박민우 대표님을 비롯한 편집팀과 모든 관계자 여러분께 깊은 감사의 말씀을 전하는 바이다.

2015년 11월

저자 일동

교재의 구성과 특징

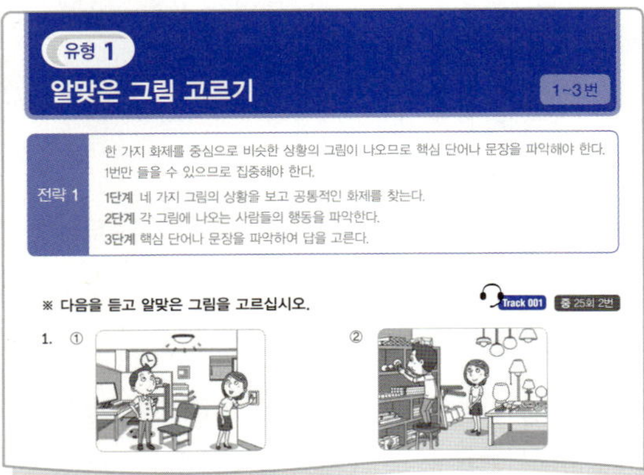

☐ 유형 분석

한국어능력시험의 개편된 체제를 반영한 기출 문제를 유형별로 분류하여 그 차이점을 꼼꼼하게 분석하였습니다.

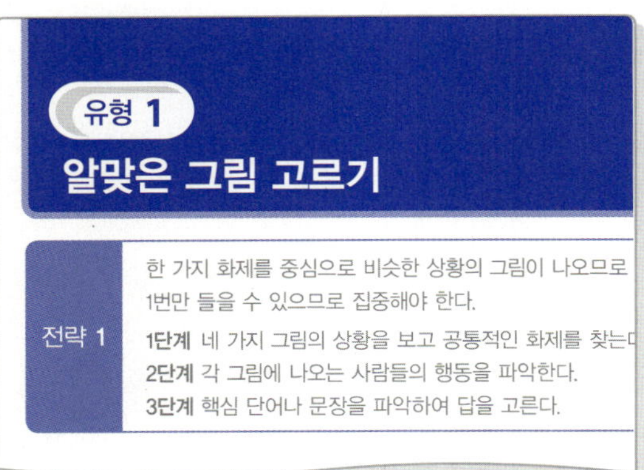

☐ 문제 유형별 전략

유형별 접근 방식과 풀이 전략을 단계적으로 제시하였고, 표현이나 문장 간의 관계를 이용하여 전체 내용 이해하기, 핵심 어휘나 표현을 중심으로 내용 파악하기, 공통 화제를 바탕으로 문제 추측하기 등의 전략을 제공하고 있습니다.

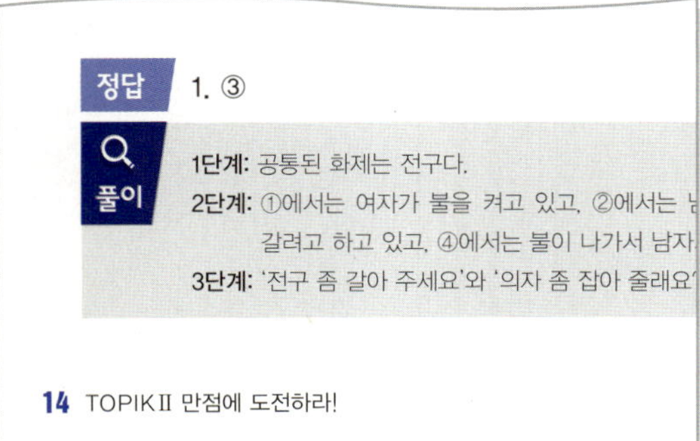

☐ 풀이

앞서 제시한 전략을 활용하여 문제를 해결하는 방법을 제시하고 있습니다. 문제마다 답이 되는 이유와 될 수 없는 이유를 알기 쉽게 설명하였고 정답을 제외한 모든 선택지에 대한 적절한 예문을 함께 제시함으로써 문제에 대한 이해와 활용도를 높였습니다.

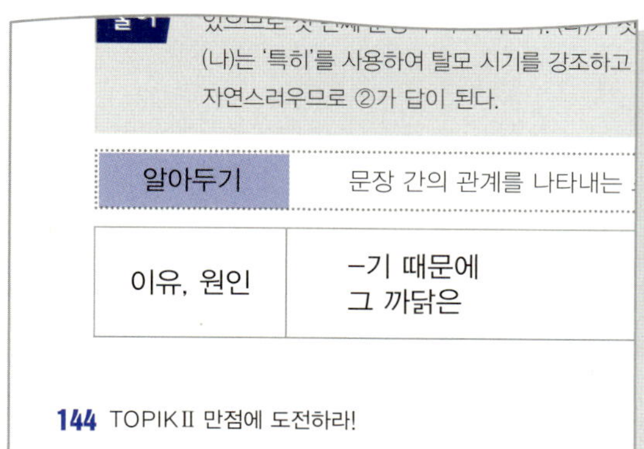

🔲 알아두기

문장 간의 관계를 나타내는 접속어 및 표현,
개념을 정의하는 표현 등을 보기 쉽게 별도로
정리하였습니다. 알아두기의 내용을 미리 익혀
해당 유형의 문제를 어려움 없이 풀 수 있도록
하였습니다.

🔲 실전 모의고사 2회

최근 새롭게 바뀐 토픽 체제에 준하여 실제
시험문제와 동일한 모의고사를 총 2회 수록하여
전체적인 문제 풀이 경험을 쌓아 실전에 철저히
대비할 수 있게 하였습니다.

차례

Part 1. 핵심 풀이 전략 (듣기 / 쓰기 / 읽기)

Part 2.　모의고사 실전문제 (듣기 / 쓰기 / 읽기)

부록　듣기 대본 / 정답표

TOPIK Test of Proficiency in Korean

시험의 목적 Purpose of Test

한국어를 모국어로 하지 않는 재외동포·외국인의 한국어 학습 방향 제시 및 한국어 보급 확대
한국어 사용 능력을 측정·평가하여 그 결과를 국내 대학 유학 및 취업 등에 활용

응시 대상 Applicant Qualification

한국어를 모국어로 하지 않는 재외동포 및 외국인으로서
– 한국어 학습자 및 국내 대학 유학 희망자
– 국내외 한국 기업체 및 공공기관 취업 희망자
– 외국 학교에 재학 중이거나 졸업한 재외국민

유효 기간 Valid Until

성적 발표일로부터 2년간 유효

주관 기관 Management Organization

교육부 국립국제교육원

시험 수준: TOPIK I, TOPIK II
평가 등급: 6개 등급(1~6급)
획득한 종합 점수를 기준으로 판정되며, 등급별 분할 점수는 아래와 같습니다.

구분	TOPIK I		TOPIK II			
	1급	2급	3급	4급	5급	6급
등급 결정	80점 이상	140점 이상	120점 이상	150점 이상	190점 이상	230점 이상

※ 35회 이전 시험 기준으로 TOPIK I은 초급, TOPIK II는 중·고급 수준입니다.

문항구성

1) 수준별 구성

시험 수준	교시	영역(시간)	유형	문항 수	배점	총점
TOPIK I	1교시	듣기(40분)	객관식	30	100	200
		읽기(60분)	객관식	40	100	
TOPIK II	1교시	듣기(60분)	객관식	50	100	300
		쓰기(50분)	주관식	4	100	
	2교시	읽기(70분)	객관식	50	100	

2) 문제유형

- 객관식 문항(사지선다형)
- 주관식 문항(쓰기 영역)
  · 문장 완성형(단답형): 2문항
  · 작문형: 2문항(200~300자 정도의 중급 수준 설명문 1문항, 600~700자 정도의 고급 수준 논술문 1문항)

Part 1.
핵심 풀이 전략

- ☐ 듣기 Listening
- ☐ 쓰기 Writing
- ☐ 읽기 Reading

PART 1.

핵심 풀이 전략

문항 유형	문항 번호
1	알맞은 그림 고르기	1~3
2	이어지는 말 고르기	4~8
3	이어지는 행동 고르기	9~12
4	세부 내용 파악하기	13~16
5	중심 생각 고르기	17~20
6	중심 생각 고르기 + 세부 내용 파악하기	21~22
7	담화 유형 파악하기 + 세부 내용 파악하기	23~24
8	중심 생각 고르기 + 세부 내용 파악하기	25~26
9	화자의 의도 고르기 + 세부 내용 파악하기	27~28
10	대화 참여자 파악하기 + 세부 내용 파악하기	29~30
11	화자의 생각 파악하기 + 화자의 태도 파악하기	31~32
12	주제 고르기 + 세부 내용 파악하기	33~34
13	담화 유형 파악하기 + 세부 내용 파악하기	35~36
14	중심 생각 고르기 + 세부 내용 파악하기	37~38
15	앞에 올 내용 고르기 + 세부 내용 파악하기	39~40
16	세부 내용 파악하기 + 중심 생각 고르기	41~42
17	이유 파악하기 + 중심 내용 고르기	43~44
18	세부 내용 파악하기 + 화자의 태도 파악하기	45~46 47~48 49~50

알맞은 그림 고르기

전략 1

한 가지 화제를 중심으로 비슷한 상황의 그림이 나오므로 핵심 단어나 문장을 파악해야 한다. 1번만 들을 수 있으므로 집중해야 한다.

1단계 네 가지 그림의 상황을 보고 공통적인 화제를 찾는다.

2단계 각 그림에 나오는 사람들의 행동을 파악한다.

3단계 핵심 단어나 문장을 파악하여 답을 고른다.

※ 다음을 듣고 알맞은 그림을 고르십시오.

 Track 001 중 25회 2번

1. ①  ② 

③  ④ 

> 여자: 불이 나가서 그러는데 전구 좀 갈아 주세요.
>
> 남자: 그래요. 그럼 이 의자 좀 잡아 줄래요?
>
> 여자: 네. 그럴게요. 조심해서 하세요.

정답 1. ③

 **풀이**

1단계: 공통된 화제는 전구다.

2단계: ①에서는 여자가 불을 켜고 있고, ②에서는 남자가 전구를 찾고 있고, ③에서는 남자가 전구를 갈려고 하고 있고, ④에서는 불이 나가서 남자가 촛불을 켰다.

3단계: '전구 좀 갈아 주세요'와 '의자 좀 잡아 줄래요?'라는 말이 있으므로 ③이 답이 된다.

※ 다음을 듣고 알맞은 그림을 고르십시오.

2. ①  ② 

③  ④ 

남자: 손님 방은 302호고요. 열쇠는 여기 있습니다.

여자: 고마워요. 그런데 제가 짐이 좀 많은데 도와주시겠어요?

남자: 네. 여기 두고 가시면 저희가 옮겨 드리겠습니다.

정답   2. ④

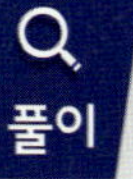 **풀이**

1단계: 공통된 화제는 짐과 열쇠다.

2단계: ①, ②, ③에서는 여자가 열쇠를 들고 있고 ④에서는 남자가 여자에게 열쇠를 주고 있다. ①에서는 남자가 방에 짐을 내려놓았고, ②에서는 남자가 짐을 실은 카트를 옆에 두고 엘리베이터를 타려고 버튼을 누르고 있고, ③에서는 남자가 짐을 실은 카트를 밀며 방에 들어가려고 하고 있고, ④에서는 여자의 옆에 짐이 놓여 있다.

3단계: '열쇠는 여기 있습니다'와 '여기 두고 가시면 저희가 옮겨 드리겠습니다'라는 남자의 말이 있으므로 ④가 답이 된다.

3. ① 　② 

③ 　④ 

남자: 이 양복에 어울리는 구두를 사려고 하는데요.

여자: 그 옷에는 이런 게 잘 어울릴 것 같은데요. 한번 신어 보시겠어요?

남자: 이거랑 비슷한 건 있어요. 다른 거로 보여 주세요.

정답　3. ①

풀이

1단계: 공통된 화제는 구두이다.

2단계: ①에서는 여자가 구두를 추천하고 있고, ②에서는 남자가 구두를 신어 보고 있고, ③에서는 남자가 계산을 하려고 하고 있고, ④에서는 남자가 구두 상자를 들고 있다.

3단계: '다른 거로 보여 주세요'라는 말이 있으므로 ①이 답이 된다.

전략 2	각 그림의 차이를 파악한 후 핵심 단어나 문장을 듣고 답을 고른다. 1번만 들을 수 있으므로 집중해야 한다. **1단계** 선택지를 보고 각 그림의 차이를 파악한다. **2단계** 핵심 단어나 문장을 듣고 답을 고른다.

※ 다음을 듣고 알맞은 그림을 고르십시오.

중 24회 1번

4.

① 

② 

③ 

④ 

남자: 오늘 설거지는 내가 할게요.

여자: 그럴래요? 그럼 내가 그릇이랑 식탁을 치울게요.

남자: 그래요. 빈 그릇 좀 이쪽으로 주세요.

정답 4. ①

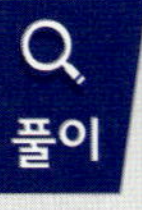
풀이

1단계: ①에서는 남자가 이제 막 설거지를 하려고 하고, ②에서는 남자가 식당에서 음식을 주문하려고 하며, ③에서는 남자와 여자가 같이 음식을 만들고 있다. ④에서는 남자와 여자가 가게에서 그릇을 고르고 있다.

2단계: '설거지'라는 핵심 단어가 있으므로 ①이 답이 된다.

※ 다음을 듣고 알맞은 그림을 고르십시오.

Track 005   37회 3번

5.

① 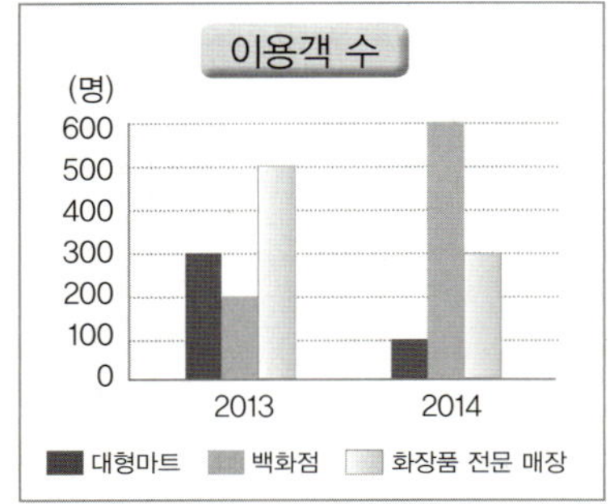

② 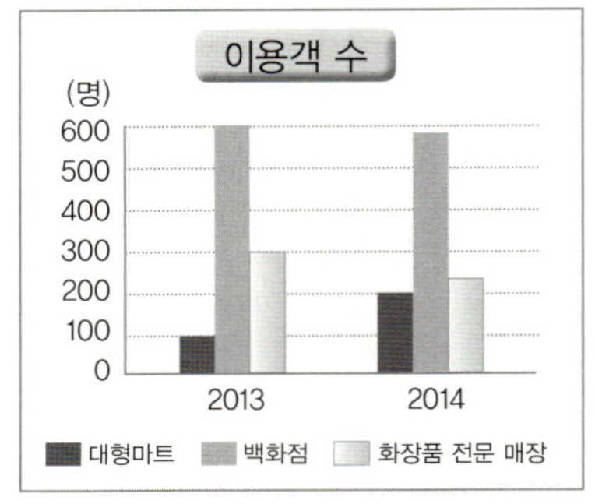

③ 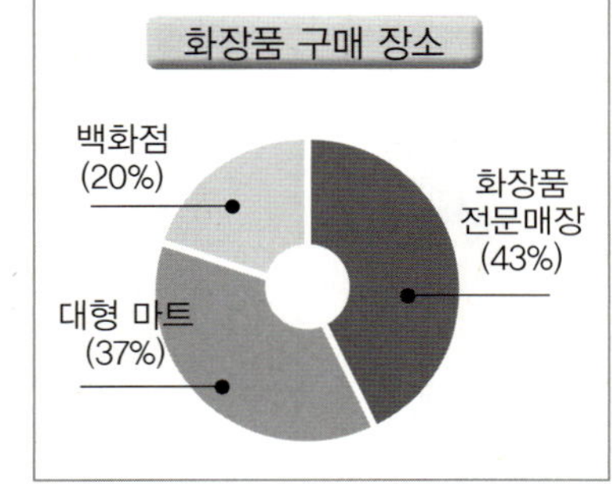

④ 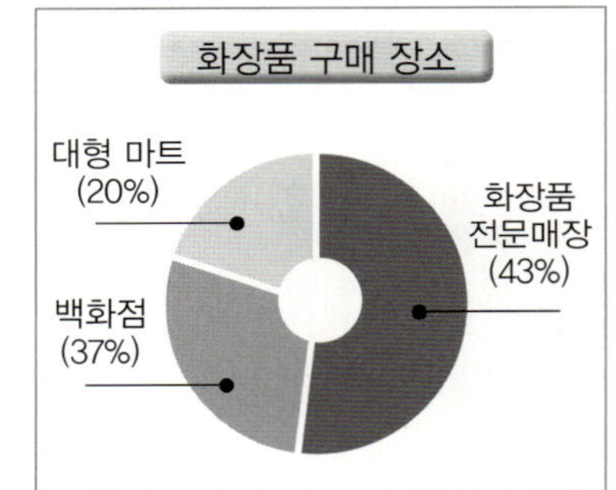

> **남자:** 30대 여성을 대상으로 화장품 구매 장소를 조사한 결과 화장품 전문 매장을 가장 많이 이용하는 것으로 나타났습니다. 그 다음으로는 백화점과 대형 마트가 뒤를 이었는데 백화점 이용객은 지난해에 비해서 크게 줄어든 것으로 조사되었습니다.

정답   5. ④

풀이

1단계: ①과 ②는 장소별 이용객 수 변화를 나타내고 있다. 대형 마트 이용객 수의 변화에 대해 상반된 결과를 나타내며, 백화점 이용객 수의 경우 ①에서는 증가하고 있는 반면 ②에서는 큰 차이가 없다. ③과 ④는 화장품 구매 장소를 나타내고 있는데 1위는 같지만 2, 3위에서 차이를 보인다.

2단계: 백화점 이용 고객이 지난해에 비해 크게 줄었다고 했으므로 증가하거나 큰 차이를 보이지 않는 ①과 ②는 답이 될 수 없다. 화장품 구매 장소로 가장 많이 이용하는 곳은 전문매장이며 백화점과 대형 마트가 뒤를 이었다고 했으므로 ④가 답이 된다.

※ 다음을 듣고 알맞은 그림을 고르십시오.

Track 006 | 36회 3번

6. ①
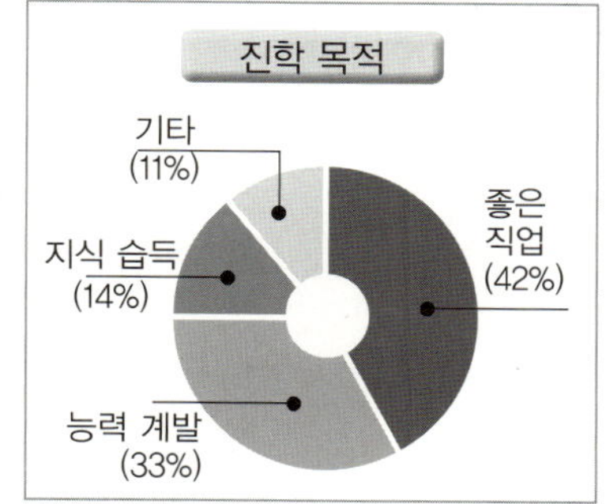

②
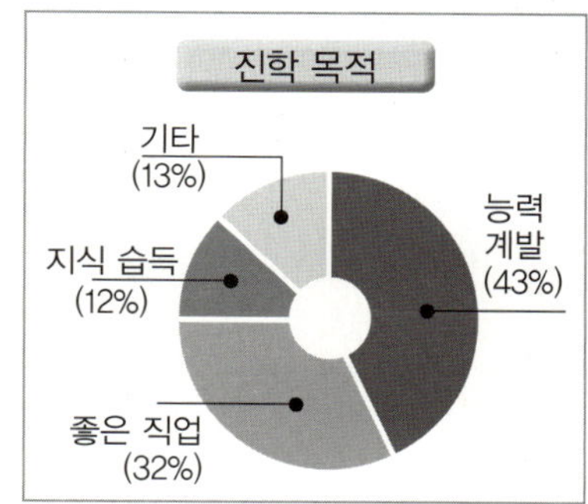

③
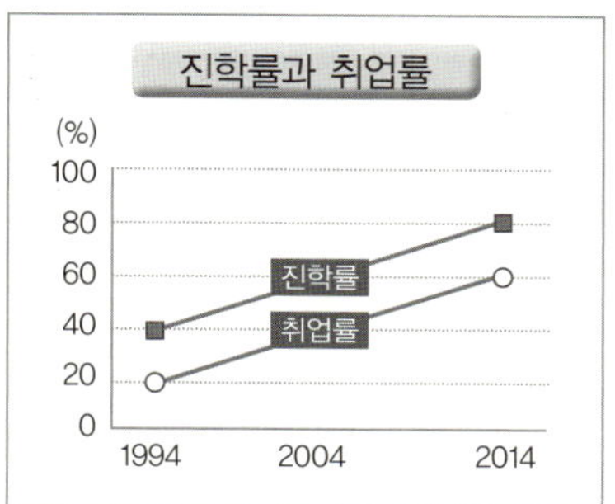

④
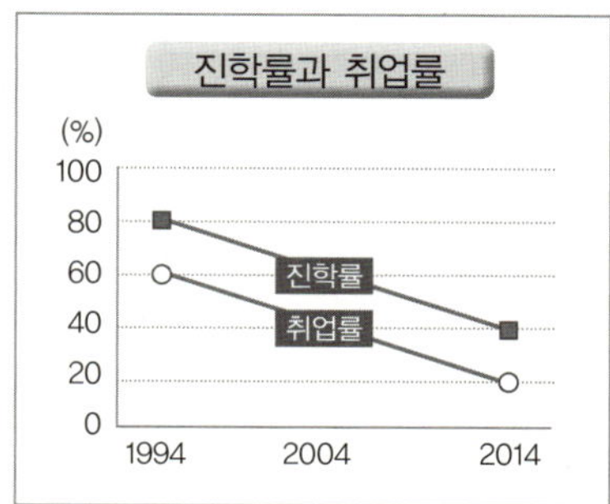

남자: 대학생을 대상으로 대학 교육을 받으려는 목적을 조사한 결과 '좋은 직업을 갖기 위해'라는 응답이 가장 많았으며 '능력 계발'과 '지식 습득'이 뒤를 이었습니다. 이는 진학률은 높아졌지만 취업률은 낮아지는 현실에 대한 학생들의 고민을 반영하는 것으로 보입니다.

정답 6. ①

풀이

1단계: ①, ②는 진학 목적을 나타내고 있고 ③은 지난 10년간의 진학률과 취업률이 함께 증가하고 있으며 ④는 함께 감소됨을 알 수 있다.

2단계: 대학 교육을 받으려는 목적으로 '좋은 직업을 갖기 위해'라는 응답이 많았으므로 ①은 답이 되고, ②는 답이 될 수 없다. 진학률이 높아졌지만 취업률이 낮아졌다고 했으므로 ③, ④는 답이 될 수 없다.

전략 1

선택지에서 공통적인 화제를 찾을 수 있으면, 대화 상황을 파악하여 답이 될 수 없는 것을 찾아서 지운다. 1번만 들을 수 있으므로 집중해야 한다.

1단계 선택지를 보고 무엇에 대한 이야기일지 생각해 본다.

2단계 대화를 들으면서 답이 될 수 없는 것부터 지운다.

※ 다음 대화를 잘 듣고 이어질 수 있는 말을 고르십시오.

1. ① 정말 좋은 기회니까 잘 쉬고 와요.
   ② 그렇게 하고 싶어 하는 줄 몰랐어요.
   ③ 특별히 휴가를 낼 만큼 바빴나 봐요.
   ④ 그래도 가기로 한 건데 잘 해 보세요.

> 남자: 수진 씨, 다음 주부터 봉사 활동 간다면서요?
> 여자: 네, 꼭 해 보고 싶었던 일이라 휴가를 냈어요.
> 남자: ＿＿＿＿＿＿＿＿＿＿＿＿＿＿＿＿＿＿＿

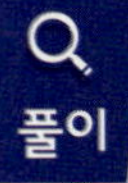

정답 1. ②

풀이

1단계: 공통 화제는 '휴가에 대한 이야기'이다.

2단계: 여자는 봉사 활동을 꼭 해 보고 싶어서 휴가를 냈다고 했다. 봉사 활동을 가는데 잘 쉬고 오라고 한 ①, 바빠서 휴가를 냈다고 생각한 ③ 모두 답이 될 수 없다. ④는 꼭 해 보고 싶었다는 말에 대한 답으로 어울리지 않으므로 답이 될 수 없다. 따라서 ②가 답이 된다.

※ 다음 대화를 잘 듣고 이어질 수 있는 말을 고르십시오.

2. ① 살아 보니 소음이 너무 심하더라고.

② 혼자 사는 것보다 둘이 사는 게 좋았어.

③ 지금 집은 학교와 가까워서 편하고 좋아.

④ 부동산에 가서 알아보는 게 좋을 것 같아서.

여자: 요즘 새로 이사할 집을 알아보고 있어.

남자: 왜? 지금 사는 집 아주 마음에 든다고 했잖아.

여자: ____

정답 2. ①

풀이

1단계: 공통 화제는 '집'이다.

2단계: 여자는 처음에 집이 마음에 들었지만 이사하려고 하므로 그 이유로 적당한 것을 찾는다. ②는 집이 아니라 사람 수에 대한 것이므로 답이 될 수 없다. ③은 집이 좋다면 이사하지 않을 것이므로 답이 될 수 없다. ④는 대화에 맞지 않으므로 답이 될 수 없다. 따라서 집의 단점에 대해 말한 ① 이 답이 된다.

※ 다음 대화를 잘 듣고 이어질 수 있는 말을 고르십시오.

3. ① 선배를 기다리고 있는 중이야.

② 이것부터 먼저 끝내고 나가자.

③ 정문 앞에서 만나서 출발할 거야.

④ 나도 그쪽으로 갈 건데 같이 가자.

> 여자: 어디 가는 길이야?
>
> 남자: 정문 앞에서 점심 약속이 있어서. 민수 선배 만나기로 했거든.
>
> 여자: ____

정답 3. ④

 **풀이**

1단계: 공통 화제는 '약속'이다.

2단계: 어디에 가냐는 여자의 질문에 남자는 '정문 앞에서 점심 약속이 있어서'라고 대답했다. 남자가 여자에게 무엇을 하는지 물은 것이 아니기 때문에 ①은 답이 될 수 없다. ②는 두 사람이 같이 가는 상황이 아니므로 답이 될 수 없다. ③은 남자가 어디에서 출발하냐고 묻지 않았으므로 답이 될 수 없다. 따라서 ④가 답이 된다.

※ **다음 대화를 잘 듣고 이어질 수 있는 말을 고르십시오.**  중 23회 3번

4. ① 지금 바로 일을 시작하세요.

② 퇴근 전까지 끝내도록 하세요.

③ 일찍 출근해서 다 해 놓았군요.

④ 아직 일하고 있을 수도 있겠네요.

> 여자: 오늘까지 해 달라고 한 일은 끝났어요?
>
> 남자: 아직요. 지금 하고 있는데요.
>
> 여자: ____

정답 4. ②

풀이

1단계: 공통 화제는 '일'이다.

2단계: 일을 끝냈냐는 여자의 질문에 남자는 지금 하고 있다고 대답했다. 이러한 상황에서 여자가 남자에게 일을 시작하라고 하거나, 다 해 놓았다고 감탄하거나, 일을 하고 있을 거라고 추측하는 것은 자연스럽지 않으므로 ①, ③, ④는 답이 될 수 없다. 따라서 ②가 답이 된다.

5. ① 끝나는 대로 바로 알려 주세요.
② 영화가 시작된 지 한참 됐어요.
③ 미리 예매를 해 둘 걸 그랬어요.
④ 인기 있는 영화니까 걱정 마세요.

> 남자: 와, 요즘 이 영화가 인기가 많다더니 극장이 정말 복잡하네요.
>
> 여자: 정말 그렇네요. 표를 사려면 한참 걸리겠어요.
>
> 남자: ____

정답 5. ③

풀이
1단계: 공통 화제는 '영화'이다.
2단계: 여자가 표를 사려면 한참 걸리겠다고 걱정하고 있는 것으로 보아 영화표를 사고 있는 상황이므로 ①, ②는 답이 될 수 없다. 영화가 인기가 많아서 표를 사려면 한참 걸리겠다고 했는데, 인기 있는 영화니까 걱정하지 말라고 하는 것은 자연스럽지 않으므로 ④도 답이 될 수 없다. 따라서 ③이 답이 된다.

※ 다음 대화를 잘 듣고 이어질 수 있는 말을 고르십시오.

6. ① 네. 다른 책을 보는 게 좋겠어요.

② 네. 다 읽고 나면 좀 빌려 주세요.

③ 아니요. 다시 한번 읽어 보려고요.

④ 아니요. 책이 없어서 못 읽어 봤어요.

> 여자: 뭘 그렇게 열심히 보고 있어요?
>
> 남자: 요즘 인기 있는 책인데 재밌어요. 미진 씨도 읽어 볼래요?
>
> 여자: ____

정답   6. ②

풀이

1단계: 공통 화제는 '책'이다.

2단계: 남자가 책이 재미있다고 여자에게 책을 읽어보겠냐고 물었다. 이러한 상황에서 다시 한 번 읽어보려고 한다거나. 책이 없어서 못 읽어 봤다는 것은 자연스럽지 않으므로 ③, ④는 답이 될 수 없다. ①은 남자의 질문에 '네'라고 대답하면 그 책을 읽겠다는 말이 이어져야 하므로 답이 될 수 없다. 따라서 ②가 답이 된다.

※ 다음 대화를 잘 듣고 이어질 수 있는 말을 고르십시오.

7. ① 며칠 더 걸릴 것 같습니다.

② 이미 전시회를 시작했습니다.

③ 다음 달에 초대하려고 합니다.

④ 계획보다 늦게 올 것 같습니다.

> 여자: 다음 달에 열리는 전시회 기획안입니다. 검토 좀 부탁드리겠습니다.
>
> 남자: 수고했어요. 지영 씨, 그런데 전시회 초대 손님 명단은 다 정리되어 가나요?
>
> 여자: ____

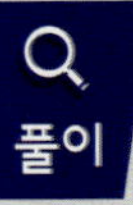

정답 7. ①

풀이

1단계: ①은 시간이 걸린다, ②는 전시회를 시작했다, ③은 다음 달에 초대할 예정이다, ④는 계획보다 늦을 것 같다는 것이 중요한 부분이다.

2단계: 남자가 전시회 초대 손님 명단이 정리되었는지 물었으므로 ①이 답이 된다.

②, ③, ④는 상황과 맞지 않으므로 답이 될 수 없다.

※ 다음 대화를 잘 듣고 이어질 수 있는 말을 고르십시오.  Track 014 중 24회 3번

8. ① 그런데 일이 일찍 끝났나 봐요.
    ② 그러면 빵하고 우유 좀 부탁해요.
    ③ 그래도 근처에 있는 가게에 가세요.
    ④ 그리고 너무 늦게까지 일하지 마세요.

남자: 지금 퇴근해요?

여자: 아니요. 잠깐 가게에 좀 다녀오려고요. 뭐 필요한 거 있으면 사다 줄까요?

남자: ____

정답 8. ②

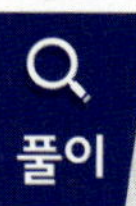
풀이

1단계: ①은 일이 일찍 끝난 것 같다. ②는 빵과 우유를 사다 달라는 부탁. ③은 근처 가게에 가라. ④는 늦게까지 일하지 말라는 것이 중요한 부분이다.

2단계: 가게에 가려고 하는데 필요한 것이 있으면 사다 주겠다고 했으므로 필요한 물건을 말하는 ②가 답이 된다. ①, ③, ④는 남자의 제안에 대한 대답이 아니므로 답이 될 수 없다.

※ **다음 대화를 잘 듣고 이어질 수 있는 말을 고르십시오.**

9. ① 그러니까 조금 기다렸다가 가세요.
   ② 그러니까 집을 빨리 알아보면 돼요.
   ③ 그래서 집을 못 구할까 봐 걱정이에요.
   ④ 그래서 이제 마음 편하게 잘 수 있겠네요.

> 여자: 어제 하루 종일 집 보러 다녔는데 마음에 드는 집이 없더라고요.
> 남자: 요즘 이사철이라 집 구하기 쉽지 않다던데요.
> 여자: ___________________________________

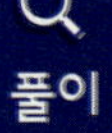 정답 9. ③

1단계: ①은 나중에 가라. ②는 집을 빨리 알아봐라. ③은 집을 구해야 하는데 못 구할 것 같아 걱정이다. ④는 걱정이 없다는 것이 중요한 부분이다.

2단계: 남자가 이사철이라서 집을 구하기 쉽지 않다고 했으므로 ③이 답이 된다.
①, ④는 집을 구하기 힘든 상황과 맞지 않으므로 답이 될 수 없다. 여자는 집을 알아보고 있는 중이므로 ②도 답이 될 수 없다.

※ **다음 대화를 잘 듣고 이어질 수 있는 말을 고르십시오.**

10. ① 음식이 모자랄까 봐 걱정이에요.

　　② 그렇다고 점심을 굶으면 안 되죠.

　　③ 그래도 많이 나아져서 다행이네요.

　　④ 참지 말고 빨리 병원에 가 보세요.

남자: 얼굴이 안 좋아 보이는데 어디 아파요?

여자: (아픈 목소리로) 점심때 음식을 잘못 먹었는지 배가 계속 아파요.

남자: ______________________________

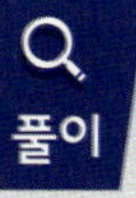

정답　**10.** ④

풀이

1단계: ①은 음식이 모자란다. ②는 점심을 굶었다. ③은 많이 나아졌다. ④는 병원에 가 보라는 것이 중요한 부분이다.

2단계: 여자가 배가 계속 아프다고 했으므로 ④가 답이 된다.

　　　　①, ②, ③은 계속 배가 아픈 상황과 맞지 않으므로 답이 될 수 없다.

이어지는 행동 고르기

전략 1

행동을 할 사람에게 영향을 주는 상대방의 지시, 제안, 권유 등의 내용을 파악한다. 1번만 들을 수 있으므로 집중해야 한다.

1단계 선택지를 보고 공통적인 화제를 찾는다.

2단계 상대방의 지시나 제안, 권유 등의 내용을 파악하여 답을 고른다.

※ 다음 대화를 잘 듣고 여자가 이어서 할 행동으로 알맞은 것을 고르십시오.

1. ① 남자에게 번역한 과제를 받는다.

   ② 남자에게 전화로 번역을 부탁한다.

   ③ 남자에게 이메일로 과제를 보낸다.

   ④ 남자에게 전화해서 제출 날짜를 묻는다.

> 여자: 너 영어 잘하지? 번역 과제가 있는데 제대로 했는지 확인해 줄 수 있어?
>
> 남자: 음, 일단 메일로 보내 봐. 그런데 언제까지 해야 되는데?
>
> 여자: 과제 제출이 다음 주 월요일이니까 토요일까지 보내 줘.
>
> 남자: 알았어. 그럼 메일 확인하고 전화할게.

정답   1. ③

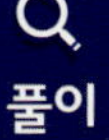

풀이

1단계: 공통 화제는 '과제'이다.

2단계: 과제를 봐 달라는 여자에게 남자는 메일로 보내라고 했으므로 ③이 답이 된다.

     ① 남자가 여자에게 받는 것이므로 답이 될 수 없다.

     ② 번역한 것을 확인해 달라고 했으므로 답이 될 수 없다.

     ④ 제출 날짜를 이미 알고 있으므로 답이 될 수 없다.

※ 다음 대화를 잘 듣고 여자가 이어서 할 행동으로 알맞은 것을 고르십시오.

2. ① 안내를 도와줄 학생을 알아본다.
② 필요한 인원을 정확하게 조사한다.
③ 설명회 자료 제작 회사에 전화한다.
④ 직원을 만나러 설명회 장소에 간다.

> 남자: 김 실장님, 신제품 설명회 준비는 잘 돼 가요?
> 여자: 네, 그런데 설명회 자료가 아직 도착 안 했어요. 안내를 도와줄 사람도 좀 부족하고요.
> 남자: 그럼, 자료 제작 회사에 전화 한번 해 보세요. 저는 도와줄 아르바이트 학생을 구할 수 있는지 알아볼게요.
> 여자: 네, 그래요. 그럼 이따가 다시 봐요.

정답 2. ③

풀이

1단계: 공통 화제는 '설명회 준비'이다.
2단계: 남자가 여자에게 자료 제작 회사에 전화를 해 보라고 했으므로 ③이 답이 된다.
　　　① 남자가 한다고 한 일이므로 답이 될 수 없다.
　　　②, ④ 상황과 맞지 않으므로 답이 될 수 없다.

※ 다음 대화를 잘 듣고 여자가 이어서 할 행동으로 알맞은 것을 고르십시오.

3. ① 외식하러 갈 식당을 예약한다.
    ② 퇴근을 하고 약속 장소로 간다.
    ③ 남편을 만나러 회사 앞으로 간다.
    ④ 아이들을 데리고 회사 앞으로 간다.

> 여자: (따르릉) 여보세요? 오늘 아이들하고 외식할래요? 우리 자주 가는 그 중국집 있잖아요.
> 남자: 좋아요. 그런데 그 식당은 예약해야 하잖아요.
> 여자: 네, 당신한테 물어보고 하려고요.
> 남자: 그래요? 그럼 난 퇴근하고 바로 그리로 갈 테니까 일곱 시에 봐요.

 3. ①

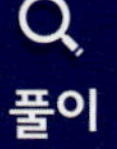

1단계: 공통 화제는 '약속 장소'이다.
2단계: 여자는 남자에게 물어본 후에 예약을 하려고 했으므로 ①이 답이 된다.
② 퇴근 후 약속 장소에 갈 사람은 남자이므로 답이 될 수 없다.
③ 자주 가는 중국집으로 간다고 했지 회사 앞으로 간다고 하지 않았으므로 답이 될 수 없다.
④ 아이들과 함께 외식하는 것은 맞지만 회사 앞으로 간다고 하지 않았으므로 답이 될 수 없다.

※ 다음 대화를 잘 듣고 여자가 이어서 할 행동으로 알맞은 것을 고르십시오.

4.　① 책자에서 커튼을 고른다.
　　② 집에서 거실 커튼을 단다.
　　③ 커튼을 사러 가게에 간다.
　　④ 커튼을 사서 집에 가져간다.

여자: 저희 집 커튼을 좀 바꾸려고 하는데요.

남자: 이쪽으로 와서 보세요. 책자에도 많이 있으니까 좀 보시고요.

여자: 음……. 가게에는 딱히 마음에 드는 게 없어서 책자를 좀 봐야겠네요.

남자: 그럼 앉아서 천천히 보세요. 마음에 드는 거 있으시면 댁으로 가져가서 달아 드릴게요.

정답　4. ①

풀이

1단계: 공통 화제는 '커튼'이다.

2단계: 여자는 마음에 드는 커튼이 없어서 책자를 보겠다고 했으므로 ①이 답이 된다.

　　②, ③ 커튼 가게에서 이야기하고 있으므로 답이 될 수 없다.

　　④ 아직 커튼을 사지 않았으므로 답이 될 수 없다.

※ 다음 대화를 잘 듣고 여자가 이어서 할 행동으로 알맞은 것을 고르십시오.

5. ① 사무실에 전화해서 고지서를 받는다.
   ② 고지서가 있는지 우편함을 확인한다.
   ③ 고지서를 받으러 관리사무소에 간다.
   ④ 우편함에 관리비 고지서를 넣어 둔다.

> 여자: 관리사무소지요? 아파트 관리비 고지서를 아직 못 받아서요.
>
> 남자: 아, 그렇습니까? 혹시 우편함은 확인하셨나요? 어제 넣어 드렸는데요.
>
> 여자: 봤는데 없더라고요. 지금 관리사무소에 가면 받을 수 있나요?
>
> 남자: 네, 오시면 바로 재발급해 드리겠습니다.

정답 5. ③

풀이

1단계: 공통 화제는 '고지서'이다.

2단계: 여자는 관리비 고지서를 받으려고 전화했다. 남자가 우편함을 확인했는지 물었고 여자는 없었다고 했다. 남자가 관리사무소에 오면 바로 재발급해 준다고 했으므로 여자는 고지서를 받기 위해 갈 것이다. 따라서 ③이 답이 된다.
① 사무실에 가서 받을 수 있으므로 답이 될 수 없다.
② 우편함을 이미 확인했으므로 답이 될 수 없다.
④ 여자는 고지서를 받으려고 하므로 답이 될 수 없다.

※ **다음 대화를 잘 듣고 여자가 이어서 할 행동으로 알맞은 것을 고르십시오.**

6.　① 차의 속도가 빠른지 확인한다.
　　② 차에서 내려 바퀴 상태를 본다.
　　③ 카센터에 들러서 차를 점검한다.
　　④ 휴게소로 들어가서 차를 세운다.

> 여자: 민수 씨, 차가 좀 흔들리는 것 같아요.
>
> 남자: 그래요? 너무 빨라서 그런 거 아닐까요? 속도를 좀 줄여 봐요.
>
> 여자: 마찬가지예요. 카센터에서 점검한 지 얼마 안 됐는데…… 아무래도 세워야겠어요.
>
> 남자: 조금 더 가면 휴게소가 나올 거예요. 혹시 바퀴에 문제가 있는지 내려서 제가 확인해 볼게요.

정답　6. ④

풀이

1단계: 공통 화제는 '차의 문제'이다.
2단계: 대화 상황에서 볼 때 운전을 하고 있는 사람은 여자이다. 바퀴에 문제가 있는지 확인하려면 휴게소에 차를 세워야 하므로 ④가 답이 된다.
　① 속도를 줄여 보라는 남자의 말에 마찬가지라고 했으므로 답이 될 수 없다.
　② 남자가 할 일이므로 답이 될 수 없다.
　③ 이미 카센터에서 차를 점검했으므로 답이 될 수 없다.

※ 다음 대화를 잘 듣고 여자가 이어서 할 행동으로 알맞은 것을 고르십시오.

7. ① 다른 볼일을 보러 간다.
   ② 병원 진료 접수를 한다.
   ③ 병원에 앉아서 기다린다.
   ④ 진찰을 받으러 들어간다.

> 여자: 오늘 환자가 좀 많네요. 많이 기다려야 돼요?
>
> 남자: 네, 환절기라서요. 한 시간은 기다리셔야 될 것 같은데요.
>
> 여자: 지금 접수해 놓고 나갔다 와도 되죠?
>
> 남자: 네, 볼일 보시고 늦지 않게 오세요.

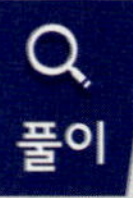

풀이

1단계: 공통 화제는 '병원'이다.

2단계: 여자가 남자에게 접수해 놓고 나갔다 와도 되냐고 물었고 남자는 늦지 않게 오라고 말했으므로
②가 답이 된다.

① 접수 후에 나간다고 했으므로 답이 될 수 없다.

③ 나갔다 온다고 했으므로 답이 될 수 없다.

④ 말하지 않았으므로 답이 될 수 없다.

※ 다음 대화를 잘 듣고 여자가 이어서 할 행동으로 알맞은 것을 고르십시오.

8. ① 병원에 가서 진단서를 받는다.
　 ② 제품 회사에 직접 환불을 요청한다.
　 ③ 사용한 제품을 고객지원부에 보낸다.
　 ④ 구입한 곳에서 새 제품으로 교환한다.

> 여자: 저, 제가 3일 전에 거기 제품을 구입했는데요. 물 끓이다가 갑자기 뚜껑이 '펑' 하고 열려서 손에 화상을 입었거든요. 이런 경우에 어떻게 보상을 받을 수 있죠?
>
> 남자: 고객님, 우선 죄송하다는 말씀부터 드립니다. 그런 경우엔 치료를 받았다는 증빙 자료를 준비하셔서 신청하시면 됩니다.
>
> 여자: 치료비 영수증은 있는데 그걸로는 안 되나요?
>
> 남자: 네. 꼭 진단서를 보내 주셔야 하고요. 제품 영수증과 문제가 된 제품을 저희 고객지원부로 보내 주시면 보상 여부를 결정해서 알려드리겠습니다.

정답　8. ①

풀이

1단계: 공통 화제는 '제품 이상으로 생긴 상황 대처'이다.

2단계: 남자가 제품 영수증과 함께 진단서를 꼭 보내야 한다고 했다. 따라서 여자는 우선 진단서를 받으러 병원에 가야 하므로 ①이 답이 된다.
　② 제품을 고객지원부로 보내라고 했지 직접 오라고 하지 않았으므로 답이 될 수 없다.
　③ 사용한 제품을 보내기 전에 먼저 병원부터 가야 하므로 답이 될 수 없다.
　④ 회사에서 보상 여부를 결정해서 알려 준다고 했지 새 제품과 교환해 준다는 말은 하지 않았으므로 답이 될 수 없다.

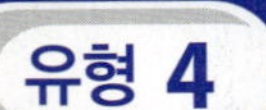

세부 내용 파악하기

전략	말하지 않은 내용이나 일부 내용만 맞는 선택지는 지운다. 1번만 들을 수 있으므로 집중해야 한다. **1단계** 선택지를 보고 공통 화제를 찾는다. **2단계** 말하지 않은 내용이나 일부 내용만 맞는 선택지는 지운다. ※ **유형:** 13번–대화, 14번–안내 방송, 15번–보도, 16번–인터뷰

※ **다음을 듣고 내용과 일치하는 것을 고르십시오.**

1. ① 여자는 사진을 한 장 가지고 있다.
   ② 남자는 여자에게 학생증을 빌려 줬다.
   ③ 도서관에 가면 학생증을 바로 만들어 준다.
   ④ 도서관 출입증을 만들려면 사진이 필요하다.

> 여자: 민수야, 미안한데 도서관에서 책 좀 빌려 줄래? 어제 학생증을 잃어 버렸어.
>
> 남자: 도서관에 가면 도서관 출입증을 만들어 주던데.
>
> 여자: 도서관 출입증? 사진이 없는데……. 사진이 없어도 만들어 줘?
>
> 남자: 도서관에서 사진을 찍어 줄 거야. 그 사진으로 만들면 돼.

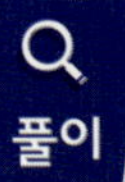

정답 1. ④

풀이

1단계: 공통 화제는 '도서관'이다.
2단계: ① 여자가 사진이 없다고 했으므로 답이 될 수 없다.
    ② 말하지 않았으므로 답이 될 수 없다.
    ③ 도서관에 가면 출입증을 만들어 준다고 했지 학생증을 만들어 준다고 하지 않았으므로 답이 될 수 없다.
    ④ 사진이 없으면 도서관에서 사진을 찍어 준다고 했으므로 답이 된다.

※ **다음을 듣고 내용과 일치하는 것을 고르십시오.**

2. ① 점검을 할 때 비상벨이 울릴 수 있다.
   ② 불편한 점은 총무과에 전화하면 된다.
   ③ 점검하는 동안 계단으로 가면 안 된다.
   ④ 소방 점검은 두 시간 동안 진행될 것이다.

> 여자: 총무과에서 안내 말씀 드리겠습니다. 오늘 오후 두 시부터 소방 시설점검을 실시할 예정입니다. 점검 중에 비상경보 벨이 작동될 수 있습니다. 그리고 엘리베이터를 사용할 수 없으니 계단을 이용해 주시기 바랍니다. 조금 불편하시더라도 양해해 주시면 감사하겠습니다.

정답 2. ①

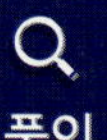

풀이

1단계: 공통 화제는 '점검'이다.
2단계: ① 점검 중에 비상경보 벨이 작동될 수 있다고 했으므로 답이 된다.
   ② 불편하더라도 양해해 달라고 했으므로 답이 될 수 없다.
   ③ 계단을 이용해 달라고 했으므로 답이 될 수 없다.
   ④ 얼마나 걸리는지 말하지 않았으므로 답이 될 수 없다.

※ 다음을 듣고 내용과 일치하는 것을 고르십시오.

3. ① 남자는 이 프로그램에 만족해 한다.
　　② 이 프로그램은 다시 가면 할인해 준다.
　　③ 이 프로그램은 예약해야 참여할 수 있다.
　　④ 여자는 이번 달에 이 프로그램에 참가할 것이다.

> 여자: 자연 생태 체험 잘 다녀왔어요?
> 남자: 네, 주말마다 출발하는 프로그램이 있더라고요. 기회가 되면 다시 가고 싶어요.
> 여자: 그래요? 저도 가고 싶은데 이번 달까지는 시간이 안 나네요.
> 남자: 그럼 휴가 때라도 한번 가 보세요. 미리 예약하면 더 싸대요.

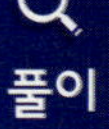 **정답**　3. ①

풀이

1단계: 공통 화제는 '프로그램'이다.
2단계: ① 기회가 되면 다시 가고 싶다고 했으므로 답이 된다.
　　　　② 미리 예약하면 싸다고 했으므로 답이 될 수 없다.
　　　　③ 말하지 않았으므로 답이 될 수 없다.
　　　　④ 가고 싶지만 이번 달에는 시간이 안 난다고 했으므로 답이 될 수 없다.

※ 다음을 듣고 내용과 일치하는 것을 고르십시오.

Track 028 · 36회 16번

4. ① 시장의 카페에서 다양한 도시락을 판다.
    ② 이 시장을 관광지로 알리려고 홍보했다.
    ③ 시장이 인기를 끌자 도시락 카페가 생겼다.
    ④ 이 시장에서는 음식을 골라먹는 재미가 있다.

여자: 이곳은 새로운 관광지로 인기를 끌고 있는 서울의 한 재래시장입니다. 자리를 함께 하신 상인 협회 회장님께 인기 비결을 들어 볼까요?

남자: 그 비결은 바로 '도시락 카페'입니다. 시장에서 파는 먹을거리 중에 내 입맛에 맞는 것을 도시락에 담아 이 카페에서 먹습니다. 마치 소풍을 온 것 같지요. 이게 입소문을 통해 알려지면서 저희 시장은 유명해지게 되었습니다. 이제는 우리나라 사람뿐만 아니라 외국분들도 많이 찾는 관광지가 되었습니다.

정답 4. ④

풀이

1단계: 공통 화제는 '시장'이다.
2단계: ① 먹을거리를 도시락에 담는 것이지 다양한 도시락을 파는 것은 아니므로 답이 될 수 없다.
    ② 입소문을 통해 알려졌다고 했으므로 답이 될 수 없다.
    ③ 도시락 카페 덕분에 시장이 인기를 끌게 되었다고 했으므로 답이 될 수 없다.
    ④ 시장에서 파는 먹을거리 중에서 입맛에 맞는 것을 담는다고 했으므로 답이 된다.

5. ① 공연을 관람하면서 물을 마시는 것은 가능하다.
② 공연 시작 15분 전까지 들어와 앉아 있어야 한다.
③ 공연장 밖에 나갔다 들어올 때 표를 다시 확인한다.
④ 공연 휴식 시간에 공연장 안에서 간단한 음식을 판다.

> 여자: (딩동댕) 1부 공연이 끝났습니다. 지금부터 15분간 휴식 시간을 갖겠습니다. 공연장 밖으로 나가실 분들께서는 입장권을 꼭 가지고 나가시기 바랍니다. 들어오실 때 입장권이 없으면 재입장이 불가능합니다. 휴식 시간에도 공연장 안에서는 음료나 음식을 드실 수가 없습니다. 2부는 정확히 15분 후에 시작하오니 늦지 않게 자리로 돌아와 주시기 바랍니다.

정답 5. ③

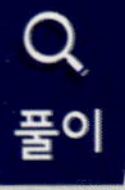

풀이

1단계: 공통 화제는 '공연장에서 해도 되거나, 하면 안 되는 일'이다.
2단계: ① 휴식 시간에도 공연장 안에서는 음료나 음식을 먹을 수 없다고 했으므로 답이 될 수 없다.
② 2부가 15분 후에 시작된다고 했지만 공연 시작 15분 전까지 들어오라는 말은 아니므로 답이 될 수 없다.
③ 입장권이 없으면 재입장이 불가능하다고 했으므로 답이 된다.
④ 휴식 시간에도 공연장 안에서는 음료나 음식을 먹을 수 없다고 했으므로 답이 될 수 없다.

※ 다음을 듣고 내용과 일치하는 것을 고르십시오.  Track 030 중 23회 13번

6. ① 밤에 사과를 먹으면 신맛이 많이 느껴진다.

   ② 위가 안 좋은 사람은 사과를 안 먹는 것이 좋다.

   ③ 배탈이 났을 때에는 사과를 자주 먹는 것이 좋다.

   ④ 밤에 사과를 자주 먹으면 건강에 좋지 않을 수 있다.

> 여자: 사과가 몸에 좋은 과일이라는 것은 알고 계시죠? 그런데 늦은 밤에 사과를 자주 먹는 것은 좋지 않다고 합니다. 보통 밤에는 음식물이 소화가 다 된 후라서 위 속이 비어 있게 되는데요. 그때 신맛이 위를 자극하게 되기 때문이지요. 그래서 위가 아프거나 배탈이 날 수도 있습니다.

정답 6. ④

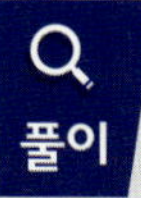 **풀이**

1단계: 공통 화제는 '사과를 먹는 것'이다.

2단계: ① 밤에 사과를 먹으면 신맛이 위를 자극한다고 말했으므로 답이 될 수 없다.

② 말하지 않은 내용이므로 답이 될 수 없다.

③ 밤에 사과를 먹으면 배탈이 날 수도 있다고 말했지만, 배탈이 났을 때 사과를 먹는 것이 좋다고는 말하지 않았으므로 답이 될 수 없다.

④ 늦은 밤에 사과를 자주 먹는 것은 좋지 않다고 말했으므로 답이 된다.

 Track 031 중 21회 13번

7. ① 평소와 같은 속도로 걸어야 한다.

② 걸을 때는 발뒤꿈치부터 땅에 닿아야 한다.

③ 고개를 똑바로 하고 바로 앞을 보고 걸어야 한다.

④ 걸을 때는 양팔을 곧게 펴고 앞뒤로 크게 흔들어야 한다.

> 남자: '걷기 운동'하면 특별한 방법 없이 걷기만 하면 된다고 생각하는 분이 많은데요. 제대로 된 방법과 자세로 걷지 않으면 운동 효과를 보기 어렵다고 합니다. 걸을 때는 평소보다 약간 빠른 속도로 걸어야 합니다. 그리고 발뒤꿈치, 발바닥, 발가락의 순으로 땅에 닿아야 합니다. 고개는 약간 들고 눈은 15m 앞을 봅니다. 허리는 똑바로 펴고 양팔을 자연스럽게 앞뒤로 흔드는 것이 좋습니다.

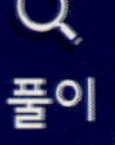

정답 7. ②

풀이

1단계: 공통 화제는 '걷기'이다.

2단계: ① 평소보다 약간 빠른 속도로 걸어야 한다고 했으므로 답이 될 수 없다.

② 발뒤꿈치, 발바닥, 발가락의 순으로 땅에 닿아야 한다고 했으므로 답이 된다.

③ 고개를 약간 들어야 한다고 했으므로 답이 될 수 없다.

④ 허리를 똑바로 펴고 양팔을 자연스럽게 앞뒤로 흔드는 것이 좋다고 했으므로 답이 될 수 없다.

※ 다음을 듣고 내용과 일치하는 것을 고르십시오.

8.　① 이번 작품은 철저한 사전 준비를 거쳐 쓰여졌다.

　　② 어린 시절의 기억이 작품 전반에 영향을 주었다.

　　③ 작가는 직접 경험을 통해 실감나는 묘사를 할 수 있었다.

　　④ 축구 선수와의 특별한 만남이 이 소설을 쓴 계기가 되었다.

> 여자: 소설 속의 축구 장면이 정말 생생하던데요. 그런 생동감 넘치는 묘사는 어떻게 하신 건가요? 혹시 축구를 잘하시나요?
>
> 남자: (허허) 아닙니다. 제 고향이 유난히 축구 골수팬이 많은 곳이라 그 덕분에 어릴 때 축구를 접할 기회가 많았습니다. 하지만 제대로 해 본 적은 없고요. 그래서 선수들과 인터뷰도 하고, 시합 자료를 보면서 한 장면 한 장면 축구 전문가에게 설명도 듣고, 취재와 자료 수집에만 몇 달을 매달렸지요.

정답　8. ①

풀이

1단계: 공통 화제는 '소설 준비 단계에 대한 설명'이다.

2단계: ① 선수들과의 인터뷰, 전문가의 설명, 취재와 자료 수집에 몇 달이 걸렸다고 했으므로 답이 된다.

　　　　② 어린 시절 축구를 접할 기회는 많았지만 제대로 해 본 적은 없다고 했으므로 답이 될 수 없다.

　　　　③ 직접 경험이 아니라 자료 수집을 통해 축구에 대한 묘사를 한 것이므로 답이 될 수 없다.

　　　　④ 선수와 인터뷰를 했지 특별하게 만난 것은 아니므로 답이 될 수 없다.

중심 생각 고르기

전략	전체 대화를 듣고 질문에 나온 사람의 생각을 파악한다. 1번만 들을 수 있으므로 집중해야 한다.
	1단계 선택지를 보고 공통 화제를 찾는다.
	2단계 일부 내용이거나 말하지 않은 내용, 질문에 나온 사람의 생각이 아닌 것은 지운다.

※ 다음을 듣고 남자의 중심 생각을 고르십시오.  37회 17번

1.　① 회사 동호회 활동은 부담스럽다.
　　② 회사에 동호회가 많았으면 좋겠다.
　　③ 회사 동호회 활동은 직장 생활에 도움이 된다.
　　④ 직장 생활과 동호회 활동은 따로 해야 한다.

> 남자: 수미 씨, 왜 회사 동호회에 가입 안 해요?
>
> 여자: 저는 따로 활동하는 동호회가 있어요. 그래서 회사 동호회는 가입 안 하려고요. 개인 생활까지 알게 되면 좀 불편할 것 같아서요.
>
> 남자: 취미 생활을 같이 하면 회사 사람들이랑 빨리 친해질 수 있어요. 필요할 때 조언도 구할 수 있고요.

정답　1. ③

풀이

1단계: 공통 화제는 '동호회 활동'이다.

2단계: ① 여자가 말한 내용이므로 답이 될 수 없다.

　　② 말하지 않았으므로 답이 될 수 없다.

　　③ 취미 생활을 같이 하면 회사 사람들과 빨리 친해질 수도 있고 조언도 구할 수 있다고 했으므로 답이 된다.

　　④ 여자의 생각이므로 답이 될 수 없다.

※ 다음을 듣고 남자의 중심 생각을 고르십시오.

2. ① 기념우표는 전시회에서 발행된다.
    ② 기념우표는 역사적 의미를 담고 있다.
    ③ 기념우표를 전시하는 것은 역사적인 일이다.
    ④ 기념우표를 보여주는 것은 의미 있는 일이다.

> 남자: 이건 지금까지 발행된 올림픽 기념우표인가 봐요.
>
> 여자: 네, 정말 멋있네요. 올림픽의 역사를 보여 주는 것 같아요.
>
> 남자: 사실 기념우표를 왜 발행하는지 잘 이해가 안 됐어요. 그런데 전시회에 와 보니까 의미를 알겠어요. 특히 역사적인 가치가 큰 것 같아요.

정답 2. ②

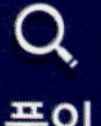
풀이

1단계: 공통 화제는 '기념우표'이다.

2단계: ① 지금까지 발행된 기념우표를 전시한다고 했으므로 답이 될 수 없다.

② 역사적인 가치가 큰 것 같다고 했으므로 답이 된다.

③ 전시가 역사적인 일이라고 말한 것은 아니므로 답이 될 수 없다.

④ 우표를 보여주는 것이 의미 있다는 것이 아니라 우표가 가진 역사적 가치를 말한 것이므로 답이 될 수 없다.

※ 다음을 듣고 남자의 중심 생각을 고르십시오.

3.　① 역사 드라마는 시청률에 의존한다.
　　② 역사 드라마는 사실 전달이 중요하다.
　　③ 역사 드라마는 역사 공부 자료가 된다.
　　④ 역사 드라마는 작가의 의도대로 제작된다.

> 남자: 저 드라마 역사하고 너무 다른 거 아냐? 작가가 제대로 알고 썼는지 모르겠네.
>
> 여자: 그냥 드라마일 뿐이잖아. 재미있게 만들려고 내용을 좀 각색했겠지.
>
> 남자: 역사 드라마는 시청률보다 역사적인 사실 전달에 더 신경 써야 할 것 같아. 시청자들이 기대하는 것도 그런 거 아닐까?
>
> 여자: 그 말도 맞는데, 시청자가 원하는 건 역사 공부가 아니라 재미야.

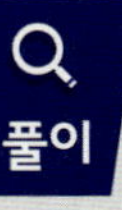 **정답**　3. ②

풀이

1단계: 공통 화제는 '역사 드라마'이다.

2단계: ① 시청자들이 기대하는 건 시청률이 아닐 거라고 했으므로 답이 될 수 없다.

　　② 역사 드라마는 역사적인 사실에 더 신경을 써야 한다고 했으므로 답이 된다.

　　③, ④ 말하지 않았으므로 답이 될 수 없다.

※ 다음을 듣고 남자의 중심 생각을 고르십시오.

4. ① 청소년을 대상으로 국악 교육을 해야 한다.
② 청소년을 위한 국악 공연이 많아져야 한다.
③ 청소년들에게 전통 악기를 연주할 기회를 주어야 한다.
④ 청소년들이 갖고 있는 국악에 대한 태도를 바꾸어야 한다.

> 여자: 단장님께서는 청소년을 위한 국악 공연을 하고 계시는데요. 특별히 청소년을 위한 공연을 하시는 이유가 있으신가요?
>
> 남자: 네. 요즘 청소년들은 국악을 지루하다고만 생각하는 것 같습니다. 그래서 청소년들이 국악을 쉽게 접하고 즐기게 하는 것이 필요한데요. 대중가요를 국악에 맞게 편곡해서 연주하거나 청소년들이 직접 전통 악기를 연주할 수 있는 기회를 주는 것이죠. 이렇게 해서 국악에 대한 편견을 깨는 것이 중요한 것 같습니다. 그래서 앞으로도 청소년을 위한 공연은 계속할 생각입니다.

정답　4. ④

풀이

1단계: 공통 화제는 '국악'이다.
2단계: ① 청소년을 대상으로 국악 공연을 하고 있다고 했으므로 답이 될 수 없다.
② 국악 공연을 계속할 생각이라고 했지 많아져야 한다고 말하지 않았으므로 답이 될 수 없다.
③ 전통 악기를 연주할 기회를 주는 것은 국악을 접할 수 있는 방법 중 하나이지 중심 생각은 아니므로 답이 될 수 없다.
④ 국악에 대한 편견을 깨는 것이 중요하다고 했으므로 답이 된다.

※ 다음을 듣고 남자의 중심 생각을 고르십시오.

5. ① 컴퓨터를 꼭 학원에서 배울 필요는 없다.
② 컴퓨터를 더 배워 두면 경쟁력이 커진다.
③ 컴퓨터는 자기가 필요한 만큼만 배우면 된다.
④ 컴퓨터 학원은 자격증을 딸 때까지 가야 한다.

> 남자: 수미 씨, 요즘 왜 컴퓨터 학원에 안 다녀요?
>
> 여자: 이 정도면 충분한 것 같아서요. 지금 아는 것만 잘 활용해도 컴퓨터 못해서 힘들 일은 없을 것 같고요. 그런데 굳이 학원을 더 다닐 필요가 있나 싶더라고요.
>
> 남자: 그래도 뭐든 좀 깊이 배우는 게 좋지 않을까요? 특히 요즘 같은 경쟁 사회에서는요. 전문성이 강해질수록 경쟁력이 되잖아요.

정답 5. ②

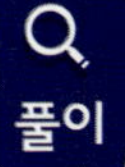
풀이

1단계: 공통 화제는 '컴퓨터'이다.
2단계: ① 여자의 생각이므로 답이 될 수 없다.
② 컴퓨터를 깊이 배워 전문성이 강해지면 경쟁력이 된다고 했으므로 답이 된다.
③ 여자의 생각이므로 답이 될 수 없다.
④ 말하지 않았으므로 답이 될 수 없다.

※ 다음을 듣고 남자의 중심 생각을 고르십시오.  36회 18번

6.　① 칭찬을 받으면 일할 의욕이 높아진다.

　　② 칭찬을 받으려면 거절하지 말아야 한다.

　　③ 칭찬을 받으면 그 말을 의식해서 행동하게 된다.

　　④ 칭찬을 받으면 다른 사람도 칭찬해 줘야 한다.

> 남자: 수미야, 좀 전에 동아리 후배한테 무슨 칭찬을 그렇게 많이 해?
>
> 여자: 왜? 그 후배는 동아리 일도 다 맡아서 하고 다른 사람이 도움이 필요하다고 할 때 한 번도 거절한 적이 없어 칭찬할 만하지.
>
> 남자: 그래? 근데 후배가 그런 칭찬을 들으면 나중에 거절하고 싶어도 못 하겠어. 그 칭찬에 신경을 써서 그 말대로 꼭 해야 한다고 생각하게 되거든.

정답　6. ③

풀이

1단계: 공통 화제는 '칭찬'이다.

2단계: ① 말하지 않았으므로 답이 될 수 없다.

　　　　② 칭찬을 들으면 거절하고 싶어도 못 한다고 했으므로 답이 될 수 없다.

　　　　③ 칭찬을 들으면 신경을 써서 그 말대로 꼭 해야 한다고 생각하게 된다고 했으므로 답이 된다.

　　　　④ 말하지 않았으므로 답이 될 수 없다.

※ 다음을 듣고 남자의 중심 생각을 고르십시오.

7. ① 커피숍 주인은 손님을 더 배려해야 한다.
   ② 커피 값에 공간을 이용하는 비용이 들어 있다.
   ③ 커피숍에 장시간 있는 것은 영업에 방해가 된다.
   ④ 커피숍 공간을 다양하게 이용할 수 있게 해야 한다.

남자: 어, 도서관에 자리가 없네. 우리 커피숍에서 공부할까?

여자: 그래도 괜찮을까? 꽤 오래 있어야 하는데 주인한테 미안해서.

남자: 글쎄, 난 별로 문제될 것 같진 않은데. 커피숍은 원래 이야기도 하고 책도 읽으면서 공간을 충분히 이용할 수 있는 거 아니야? 대신 우리는 커피 값으로 그걸 지불하는 거고.

여자: 그래도 다른 손님들도 생각해서 적당히 일어나야지.

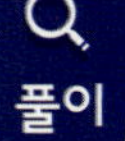 **정답** 7. ②

풀이

1단계: 공통 화제는 '커피숍'이다.
2단계: ① 말하지 않았으므로 답이 될 수 없다.
      ② 공간을 이용할 수 있는 비용을 커피 값으로 지불했다고 했으므로 답이 된다.
      ③ 여자의 생각이므로 답이 될 수 없다.
      ④ 공간을 다양하게 이용할 수 있어야 한다는 말은 아니므로 답이 될 수 없다.

※ 다음을 듣고 남자의 중심 생각을 고르십시오.

 Track 040　36회 20번

8.　① 웃음으로 서로의 관계를 회복해야 한다.
　　② 화해하고 싶으면 먼저 나를 되돌아봐야 한다.
　　③ 상대방의 웃음을 보면 화해를 먼저 해야 한다.
　　④ 화해하려면 상대방의 행동을 미리 살펴야 한다.

여자: 최 교수님, 이번에 '화해의 기술'이라는 책을 내셨는데요. 그 책에서 가장 강조하시는 부분은 무엇입니까?

남자: 화해를 원한다면 나에 대한 이야기를 하라는 겁니다. 많은 경우에 사람들은 화해하려고 할 때 상대방의 말과 행동만을 반복해서 말합니다. 이건 관계 회복에 전혀 도움이 되지 않아요. 오히려 악영향을 줍니다. 내 말과 행동에 대해 먼저 살피고 말해 보세요. 상대방의 환한 미소를 볼 수 있을 겁니다.

정답　8. ②

풀이

1단계: 공통 화제는 '화해'이다.
2단계: ① 말하지 않았으므로 답이 될 수 없다.
　　　② 내 말과 행동에 대해 먼저 살피라고 했으므로 답이 된다.
　　　③ 화해의 결과로 상대의 미소를 볼 수 있는 것이므로 답이 될 수 없다.
　　　④ 상대의 행동만을 반복해서 말하는 것은 관계 회복에 도움이 되지 않는다고 했으므로 답이 될 수 없다.

듣기 전략	첫 번째 듣기에서 '중심 생각 고르기' 문제를 푼다. 두 번째 듣기에서 '세부 내용 파악하기' 문제를 푼다.

※ [1~2] 다음을 듣고 물음에 답하십시오.　　 

1. 남자의 중심 생각으로 맞는 것을 고르십시오.

   ① 쇼핑몰은 개인 정보를 잘 관리해야 한다.
   ② 쇼핑몰에 가입하면 쉽게 개인 정보가 유출된다.
   ③ 개인 정보 유출을 막으려면 본인이 신경 써야 한다.
   ④ 잘 이용하지 않는 쇼핑몰에는 가입하지 말아야 한다.

2. 들은 내용으로 알맞은 것을 고르십시오.

   ① 여자는 쇼핑몰 가입을 후회하고 있다.
   ② 여자는 쇼핑몰의 비밀번호를 자주 바꿨다.
   ③ 이 쇼핑몰은 개인 정보 유출 사실을 숨겼다.
   ④ 이 쇼핑몰은 개인 정보 없이 가입할 수 있다.

여자: 예전에 가입해 놓은 쇼핑몰에서 개인 정보가 유출됐다고 연락이 왔는데 뭘 어떻게 해야 되는 거야?

남자: 개인 정보 유출? 홈페이지에 들어가서 비밀번호부터 바꿔야지.

여자: 자주 이용하지도 않는데 가입하지 말 걸 그랬어. 그런데 쇼핑몰에서 개인 정보를 더 철저하게 관리해야 하는 거 아냐? 요즘 사고가 얼마나 많은데…….

남자: 개인 정보 관리를 쇼핑몰에 다 맡길 수는 없지. 네가 비밀번호라도 자주 바꿨으면 이런 일이 없었을 거야.

정답 1. ③   2. ①

1. 남자가 개인 정보 관리는 쇼핑몰에 다 맡길 수는 없고 비밀번호라도 자주 바꿔야 한다고 했으므로 ③이 답이 된다.

　① 여자가 말한 내용이므로 답이 될 수 없다.
　② 쇼핑몰에 가입하면 비밀번호 관리를 자주 해야 한다고 했지 쉽게 개인 정보가 유출된다고 말하지 않았으므로 답이 될 수 없다.
　④ 여자가 가입을 후회하고 있는 내용이므로 답이 될 수 없다.

2. ① 가입하지 말 걸 그랬다고 했으므로 답이 된다.
　② 여자가 오랫동안 비밀번호를 바꾸지 않아서 생긴 일이므로 답이 될 수 없다.
　③ 개인 정보가 유출됐다는 연락이 왔다고 했으므로 답이 될 수 없다.
　④ 말하지 않았으므로 답이 될 수 없다.

※ **[3~4] 다음을 듣고 물음에 답하십시오.**

3. 남자의 중심 생각으로 맞는 것을 고르십시오.

   ① 진정한 독립은 경제적 독립이다.
   ② 가족은 함께 생활하는 것이 좋다.
   ③ 누구나 자신만의 공간이 필요하다.
   ④ 독립해 사는 것이 좋은 것만은 아니다.

4. 들은 내용으로 알맞은 것을 고르십시오.

   ① 여자는 아빠와의 사이가 좋지 않다.
   ② 여자는 집안일로 스트레스를 받고 있다.
   ③ 여자의 아버지는 딸의 독립을 반대한다.
   ④ 여자는 회사가 멀어서 독립하고 싶어한다.

여자: 넌 좋겠다. 혼자 살아서. 나도 독립하고 싶은데 아빠가 너무 보수적인 분이라서 못하게 하셔. 스무 살이 넘었는데.

남자: 네가 막내라서 아빠가 특히 예뻐하신다면서 그리고 집에서 회사가 가까워서 다니기 편하잖아. 왜 그렇게 나오고 싶어하는 거야?

여자: 가깝긴 하지만 교통이 불편해서 시간도 많이 걸리고 나도 나만의 공간을 가지고 싶단 말이야. 근데 아무리 말씀을 드려도 소용없어.

남자: 혼자 사는 게 힘들 때도 많아. 지금까지 네가 신경 안 쓰던 빨래, 설거지, 이런 것도 다 해야 하고. 생활비도 많이 들고 그리고 난 혼자 사니까 늦게 일어나고 밥도 잘 안 먹게 되더라.

정답 3. ④   4. ③

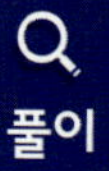

풀이

3. 남자는 혼자 사는 게 힘들 때도 많다고 했으므로 ④가 답이 된다.

　①, ② 말하지 않았으므로 답이 될 수 없다.

　③ 여자가 말한 내용이므로 답이 될 수 없다.

4. ① 여자의 아버지는 여자를 예뻐한다고 했으므로 답이 될 수 없다.

　② 말하지 않았으므로 답이 될 수 없다.

　③ 여자의 아버지는 보수적인 분이라 독립을 못하게 하신다고 했으므로 답이 된다.

　④ 여자는 회사가 가깝지만 교통이 불편해서 시간이 오래 걸린다고 했으므로 답이 될 수 없다.

담화 유형 파악하기 + 세부 내용 파악하기

듣기 전략	첫 번째 듣기에서 '담화 유형 파악하기' 문제를 푼다. 두 번째 듣기에서 '세부 내용 파악하기' 문제를 푼다.
담화 유형 파악하기 전략	질문에 나온 사람이 무엇을 하고 있는지 찾는다. **1단계** 두 사람의 관계와 대화 내용을 파악한다. **2단계** 담화 표지가 있으면 그것을 바탕으로 무엇을 하고 있는지 찾는다.

※ [1~2] 다음을 듣고 물음에 답하십시오.

1. 남자는 무엇을 하고 있는지 고르십시오.

   ① 야외무대 위치에 대해 알아보고 있다.
   ② 야외무대 사용에 대해 문의하고 있다.
   ③ 야외무대에서 행사 진행을 도와주고 있다.
   ④ 야외무대에서 상품 홍보를 준비하고 있다.

2. 들은 내용으로 맞는 것을 고르십시오.

   ① 야외무대는 구청에서 관리한다.
   ② 행사 신청서는 자선 단체에 제출한다.
   ③ 행사 후 주변 청소는 구청에서 해 준다.
   ④ 자선 단체가 물건을 파는 행사를 하려고 한다.

남자: 구청이죠? 공원 앞에 있는 야외무대를 사용하고 싶은데 어떻게 신청하나요?

여자: 어떤 행사인가요? 야외무대에서 물건을 팔거나 상품을 홍보하는 경우에는 사용할 수 없습니다.

남자: 네, 알고 있습니다. 자선 단체에서 하는 나눔 행사입니다. 무대 행사는 잠깐 하고 주로 사람들에게 홍보물을 나눠 줄 건데요.

여자: 그래요? 그런 목적이라면 신청 가능해요. 신청 양식은 구청 홈페이지에서 내려 받으시면 됩니다. 행사 후에는 주변을 깨끗이 정리해 주셔야 합니다.

정답 1. ②   2. ①

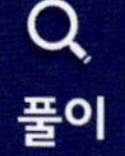

1. **1단계:** 구청에 야외무대 사용 신청에 관한 문의를 하고 있다.

   2단계: 남자가 야외무대를 사용하고 싶은데 어떻게 신청하느냐고 물었으므로 ②가 답이 된다.

   ① 말하지 않았으므로 답이 될 수 없다.

   ③ 신청 문의를 하면서 행사의 내용에 대해 설명하고 있으므로 답이 될 수 없다.

   ④ 상품을 홍보하는 것이 아니라 자선 단체의 홍보물을 나눠 줄 거라고 했으므로 답이 될 수 없다.

2. ① 남자가 구청으로 신청 문의를 했으므로 답이 된다.

   ② 신청 양식은 구청 홈페이지에서 내려 받으라고 했으므로 답이 될 수 없다.

   ③ 남자에게 행사 후에는 주변을 깨끗이 정리해 달라고 했으므로 답이 될 수 없다.

   ④ 나눔 행사라고 했지 물건을 파는 것이 아니라고 했으므로 답이 될 수 없다.

※ [3~4] 다음을 듣고 물음에 답하십시오.

3. 남자는 무엇을 하고 있는지 고르십시오.

① 잡 마켓 이용을 제안하고 있다.
② 직장 내의 각 부서를 설명하고 있다.
③ 잡 마켓 이용 경험을 소개하고 있다.
④ 상사의 문제점에 대해 이야기하고 있다.

4. 들은 내용으로 맞는 것을 고르십시오.

① 여자는 일하고 있는 부서에 만족해 한다.
② 잡 마켓은 회사를 홍보하기 위해 만들었다.
③ 잡 마켓은 상사의 허락이 있어야 이용한다.
④ 직원들은 적성에 맞는 부서로 옮길 기회가 있다.

> 여자: 영우 씨는 회사 생활 어때? 나는 일이 적성에 안 맞아서 좀 힘들어.
>
> 남자: 그래? 그럼 부서를 좀 바꿔 보면 어때? '잡 마켓' 있잖아. 부서 이동을 원하는 직원들이 직접 희망 부서에 자기를 홍보하는 것 말이야.
>
> 여자: 나도 그런 게 있다는 이야기는 들었는데 이용하기가 좀 부담스럽네. 괜히 부장님 눈치도 보이고.
>
> 남자: 그렇게 생각하지 마. 회사에서도 이용을 권장하는 편이고, 이용해 본 사원들도 만족스러워 하던데.

정답　　3. ①　　4. ④

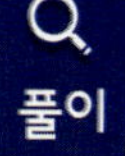

3. **1단계:** 일이 적성에 맞지 않아 힘들어 하는 여자에게 남자가 조언하고 있다.

　2단계: '–으면 어때?'는 자신의 의견을 제안하는 담화 표지이므로 ①이 답이 된다.

　② 말하지 않았으므로 답이 될 수 없다.

　③ 이용해 본 사원들의 경험을 소개하고 있으므로 답이 될 수 없다.

　④ 말하지 않았으므로 답이 될 수 없다.

4. ① 적성에 안 맞아서 힘들다고 말했으므로 답이 될 수 없다.

　② 잡 마켓은 부서 이동을 원하는 직원들을 위해 만들었다고 말했으므로 답이 될 수 없다.

　③ 잡 마켓은 회사에서 이용을 권장하는 편이라고 말했으므로 답이 될 수 없다.

　④ 부서 이동을 원하는 직원들에게 희망 부서에 자기를 홍보할 수 있다고 했으므로 답이 된다.

듣기 전략	첫 번째 듣기에서 '중심 생각 고르기' 문제를 푼다. 두 번째 듣기에서 '세부 내용 파악하기' 문제를 푼다.

※ [1~2] 다음을 듣고 물음에 답하십시오.

1.　남자의 중심 생각으로 맞는 것을 고르십시오.

　　① 자기 계발은 계획서 작성이 필요하다.
　　② 진정한 자기 계발은 스스로 하는 것이다.
　　③ 자기 평가가 안 좋으면 다시 도전할 수 있다.
　　④ 자기 계발의 결과에 대한 만족도가 중요하다.

2.　들은 내용으로 맞는 것을 고르십시오.

　　① 학생들은 스스로 계획서를 작성한다.
　　② 보고서를 쓰려면 전문가를 만나야 한다.
　　③ 학교가 학생들의 자기 계발 결과를 평가한다.
　　④ 학생들은 학기 말에 자기 계발 계획서를 낸다.

여자: 선생님, 이 학교에는 자기 계발을 스스로 할 수 있는 프로그램이 있다고 들었는데요. 간단히 소개해 주시겠습니까?

남자: 네, 자기 계발 프로그램은 자기주도적으로 이루어지는 게 중요한데 우리 학교의 프로그램이 그렇습니다. 학생들은 학기 초에 하고 싶은 일을 정하고 그 중 하나를 골라 계획서를 제출합니다. 학교에선 중간에 진도만 확인해 주는데요. 학생들은 보고서를 쓰거나 관련 분야의 전문가를 만나 인터뷰를 하기도 합니다. 평가도 학기가 끝날 때쯤 스스로 하는데 결과에 만족 못했을 땐 다음 학기에 다시 도전할 수 있습니다.

정답   1. ②   2. ①

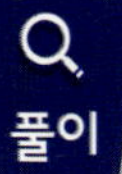

1. 자기 계발은 자기주도적으로 이루어지는 게 중요하다고 했으므로 ②가 답이 된다.

① 학교 자기 계발 프로그램에서 계획서를 제출한다고 했지 자기 계발에 계획서 작성이 필요하다고 하지 않았으므로 답이 될 수 없다.

③ 평가 결과에 만족 못했을 때 다음 학기에 다시 도전할 수 있다는 것은 중심 생각이 아니므로 답이 될 수 없다.

④ 말하지 않았으므로 답이 될 수 없다.

2. ① 학생들이 하고 싶은 일을 정해서 계획서를 제출한다고 했으므로 답이 된다.

② 보고서를 쓰기 위해 전문가를 만나는 것은 아니므로 답이 될 수 없다.

③ 학기가 끝날 때쯤 스스로 평가를 한다고 했으므로 답이 될 수 없다.

④ 학생들은 학기 초에 계획서를 제출한다고 했으므로 답이 될 수 없다.

※ [3~4] 다음을 듣고 물음에 답하십시오.

3. 남자의 중심 생각으로 맞는 것을 고르십시오.

   ① 시작한 일은 끝까지 해내야 한다.
   ② 마음먹었을 때 바로 실천해야 한다.
   ③ 자신의 한계를 알아야 도전할 수 있다.
   ④ 고난을 극복하려면 강한 정신력이 필요하다.

4. 들은 내용으로 맞는 것을 고르십시오.

   ① 남자는 정글을 최고의 마라톤 장소로 꼽았다.
   ② 남자는 마라톤 선수들을 통해 많은 것을 배웠다.
   ③ 남자는 고통이 심해서 마라톤을 중간에 포기했다.
   ④ 남자는 아마존에서 자신의 의지를 시험하고 싶었다.

여자: 마라톤 중 가장 어렵다는 아마존 정글 마라톤을 완주하고 온 김동진 씨를 만났습니다. 이런 어려운 도전을 하신 이유가 무엇입니까?

남자: 제 한계를 시험해 보고 싶어서 아마존으로 떠났습니다. 정글 마라톤은 완주한 사람이 손에 꼽힐 정도입니다. 그곳에서의 육체적, 정신적 고통은 말로 표현할 수 없을 정도였지만 그때 느낀 기쁨과 감동은 그 무엇과도 바꿀 수 없는 것이었습니다. 그런데 완주보다 더 잘했다고 생각하는 것이 있는데요. 그것은 도전하고 싶은 일이 생겼을때 바로 행동으로 옮긴 것이었습니다. 망설였다면 도전하지 못했을 것이고 이런 성취감도 느끼지 못했을 겁니다.

정답 3. ②   4. ④

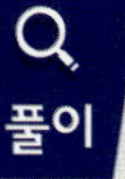

3. 도전하고 싶은 일이 생겼을 때 바로 행동으로 옮겼기 때문에 완주의 성취감도 느낄 수 있었다고 했으므로 ②가 답이 된다.

① 완주가 가능했던 이유를 말하고 있지 완주를 해야 한다고 말한 것은 아니므로 답이 될 수 없다.

③ 자신의 한계를 알고 싶었다고 했지 도전하기 위해 한계를 알아야 한다고 말한 것은 아니므로 답이 될 수 없다.

④ 말하지 않았으므로 답이 될 수 없다.

4. ①, ② 말하지 않았으므로 답이 될 수 없다.

③ 마라톤을 완주했다고 했으므로 답이 될 수 없다.

④ 자신의 한계를 시험해 보고 싶었다고 했으므로 답이 된다.

화자의 의도 고르기 **+** 세부 내용 파악하기

듣기 전략	첫 번째 듣기에서 '화자의 의도 고르기' 문제를 푼다. 두 번째 듣기에서 '세부 내용 파악하기' 문제를 푼다.
화자의 의도 고르기 전략	**1단계** 선택지에서 핵심 단어를 파악한다. **2단계** 상대의 반응에 주의하면서 답이 될 수 있는 것을 고른다.

※ [1~2] 다음을 듣고 물음에 답하십시오.

1. 여자가 남자에게 말하는 의도를 고르십시오.

① 후보자 지지를 부탁하기 위해
② 선거 유세 효과를 비판하기 위해
③ 선거 유세 효과를 강조하기 위해
④ 다양한 홍보 방법을 확인하기 위해

2. 들은 내용으로 맞는 것을 고르십시오.

① 선거를 할 때 유세 방법을 살펴야 한다.
② 큰 소리로 선거 운동하는 것은 효과가 좋다.
③ 사람들에게 악수를 건네는 선거 운동은 불쾌감을 준다.
④ 후보자는 자신이 원하는 선거 유세 방법을 선택한다.

여자: 또 선거 운동이야? 선거 운동을 하는 건 좋은 데 꼭 저렇게 시끄럽게 해야 돼? 요즘에는 조용한 선거 유세가 늘고 있다던데.

남자: 그러게. 조용히 악수를 청하는 후보자도 있고 손을 흔들며 인사하는 후보자도 있다는데 말이야.

여자: 소리가 크다고 홍보가 잘되는 건 아닌데.

남자: 그건 모르지. 후보들이 각자 자기를 잘 알릴 수 있는 방법을 선택하는 거니까. 뭐가 좋고 뭐가 나쁘다고는 말할 수는 없는 것 같아.

여자: 네 말이 맞긴 한데, 저런 식의 선거 유세는 오히려 사람들한테 반감만 살 걸.

정답 1. ②   2. ④

풀이

1. **1단계:** 핵심 단어는 '선거 유세'이다.

   2단계: 여자는 시끄럽고 소리가 큰 유세에 대해 불만을 표시하고 있다. 판단을 내리는 것에 신중한 남자에 대해 반대 의견을 말하고 있으므로 ②가 답이 된다.

   ① 다른 사람의 선거 운동을 보며 불만을 말하고 있으므로 답이 될 수 없다.

   ③ 여자는 선거 운동에 대해 부정적인 면을 말하고 있으므로 답이 될 수 없다.

   ④ 선거 유세를 하는 예를 든 것은 남자이므로 답이 될 수 없다.

2. ① 여자는 선거 운동에 대해 비판한 것이므로 답이 될 수 없다.

   ② 시끄러운 선거 운동을 하는 것에 대해 여자는 부정적으로 말했고 남자는 확실히 말하지 않았으므로 답이 될 수 없다.

   ③ 시끄럽지 않은 선거 운동의 예로 들었을 뿐 불쾌감을 준다고 말하지 않았으므로 답이 될 수 없다.

   ④ 후보들이 각자 자기를 알릴 수 있는 방법을 선택하는 것이라고 남자가 말했으므로 답이 된다.

3. 여자가 남자에게 말하는 의도를 고르십시오.

① 대안학교의 필요성을 강조하기 위해
② 대안학교에 입학하도록 권유하기 위해
③ 아이 교육 문제에 대해 책임을 묻기 위해
④ 아이 학습 태도에 대한 조언을 주기 위해

4. 들은 내용으로 맞는 것을 고르십시오.

① 여자는 일반학교의 장점을 잘 이해하고 있다.
② 남자의 아이는 일반학교 방식에 잘 적응했다.
③ 여자의 아이는 입시 위주의 공부를 하고 있다.
④ 남자는 아이의 교육 방식 변화를 고려하고 있다.

여자: 요즘 대안학교 알아보고 있다면서?

남자: 응, 우리 애가 공부 때문에 스트레스 받는 거 같아서. 개성도 워낙 강하고. 대안학교에 가면 자유로운 분위기에서 공부할 수 있잖아.

여자: 그럴 수 있지. 일반학교는 아이들의 개별적인 특성을 다 고려할 수 없으니까. 그래서 우리 애도 대안학교에 보냈잖아.

남자: 근데 난 일반학교와 많이 달라서 고민스러워. 대학도 가야 하는데.

여자: 뭘 망설여? 공교육과 방식은 다르지만 거기도 입시에 필요한 공부는 다 해. 좀 더 자유로운 방식으로 공부하기 때문에 개성 강한 아이에게 딱 맞을 것 같은데?

정답 3. ②   4. ④

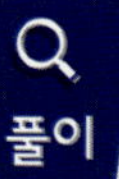

풀이

3. **1단계:** 핵심 단어는 '대안학교'이다.

   2단계: 여자가 남자에게 대안학교의 장점을 말해 주며 망설이지 말라고 하고 있으므로 ②가 답이 된다.

   ① 대안학교가 자유로운 분위기에서 공부할 수 있다는 사실을 남자도 알고 있으므로 답이 될 수 없다.

   ③ 대안학교를 알아보고 있는 남자에게 조언을 하고 있으므로 답이 될 수 없다.

   ④ 대안학교에 대한 조언이므로 답이 될 수 없다.

4. ① 여자는 일반학교의 단점을 말하고 있으므로 답이 될 수 없다.

   ② 남자의 아이가 일반학교에서 공부 스트레스를 받고 있어서 대안학교를 알아보고 있는 것이므로 답이 될 수 없다.

   ③ 여자의 아이는 자유로운 분위기의 대안학교에 다니고 있다고 했으므로 답이 될 수 없다.

   ④ 남자는 공부 스트레스를 받는 아이를 위해 다른 학교를 알아보는 것이므로 답이 된다.

대화 참여자 파악하기 + 세부 내용 파악하기

29~30번

듣기 전략	첫 번째 듣기에서 '대화 참여자 파악하기' 문제를 푼다. 두 번째 듣기에서 '세부 내용 파악하기' 문제를 푼다.
대화 참여자 파악하기 전략	**1단계** 두 사람이 공통으로 사용하는 표현을 찾는다. **2단계** 남자가 말하는 구체적인 표현을 찾는다.

※ [1~2] 다음을 듣고 물음에 답하십시오.

1. 남자는 누구인지 고르십시오.

① 문화재를 복원하는 사람
② 문화재를 관리하는 사람
③ 문화재를 해설하는 사람
④ 문화재를 발굴하는 사람

2. 들은 내용으로 맞는 것을 고르십시오.

① 문화재 수리는 작가에게 책임이 있다.
② 문화재 수리는 반복되는 교체 작업이다.
③ 문화재 수리는 원형을 훼손하지 않아야 한다.
④ 문화재 수리는 손상되지 않게 관리하는 것이다.

여자: 문화재도 손상되면 수리가 필요할 텐데요. 어떤 부분에 초점을 두고 수리해야 할까요?

남자: 문화재를 수리한다고 하면 보통 뭔가 새로운 것으로 교체해야 한다고 생각합니다. 그런데 문화재 수리는 손상된 부분을 단순히 교체하는 것이 아니라 원형을 훼손시키지 않는 범위에서 재창조하는 것을 의미합니다. 이때 중요한 것은 문화재에 담긴 고유한 표현 의도를 벗어나서는 안 된다는 것이죠. 그래서 저는 그러한 의도가 제대로 드러날 때까지 반복 작업을 수없이 되풀이하곤 합니다. 그런데 무엇보다 중요한 건 귀중한 문화재가 손상되지 않게 잘 관리하고 보존하는 것입니다.

정답 1. ①   2. ③

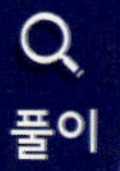

1. **1단계:** 두 사람이 공통으로 사용한 표현은 '문화재'와 '수리'이다.

   2단계: 남자가 문화재를 수리한다는 것은 원형을 훼손시키지 않는 범위에서 재창조하는 것을 의미한다고 했으므로 '사물을 원래 상태대로 되돌리다'는 의미를 가진 '복원하다'가 맞다. 따라서 ①이 답이 된다.

   ② 관리, ③ 해설, ④ 발굴과는 맞지 않으므로 답이 될 수 없다.

2. ① 말하지 않았으므로 답이 될 수 없다.

   ② 단순한 교체가 아니라 문화재에 담긴 표현 의도가 드러날 때까지 반복 작업을 한다고 했으므로 답이 될 수 없다.

   ③ 원형을 훼손하지 않는 범위에서 재창조하는 것이라고 했으므로 답이 된다.

   ④ 문화재를 수리한다는 것은 원형을 훼손시키지 않는 범위에서 재창조하는 것이라고 했으므로 답이 될 수 없다.

3. 남자는 누구인지 고르십시오.

① 동양화가
② 전통 공예가
③ 나무 조각가
④ 전시회 기획자

4. 들은 내용으로 맞는 것을 고르십시오.

① 남자는 실용성보다 예술성을 강조한다.
② 한지의 색은 빛에 의해서 다양하게 연출된다.
③ 남자가 만든 조각품에 외국인들이 푹 빠졌다.
④ 한지의 색깔은 시간이 지나도 잘 변하지 않는다.

여자: 선생님, 이번 해외 전시에서는 외국인들의 반응이 굉장했다고 하던데요. 어떤 매력 때문일까요?

남자: 무엇보다 우리의 전통 종이, 한지의 매력 때문인 것 같아요. 이 전등 갓 좀 보세요. 10년 전에 만든 건데 아직도 색상이 선명하고 아름답잖아요. 제가 예전에 잠시 조각을 했었는데 그때는 느끼지 못했던 아름다운 색깔입니다. 그게 외국인들의 마음을 사로잡은 중요한 부분이라고 생각합니다. 그리고 한지로는 화장대, 서랍장 같은 실용적인 물건부터 아름다운 장식품까지 못 만드는 물건이 없어요. 제 전시회에 오셔서 한지로 만든 서랍장에 반하셨다고 하시는 분들도 많았습니다.

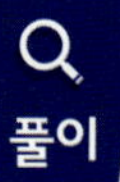

정답 3. ②   4. ④

3. **1단계:** 두 사람이 공통으로 사용한 표현은 '전시'이다.

   2단계: 남자가 전통 종이로 물건을 만든다고 했으므로 ②가 답이 된다.

   ① 동양화가. ④ 전시회 기획자는 전통 종이로 물건을 만들지 않으므로 답이 될 수 없다.

   ③ 예전에 조각을 했었다고 했지 지금 하고 있는 것은 아니므로 답이 될 수 없다.

4. ① 실용적인 물건부터 아름다운 장식품까지 만든다고 했으므로 답이 될 수 없다.

   ② 말하지 않았으므로 답이 될 수 없다.

   ③ 한지로 만든 물건이 외국인들의 마음을 사로잡았다고 했으므로 답이 될 수 없다.

   ④ 10년 전에 만든 것이 아직도 색상이 선명하고 아름답다고 했으므로 답이 된다.

화자의 생각 파악하기 + 화자의 태도 파악하기 [31~32번]

듣기 전략	첫 번째 듣기에서 '화자의 생각 파악하기' 문제를 푼다. 두 번째 듣기에서 '화자의 태도 파악하기' 문제를 푼다.
화자의 생각 파악하기 전략	말하는 사람의 생각을 나타내는 표현에 주의하고, 마지막 부분에서 말하는 사람의 생각을 알 수 있을 때가 많으므로 집중하여 듣는다.
화자의 태도 파악하기 전략	선택지의 핵심 단어를 통해 말하는 사람의 태도를 파악한다. 토론이므로 상대방의 의견과 무엇이 다른지 주의해서 듣는다.

※ [1~2] 다음을 듣고 물음에 답하십시오.

1. 남자의 생각으로 맞는 것을 고르십시오.

① 정규직을 늘리면 실업 문제를 해결하기 어렵다.
② 신규 채용의 폭을 줄여 실업 문제를 해결할 수 있다.
③ 시간제 일자리는 실업 문제를 해결하는 최선의 방안이다.
④ 시간제 일자리의 확대는 정규직 취업 기회를 감소시킬 수 있다.

2. 남자의 태도로 맞는 것을 고르십시오.

① 구체적인 사례를 들어 주제를 설명하고 있다.
② 객관적인 자료를 통해 자신의 의견을 주장하고 있다.
③ 근거를 들어 상대방의 주장을 부드럽게 반박하고 있다.
④ 상황을 객관적으로 분석하며 상대방 의견을 지지하고 있다.

여자: 실업 문제에 대한 여러 가지 대안들을 말씀해 주셨는데요. 시간제 일자리를 늘리는 게 지금으로서는 최선이라고 생각합니다.

남자: (부드러운 반박 톤으로) 네, 물론 시간제 일자리를 늘리는 게 당장은 효과가 있겠지만 근본적인 문제를 해결하기는 어렵다고 봅니다. 오히려 더 큰 문제를 가져올 수도 있고요.

여자: 어떤 문제가 생길 수 있는지 구체적으로 말씀해 주시겠습니까?

남자: 시간제 일자리를 늘리면 그만큼 신규 채용의 폭은 줄어들 수밖에 없습니다. 그렇게 되면 정규직을 원하는 사람들에겐 오히려 취업문이 좁아져 실업 문제가 더 심각해질 수도 있습니다.

정답 1. ④   2. ③

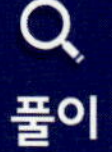

1. 남자는 시간제 일자리를 늘리면 신규 채용의 폭은 줄어들 수밖에 없다고 했으므로 ④가 답이 된다.

① 시간제 일자리를 늘리면 실업 문제가 더 심각해진다고 했으므로 답이 될 수 없다.
② 시간제 일자리를 늘리면 신규 채용의 폭이 줄어든다고 했으므로 답이 될 수 없다.
③ 여자의 생각이므로 답이 될 수 없다.

2. 여자의 말에 구체적인 근거를 들어 부드럽게 반박하고 있으므로 ③이 답이 된다.

① 구체적인 사례를 들어 설명한 것은 아니므로 답이 될 수 없다.
② 객관적인 자료를 통해 주장한 것은 아니므로 답이 될 수 없다.
④ 여자의 의견과 반대되는 말을 하고 있으므로 답이 될 수 없다.

3.　남자의 생각으로 맞는 것을 고르십시오.

　① 고열량 음식 때문에 청소년들의 체형이 변했다.
　② 고열량 식품 판매자에게 세금을 부과해야 한다.
　③ 비만세는 판매자와 소비자 모두에게 부담을 준다.
　④ 우리나라 사람들의 비만은 운동 부족이 주요 원인이다.

4.　남자의 태도로 맞는 것을 고르십시오.

　① 상대방의 말을 하나하나 반박하고 있다.
　② 앞으로 일어날 일에 대해 전망하고 있다.
　③ 현재의 문제에 대해 판매자의 책임을 묻고 있다.
　④ 내용을 파악하지 못해 상대방에게 질문하고 있다.

여자: 현재 비만세를 도입하거나 검토하고 있는 국가가 많습니다. 이제 우리도 열량만 높고 영양가는 없는 식품을 만들거나 판매하는 사업자에게 세금을 내게 해야 한다고 봅니다.

남자: (부드럽게 질문) 통계에 따르면 우리나라는 비만율이 낮은 국가 중의 하나인데요. 굳이 새로운 세금을 만들어 사업자에게 부담을 줄 필요가 있을까요? 그러면 상품 가격이 올라갈 수밖에 없고 그 부담은 고스란히 소비자에게 돌아갈 것입니다.

여자: 단순히 경제 논리로만 볼 것이 아니라 좀 더 멀리 내다봐야 합니다. 고열량식으로 청소년들의 비만율이 높아지고 있습니다.

남자: 일리 있는 말씀입니다. 하지만 그 문제에 대해서는 다양한 각도에서 봐야지요. 예를 들어 운동 부족 등의 요인도 생각할 수 있지 않겠습니까?

정답 3. ③   4. ①

3. 비만세를 만들어 사업자에게 부담을 줄 필요가 없으며, 비만세로 인한 부담은 소비자에게 돌아갈 것이라고 했으므로 ③이 답이 된다.

① 말하지 않았으므로 답이 될 수 없다.
② 여자의 생각이므로 답이 될 수 없다.
④ 청소년의 비만율이 높아지는 요인 중 하나의 예로 든 것이므로 답이 될 수 없다.

4. 여자의 첫 번째 의견과 두 번째 의견에 모두 반대하고 있으므로 ①이 답이 된다.

② 비만세가 도입될 경우를 가정해서 말했으므로 답이 될 수 없다.
③ 말하지 않았으므로 답이 될 수 없다.
④ '일리 있는 말씀입니다'는 상대의 의견을 인정할 때 사용하는 표현이므로 답이 될 수 없다.

듣기 전략	첫 번째 듣기에서 '주제 고르기' 문제를 푼다.
	두 번째 듣기에서 '세부 내용 파악하기' 문제를 푼다.

주제 고르기 전략	단어를 하나하나 들으려고 하지 말고 전체 내용을 듣고 나서 적절한 주제를 찾는다.
	1단계 선택지를 보고 무엇에 대한 이야기일지 생각해 본다.
	2단계 말하지 않은 내용이거나 일부 내용이 주제와 상관없을 경우 먼저 지운다.

※ [1~2] 다음을 듣고 물음에 답하십시오.

1. 무엇에 대한 내용인지 맞는 것을 고르십시오.

   ① 성공과 실패가 결정되는 시기
   ② 인생을 배우며 성장하는 과정
   ③ 결과보다 과정이 중요한 이유
   ④ 실패가 가져오는 긍정적 변화

2. 들은 내용으로 맞는 것을 고르십시오.

   ① 물은 끓는 순간에도 에너지를 품고 있다.
   ② 성공과 실패는 변화의 정도에 달려 있다.
   ③ 시작 단계에서부터 성공을 준비해야 한다.
   ④ 결정적인 순간에 힘을 발휘하면 성공한다.

남자: 여러분, 물이 끓는 과정을 한번 생각해 볼까요? 물은 끓기 전까지는 변화가 없죠. 99도까지는 에너지를 품고 있다가 99도에서 100도가 되는 순간에 에너지를 내며 끓기 시작합니다. 바로 그 순간이 없다면 변화는 기대하기 힘들게 되는 거죠. 우리의 인생도 마찬가지 아닐까요? 저와 여러분의 인생은 성공과 실패의 가능성을 모두 가지고 있습니다. 하지만 변화가 일어날 수 있는 마지막 그 순간에 결정적인 힘을 발휘하는 사람은 성공을, 그렇지 못한 사람은 실패를 맛보게 되는 거죠. 여러분, 1%의 힘을 발휘하는 연습을 해 보십시오. 성공은 여러분의 것입니다.

정답 1. ① 2. ④

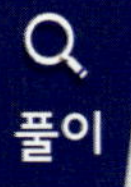

1. **1단계:** 인생에서의 성공과 실패에 관한 이야기를 할 것이다.
   2단계: 변화가 일어날 수 있는 마지막 순간에 결정적인 힘을 발휘하는 사람은 성공을, 그렇지 못한 사람은 실패를 맛보게 된다고 했으므로 ①이 답이 된다.

   ② 인생이 성공과 실패의 가능성을 모두 가지고 있다고 했지 인생을 배우며 성장하는 과정을 말한 것은 아니므로 답이 될 수 없다.
   ③ 마지막 순간에 발휘하는 결정적인 힘을 말한 것이지 과정이 중요한 이유를 말한 것은 아니므로 답이 될 수 없다.
   ④ 말하지 않았으므로 답이 될 수 없다.

2. ① 물이 끓기 전까지 에너지를 품고 있다가 끓는 순간 에너지를 밖으로 낸다고 했으므로 답이 될 수 없다.
   ② 성공과 실패는 결정적인 순간의 에너지를 발휘하는 것에 따라 달라진다고 했으므로 답이 될 수 없다.
   ③ 말하지 않았으므로 답이 될 수 없다.
   ④ 마지막 순간에 결정적인 힘을 발휘해야 성공할 수 있다고 했으므로 답이 된다.

3. 무엇에 대한 내용인지 맞는 것을 고르십시오.

　① 지나친 청결의 문제점
　② 피부병 발병의 주요 원인
　③ 유아기 생활 습관의 중요성
　④ 항균 요법을 통한 질병 예방법

4. 들은 내용으로 맞는 것을 고르십시오.

　① 피부병 발병률에 대한 연구가 필요하다.
　② 비위생적인 환경은 알레르기의 원인이 된다.
　③ 우리 몸에는 적당한 세균이 있는 것이 더 좋다.
　④ 환경이 깨끗하면 우리 몸의 면역력이 커진다.

여자: 요즘 청결한 환경이나 생활 습관을 강조하는 사람들이 많습니다. 물론 깨끗한 환경에서 지내면 좋지요. 그런데 과연 좋은 점만 있을까요? 지나치게 깨끗해진 환경 때문에 오히려 세균에 대한 면역력을 잃어버리기 쉽지요. 우리 몸은 적당한 세균에 노출되어야 면역력이 길러지는데요. 일례로 태어난 지 2년 이내에 항균 요법을 받은 아이들은 그렇지 않은 아이에 비해 피부병 발병률이 6배 높았다는 연구가 있습니다. 어렸을 때 적당히 먼지를 접촉해야 알레르기를 막아주는 면역력이 생긴다는 거죠. 청결도 중요하지만 조금은 지저분한 곳이 있어도 괜찮은 겁니다.

정답 3. ①   4. ③

풀이

3. **1단계:** 청결과 질병에 관한 이야기를 할 것이다.

   2단계: 지나치게 깨끗한 환경 때문에 세균에 대한 면역력을 잃어버리기 쉽다고 했으므로 ①이 답이 된다.

② 항균 요법을 받은 아이들이 그렇지 않은 아이에 비해 피부병 발병률이 높았다는 연구 결과를 말하고 있으므로 답이 될 수 없다.

③ 청결한 생활 습관 문제점을 말한 것이지 유아기 생활 습관의 중요성을 말한 것은 아니므로 답이 될 수 없다.

④ 항균 요법이 오히려 면역력을 잃어버리게 할 수도 있다고 했으므로 답이 될 수 없다.

4. ① 연구 결과를 말하고 있으므로 답이 될 수 없다.

② 지나치게 깨끗한 환경이 알레르기에 약하게 만든다는 내용이므로 답이 될 수 없다.

③ 적당히 먼지를 접촉해야 면역력이 생긴다고 했으므로 답이 된다.

④ 너무 깨끗하면 오히려 면역력을 잃게 된다고 했으므로 답이 될 수 없다.

담화 유형 파악하기 + 세부 내용 파악하기

35~36번

듣기 전략	첫 번째 듣기에서 '담화 유형 파악하기' 문제를 푼다. 두 번째 듣기에서 '세부 내용 파악하기' 문제를 푼다.
담화 유형 파악하기 전략	대담이 아닌 연설이나 강연의 형태이므로 말하는 사람의 목적과 중심 내용을 파악한다. 담화 표지가 있으면 그것을 바탕으로 무엇을 하고 있는지 찾는다.

※ [1~2] 다음을 듣고 물음에 답하십시오.

1. 남자는 무엇을 하고 있는지 고르십시오.

　① 방송 후원에 담긴 신념을 설명하고 있다.
　② 방송 후원에 대한 의견을 조사하고 있다.
　③ 방송 후원에 관련된 자료를 분석하고 있다.
　④ 방송 후원에 필요한 비용을 파악하고 있다.

2. 들은 내용으로 맞는 것을 고르십시오.

　① 이 기업은 방송을 통한 홍보를 중시한다.
　② 이 방송은 사회 공헌에 관한 내용을 다룬다.
　③ 이 기업은 프로그램 제작 비용을 부담한다.
　④ 이 방송은 후원 기업을 위한 광고를 만들었다.

남자: 우리 기업과 이 방송 프로그램이 인연을 맺은 지 벌써 40년이 되었군요. 40년 전, 이 방송 프로그램의 제작 비용을 전액 후원하게 된 것은 인재 양성이라는 기업의 신념을 실천하기 위해서였습니다. 광고를 통한 기업의 홍보 효과보다 인재를 후원하는 것이 더 필요하다고 판단했기 때문입니다. 특히 이 후원 활동은 우리 기업의 첫 사회 공헌 활동이었다는 점에서도 의미가 깊다고 생각합니다. 앞으로도 지원을 아끼지 않겠습니다.

정답   1. ①   2. ③

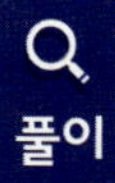

풀이

1. 기업이 방송 프로그램 제작 비용을 후원하는 이유는 기업의 신념을 실천하기 위해서라고 설명하고 있으므로 ①이 답이 된다.

② 방송 후원의 목적을 말한 것이지 의견을 조사한 것은 아니므로 답이 될 수 없다.

③ 자료 분석, ④ 비용 파악을 말한 것은 아니므로 답이 될 수 없다.

2. ① 광고를 통한 홍보 효과보다 인재를 후원하는 것이 필요하다고 했으므로 답이 될 수 없다.

② 방송을 통한 후원 활동이 기업의 첫 사회 공헌 활동이었다고 했으므로 답이 될 수 없다.

③ 방송 프로그램의 제작 비용을 전액 후원한다고 했으므로 답이 된다.

④ 기업이 방송 제작을 후원한다고 했지 방송이 기업을 후원한다는 말은 아니므로 답이 될 수 없다.

※ [3~4] 다음을 듣고 물음에 답하십시오.

3.　남자는 무엇을 하고 있는지 고르십시오.

　　① 글로벌화 사업 내용을 분석하고 있다.
　　② 중소기업의 성장 과정을 보고하고 있다.
　　③ 중소기업의 성과에 대해 평가하고 있다.
　　④ 글로벌화 사업에 참여할 것을 요청하고 있다.

4.　들은 내용으로 맞는 것을 고르십시오.

　　① 중소기업의 해외 진출이 활성화되고 있다.
　　② 협회는 정부의 글로벌화 사업에 참여해 왔다.
　　③ 글로벌화 사업은 대기업의 주도로 이루어진다.
　　④ 이 간담회는 수출 환경 개선을 위해 마련되었다.

남자: 간담회에 참석해 주신 여러분, 진심으로 환영합니다. 중소기업회 회장 김지호입니다. 오늘 이 간담회는 정부의 '글로벌화 사업'계획에 중소기업의 참여를 부탁드리고자 마련된 자리입니다. 글로벌화 사업은 정부가 중소기업의 해외 진출과 수출 활성화를 위해 추진하는 사업입니다. 이 사업은 일자리 창출 및 수출 활성화를 통해 국내 경제를 안정시키는 데 기여할 것으로 기대됩니다. 또한 대기업 주도의 수출 환경을 바꾸는 계기도 될 것이라고 봅니다. 여러분의 적극적인 참여를 기대하겠습니다.

정답 3. ④   4. ④

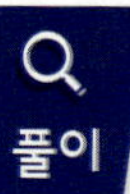

3. 정부의 글로벌화 사업 계획에 참여를 부탁드리고자 마련된 자리라고 했으므로 ④가 답이 된다.

　① 사업을 소개하고 전망하는 내용이므로 답이 될 수 없다.

　② 성과 과정 보고, ③ 성과에 대한 평가가 아니므로 답이 될 수 없다.

4. ① 중소기업의 해외 진출을 위해 사업을 추진하는 것이지 아직 활성화된 것은 아니므로 답이 될 수 없다.

　② 말하지 않았으므로 답이 될 수 없다.

　③ 중소기업의 참여를 요청하는 사업이므로 답이 될 수 없다.

　④ 대기업 주도의 수출 환경을 바꾸는 계기가 될 것이라고 했으므로 답이 된다.

듣기 전략	첫 번째 듣기에서 '중심 생각 고르기' 문제를 푼다. 두 번째 듣기에서 '세부 내용 파악하기' 문제를 푼다.
중심 생각 고르기 전략	인터뷰 유형이므로 질문에 대답하는 사람의 중심 생각으로 알맞은 것을 고른다. 사실에 대한 설명과 말하는 사람의 생각을 구별하도록 한다.

※ [1~2] 다음은 교양 프로그램입니다. 잘 듣고 물음에 답하십시오.  

1. 여자의 중심 생각으로 맞는 것을 고르십시오.

   ① '빗물연구소'는 빗물을 가치 있게 만든다.
   ② '빗물연구소'에 대해 모르는 사람들이 많다.
   ③ 빗물을 자원으로 만드는 과정은 간단하다.
   ④ 빗물을 자원으로 만들려면 시설이 필요하다.

2. 들은 내용과 일치하는 것을 고르십시오.

   ① 빗물이 깨끗하다면 정화 과정을 생략해도 된다.
   ② '빗물연구소'의 활동은 환경 보전과도 관련이 있다.
   ③ 빗물은 정화 과정을 거쳐도 식수로 사용할 수 없다.
   ④ 아직 정화된 빗물의 사용은 다양하지 않은 수준이다.

남자: 오늘은 한영수 박사님을 모시고 '빗물연구소'에서 어떤 일을 하는지 이야
기를 들어 보겠습니다. 박사님, 시작해 주시죠.

여자: 저희 '빗물연구소'가 뭘 하는 곳인지 모르는 분들이 많은데요. '빗물연구
소'에서는 아주 간단하면서도 친환경적인 일을 합니다. 바로 빗물을 깨
끗한 물로 만드는 일이죠. 빗물은 저장할 공간과 정화시설만 갖추면 소
중한 자원이 됩니다. 정화된 빗물은 식수나 생활용수로 다양하게 사용되
고 있습니다. 의미 없이 버려졌던 빗물이 우리 생활에서 없어서는 안 될
중요한 존재가 된 거죠.

정답   1. ①   2. ②

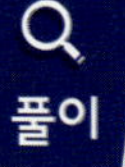

1. 의미 없이 버려졌던 빗물이 생활에 없어서는 안 될 중요한 존재가 되었다고 했으므로 ①이 답이 된다.

　② 빗물연구소가 뭘 하는 곳인지 모르는 사람이 많다고 했지 연구소 자체에 대해 모른다고 한 것은
　　아니므로 답이 될 수 없다.

　③ 사실에 대한 설명이지 중심 생각이 아니므로 답이 될 수 없다.

　④ 시설이 필요하다고 한 것은 아니므로 답이 될 수 없다.

2. ① 빗물을 깨끗한 물로 만든다고 했으므로 답이 될 수 없다.

　② 빗물연구소에서 친환경적인 일을 한다고 했으므로 답이 된다.

　③ 식수로 사용할 수 있다고 했으므로 답이 될 수 없다.

　④ 빗물을 다양하게 사용한다고 했으므로 답이 될 수 없다.

※ **[3~4] 다음은 교양 프로그램입니다. 잘 듣고 물음에 답하십시오.**  

3. 남자의 중심 생각으로 맞는 것을 고르십시오.

① 날씨 경영의 경제적 효용성을 분석해야 한다.
② 기업을 경영하는 데 날씨 경영을 적극 활용해야 한다.
③ 기상 산업은 정부의 미래 산업으로 선정되어야 한다.
④ 소비자 구매 욕구를 파악해서 마케팅 전략을 세워야 한다.

4. 들은 내용과 일치하는 것을 고르십시오.

① 날씨 경영은 미래에 주목 받는 사업이다.
② 날씨 경영은 재해 예방을 위해 사용된다.
③ 날씨 경영은 기업의 경영 전략을 분석한다.
④ 날씨 경영은 국내의 많은 기업이 활용하고 있다.

여자: 대표님은 '날씨 경영인'이라고 알려져 있는데요. 조금 생소한 말입니다. '날씨 경영'이 어떤 사업인지 소개 좀 해 주시겠습니까?

남자: 말 그대로 날씨에 대한 정보를 기업에 제공해 경영에 도움을 주는 사업입니다. 기업이 날씨 정보를 통해 미리 제품의 매출이나 소비자의 구매 욕구, 선호 상품 등을 분석하고 마케팅 전략을 세우면, 경제적 손실을 극복하고 매출을 극대화할 수 있다는 거지요. 현재 국내 산업의 70~80%가 날씨에 직·간접적으로 영향을 받고 있어 기상 산업이 중요시되고 있는데요. 아직은 다른 나라에 비해 날씨 경영을 도입한 기업이 많지 않습니다. 하지만 정부에서 미래 유망 사업으로 선정할 정도로 점차 중요성이 부각되고 있습니다. 이제 날씨 정보는 단순히 재해 예방 차원을 넘어 경영 이익과도 연결되는 필수 요소로 인식되고 있는 겁니다.

정답 3. ② 　 4. ①

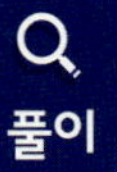

풀이

3. 날씨 정보가 경영 이익과도 연결되는 필수 요소라고 했으므로 ②가 답이 된다.

① 날씨 정보를 통해 매출을 극대화할 수 있다고 했지 날씨 경영의 효용성을 분석하라는 말은 아니므로 답이 될 수 없다.

③ 정부에서 이미 미래 유망 사업으로 선정했다고 했으므로 답이 될 수 없다.

④ 마케팅 전략을 위해 먼저 필요한 것이 날씨 정보라는 말이므로 답이 될 수 없다.

4. ① 날씨 경영이 미래 유망 사업으로 선정되었다고 했으므로 답이 된다.

② 날씨 정보는 단순히 재해 예방 차원을 넘어 경영 이익의 필수 요소로 인식되고 있다고 했으므로 답이 될 수 없다.

③ 날씨 정보를 통해 제품의 매출이나 소비자의 구매 욕구, 선호 상품 등을 분석한다고 했으므로 답이 될 수 없다.

④ 다른 나라에 비해 날씨 경영을 도입한 기업이 많지 않다고 했으므로 답이 될 수 없다.

앞에 올 내용 고르기 + 세부 내용 파악하기   39~40번

듣기 전략	첫 번째 듣기에서 '앞에 올 내용 고르기' 문제를 푼다. 두 번째 듣기에서 '세부 내용 파악하기' 문제를 푼다.
앞에 올 내용 고르기 전략	대담을 듣고 앞에 나온 내용을 추측해야 한다. 진행자의 질문에 이전의 내용을 짐작할 수 있는 단어나 표현, 또는 이전의 내용을 요약하는 문장이 나오므로 주의해서 듣는다.

※ [1~2] 다음은 대담입니다. 잘 듣고 물음에 답하십시오.

1. 이 담화 앞의 내용으로 알맞은 것을 고르십시오.

　① 예술 감독에 도전했으나 매번 떨어졌다.
　② 예술 감독을 꿈꾸며 무대 연출을 전공했다.
　③ 다른 곳에서 예술 감독을 하다가 포기했다.
　④ 개인적인 활동 때문에 예술 감독직을 거절했다.

2. 들은 내용과 일치하는 것을 고르십시오.

　① 여자는 예술가 활동을 그만둔 상태이다.
　② 여자는 행정적 경험을 살려 일을 하고 있다.
　③ 여자는 자신이 처음으로 맡은 업무를 끝냈다.
　④ 여자는 전용 극장 설립이 불가능하다고 생각한다.

남자: 예술가 김수미에서 예술 감독 김수미로, 정말 활약이 대단하신데요. 그런데 앞에서 이야기하신 것처럼 계속 사양하시다가 왜 갑자기 생각을 바꾸신 건가요?

여자: 그동안 예술가로서 살았던 삶이 참 행복했습니다. 그런데 되돌아보니 저는 도움을 받기만 했더라고요. 저도 이제 다른 사람에게 뭔가 해 줘야 할 시점이 아닐까 하는 생각이 들었습니다. 그래서 개인 활동을 그만 접고 예술 감독을 하기로 한 거죠. 첫 임무로 전용 극장 설립을 추진하고 있는데요. 제가 행정 일이 처음이라 아직 어려움이 있지만 단원들과 한 첫 번째 약속인 만큼 꼭 완성된 전용 극장의 모습을 보여 드리겠습니다.

정답 1. ④   2. ①

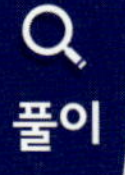

1. '앞에서 이야기하신 것처럼'이라는 남자의 말을 통해 여자가 그동안 예술 감독직 제안을 거절해 왔다는 것을 알 수 있으므로 ④가 답이 된다.

① 도전한 것이 아니므로 답이 될 수 없다.
② 예술가로 활동하다가 나중에 감독을 맡게 된 것이므로 답이 될 수 없다.
③ 예술 감독 제안을 사양한 것이므로 답이 될 수 없다.

2. ① 개인 활동을 그만 접었다고 했으므로 답이 된다.
② 행정 일은 처음이라고 했으므로 답이 될 수 없다.
③ 예술 감독으로서 첫 임무를 추진하고 있다고 했으므로 답이 될 수 없다.
④ 전용 극장을 완성해서 보여 주겠다고 했으므로 답이 될 수 없다.

3. 이 담화 앞의 내용으로 알맞은 것을 고르십시오.

① 농촌의 논밭과 산은 대기를 정화시킨다.
② 농촌과 도시의 비율이 균형을 이루었다.
③ 농가에 대한 정부의 지원이 확대되고 있다.
④ 농촌의 발달은 국가에 이익을 가져다 준다.

4. 들은 내용과 일치하는 것을 고르십시오.

① 농촌의 기능은 공익적 측면에 집중되어 있다.
② 농업이 경제 지표로서 가치를 가지기는 힘들다.
③ 농업에 투자하면 사회에 더 큰 혜택으로 돌아온다.
④ 농가의 정부 보조금은 국가 예산에 부담을 준다.

여자: 농촌이 환경 보호의 기능을 하고 있다니 생각하지 못했던 점이에요. 우린 농촌 하면 흔히 식량 공급의 기능만 떠올리잖아요? 그럼 박사님, 농촌이 가지고 있는 또 다른 기능에는 뭐가 있을까요?

남자: 말씀드린 환경 보호 기능 외에 공익적 측면의 기능도 있습니다. 전통문화를 보존시키고 국토를 균형 있게 발전시킨다는 거죠. 농촌의 이런 기능을 중요하게 생각해서 다른 나라의 경우엔, 농가에 정부보조금을 지원하는 등 막대한 예산을 들이고 있는데요. 이건 농업에 투자하는 비용보다 사회에 돌아오는 혜택이 더 많기 때문입니다. 그야말로 농업이 경제 지표 이상의 가치를 지니고 있다고 할 수 있는 거지요.

정답 3. ①   4. ③

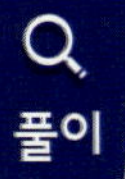

3. 여자는 농촌이 환경 보호의 기능을 하고 있다는 것을 생각하지 못했다고 했으므로 앞에 오는 내용이 환경 보호와 관련 있다는 것을 알 수 있다. 따라서 ①이 답이 된다.

② 말하지 않았으므로 답이 될 수 없다.

③, ④ 앞에 올 내용이 아니라 남자의 대답과 관련된 내용이므로 답이 될 수 없다.

4. ① 농촌의 기능이 공익적 측면에만 집중되었다고 말한 것은 아니므로 답이 될 수 없다.

② 농업이 경제 지표 이상의 가치를 지니고 있다는 것은 그보다 더 큰 가치도 있다는 말이므로 답이 될 수 없다.

③ 농업에 투자하는 비용보다 사회에 돌아오는 혜택이 더 많다고 했으므로 답이 된다.

④ 예산의 규모가 크기는 하지만 국가 예산에 부담이 된다는 말은 아니므로 답이 될 수 없다.

세부 내용 파악하기 ＋ 중심 생각 고르기　　41~42번

듣기 전략	첫 번째 듣기에서 '중심 생각 고르기' 문제를 푼다. 두 번째 듣기에서 '세부 내용 파악하기' 문제를 푼다.

※ [1~2] 다음은 강연입니다. 잘 듣고 물음에 답하십시오.　 Track 061　37회 41~42번

1. 들은 내용과 일치하는 것을 고르십시오.

　① 경제 정책 방향은 문화 가치에 영향을 미친다.
　② 기업의 운영 방향은 1인당 국민 소득과 관계가 있다.
　③ 경제가 발전하기 위해서는 경제 구조가 큰 도움이 된다.
　④ 근면과 교육은 경제가 발전하는 데에 유리하게 작용한다.

2. 남자의 중심 생각으로 맞는 것을 고르십시오.

　① 경제 발전에는 자본 축적이 전제되어야 한다.
　② 경제 정책은 경제 발전과 밀접한 관계가 있다.
　③ 경제 발전에는 문화 가치가 중요한 역할을 한다.
　④ 유사한 정책 방향에도 다른 결과가 나올 수 있다.

남자: 한 나라의 경제 발전에 영향을 미치는 것에는 여러 가지가 있는데요. 오늘은 이에 대해 알아보도록 하겠습니다. 1인당 국민 소득도 비슷하고 경제 구조도 비슷했던 두 나라 중 한 나라는 경제 강국이 됐지만 다른 나라는 그렇지 못했습니다. 두 나라 모두 경제 발전을 위해 유사한 정책을 폈는데도 말이죠. 어떻게 이런 결과가 나온 것일까요? 그것은 바로 두 나라의 문화 가치가 달랐기 때문입니다. 경제 성장을 이룩한 나라는 검약, 근면, 교육, 성실 등을 중요한 가치로 여겼는데 이러한 가치들이 기업 운영과 자본 축적에 밑바탕이 된 것이죠. 이러한 사례를 통해서 우리는 그 사회의 가치가 경제 발전에 지대한 영향을 미친다는 것을 알 수 있습니다.

정답 1. ④   2. ③

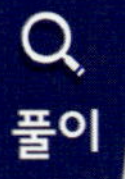

풀이

1. ① 문화 가치가 경제 발전에 영향을 미친다고 했지 정책 방향이 문화 가치에 영향을 미치는 것은 아니므로 답이 될 수 없다.
   ② 기업의 운영 방향을 말한 것은 아니므로 답이 될 수 없다.
   ③ 경제 구조가 비슷해도 문화 가치가 다르면 경제 발전이 달라질 수 있다고 했으므로 답이 될 수 없다.
   ④ 검약, 근면, 교육과 같은 가치가 경제 발전에 영향을 미친다고 했으므로 답이 된다.

2. 사회의 가치가 경제 발전에 지대한 영향을 미친다고 했으므로 ③이 답이 된다.
   ① 문화 가치가 자본 축적의 밑바탕이 된다고 했지 자본 축적이 되어야 경제가 발전할 수 있다고 한 것은 아니므로 답이 될 수 없다.
   ② 유사한 경제 정책을 폈지만 경제 발전에 차이가 났다고 했으므로 답이 될 수 없다.
   ④ 다른 결과가 나온 사례를 소개한 것이지 중심 생각은 아니므로 답이 될 수 없다.

※ [3~4] 다음은 강연입니다. 잘 듣고 물음에 답하십시오. 

3. 들은 내용과 일치하는 것을 고르십시오.

① 부정적 감정들은 좌절감에 빠지게 한다.
② 분노의 감정이 없어야만 행복감을 느낀다.
③ 모나리자의 미소는 완전한 행복을 보여 준다.
④ 슬픔은 현실감을 잃지 않게 하는 요소로 작용한다.

4. 남자의 중심 생각으로 맞는 것을 고르십시오.

① 완전한 행복을 위해 슬픔을 이겨야 한다.
② 완전한 행복을 위해 조금은 불행한 것도 좋다.
③ 완벽한 행복을 위해 괴로운 일을 잊어야 한다.
④ 완벽한 행복을 위해 행복감의 유지가 필요하다.

남자: 여러분, '모나리자 미소의 법칙'을 들어본 적이 있나요? 과학자들의 분석에 따르면 '모나리자의 미소'에는 83%의 행복감에 17% 정도의 두려움과 분노도 담겨 있다고 합니다. 이를 '모나리자 미소의 법칙'이라고 하는데요. 이 비율이 모나리자를 사랑받게 하는 이유라고 합니다. 우리의 삶도 마찬가지인 것 같습니다. 기쁨과 슬픔, 행복과 불행이 적절히 조화를 이루는 삶이 결국 완전한 행복에 이를 수 있게 하는 길인 거죠. 슬픔과 괴로움 같은 부정적인 감정들은 좌절에 빠지게 하는 게 아니라, 오히려 현실감을 유지하게 하여 궁극적으로는 행복감을 느낄 수 있게 하는 힘이 됩니다.

정답 3. ④   4. ②

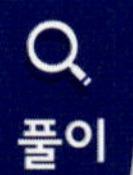

3. ① 부정적 감정들이 결과적으로 행복감을 느끼게 하는 힘이 된다고 했으므로 답이 될 수 없다.

② 불행과 행복이 조화를 이루어 완전한 행복에 이르게 한다고 했으므로 답이 될 수 없다.

③ 모나리자의 미소에는 83%의 행복감 외에도 17%의 두려움, 분노가 담겨 있다고 했으므로 답이 될 수 없다.

④ 슬픔은 현실감을 유지시켜 나중에는 행복감을 느낄 수 있게 만드는 힘이 된다고 했으므로 답이 된다.

4. 완벽한 행복보다 약간의 불행이 함께해야 궁극적으로 더 완전한 행복을 느낄 수 있다는 내용이므로 ②가 답이 된다.

① 슬픔, ③ 괴로운 일과 같은 부정적 감정이 있어야 진정한 행복을 느낄 수 있게 된다는 말이므로 답이 될 수 없다.

④ 완벽한 행복을 위해 행복과 불행의 조화가 있어야 한다고 했으므로 답이 될 수 없다.

이유 파악하기 **+** 중심 내용 고르기 43~44번

듣기 전략	첫 번째 듣기에서 '이유 파악하기' 문제를 푼다. 두 번째 듣기에서 '중심 내용 고르기' 문제를 푼다.

이유 파악하기 전략	먼저 이유를 파악하고 그것을 다른 말로 바꾼 것을 찾는다. **1단계** 먼저 들으면서 이유를 파악한다. **2단계** 그 이유를 다른 말로 바꾼 것을 찾는다.

※ [1~2] 다음은 다큐멘터리입니다. 잘 듣고 물음에 답하십시오.  37회 43~44번

1. 비무장지대가 생태계를 회복할 수 있었던 이유로 맞는 것을 고르십시오.

   ① 장기간 사람들의 발길이 닿지 않았기 때문에
   ② 동식물의 복원을 위한 환경부의 노력 때문에
   ③ 전 세계인들의 관심의 대상이 되었기 때문에
   ④ 평화를 원하는 사람들이 공원을 만들기 때문에

2. 이 이야기의 중심 내용으로 맞는 것을 고르십시오.

   ① 비무장지대를 통해 전쟁의 위험이 억제될 것이다.
   ② 비무장지대는 전쟁으로 인해 모든 것이 파괴되었다.
   ③ 비무장지대는 남한과 북한이 마주보고 있는 지역이다.
   ④ 비무장지대가 평화를 상징하는 곳으로 주목 받고 있다.

여자: 이곳은 남과 북이 대치하고 있는 비무장지대입니다. 한국전쟁 때 가장 치열한 전투를 벌였던 곳으로 당시엔 거의 모든 것이 초토화됐었습니다. 아무것도 남지 않았던 이곳은 오랫동안 사람의 출입이 통제되면서 자연 생태계가 스스로 회복해 생명지대로 바뀌었습니다. 환경부의 조사 결과 이곳에는 멸종 위기 동식물 30종을 포함한 다양한 야생종이 서식하고 있는 것으로 확인되었습니다. 그런데 최근 이곳을 세계평화공원으로 조성하자는 제안이 나오면서 이곳이 평화를 외치는 사람들의 관심 대상이 되었습니다. 공원 조성을 통해 비무장 지대가 화해와 신뢰의 장소가 되기를 기대하고 있습니다.

정답 1. ①   2. ④

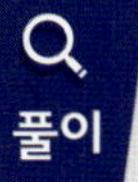

1. **1단계:** 사람의 출입이 통제되었다는 말은 사람들의 발길이 닿지 않았다는 의미이다.
   2단계: 비무장지대가 오랫동안 사람의 출입이 통제되었기 때문에 자연 생태계가 회복되어 생명지대로 바뀌었다고 했으므로 ①이 답이 된다.

   ② 환경부가 조사를 한 것이지 복원을 위해 노력한 것은 아니므로 답이 될 수 없다.
   ③ 평화를 외치는 사람들의 관심 대상이 된 것이므로 답이 될 수 없다.
   ④ 세계평화공원으로 조성하자는 제안이 나온 것이므로 답이 될 수 없다.

2. 사람들의 관심 대상이 되었다는 말은 주목 받고 있다는 의미이므로 ④가 답이 된다.

   ① 과거에 전투가 벌어졌던 곳이지만 이제는 화해와 신뢰의 장소가 되기를 기대하고 있다고 했으므로 답이 될 수 없다.
   ② 한국전쟁 때 모든 것이 파괴되었으나 현재는 생태계가 회복되어 생명지대가 되었다고 했으므로 답이 될 수 없다.
   ③ 비무장지대가 남과 북이 대치하고 있는 것은 맞지만 중심 내용은 아니므로 답이 될 수 없다.

※ **[3~4] 다음은 다큐멘터리입니다. 잘 듣고 물음에 답하십시오.**  **Track 064** 36회 43~44번

3. 수컷 해마가 배를 부풀리는 이유로 맞는 것을 고르십시오.

① 알을 더 많이 품으려고
② 새끼들을 쉽게 낳으려고
③ 암컷 해마의 눈에 잘 띄려고
④ 새끼들에게 많은 양분을 주려고

4. 이 이야기의 중심 내용으로 맞는 것을 고르십시오.

① 해마의 번식 방법은 독특하다.
② 해마는 모성애가 유난히 강하다.
③ 바다 생물은 대체로 번식력이 뛰어나다.
④ 해마는 새끼를 기르는 방식이 특이하다.

여자: 여기 보시는 해마는 수컷이 새끼를 낳습니다. 아주 특이하죠. 수컷의 배
를 보면 캥거루와 비슷한 주머니가 있는데요. 주머니 내부에는 알들을
양육하는 데 필요한 혈관들이 가득합니다. 수컷 해마는 알을 가진 암컷
을 만나 이 주머니에 알을 받아야 합니다. 암컷의 선택을 받기 위해 헛
배를 부풀려 크기를 과시하기도 하지요. 일단 알을 받는 데 성공하면 아
빠가 될 해마는 불룩해진 배를 가지고 헤엄쳐 가 버립니다. 1, 2개월 후
해마는 수십에서 수백 마리의 어린 해마들을 낳는데요. 꼬리부터 톡톡
튀어 나오는 모습이 정말 신기합니다. 주머니를 비틀어 짜는 듯한 행동으
로 출산을 다 하고 나면 아빠 해마는 지쳐 버립니다.

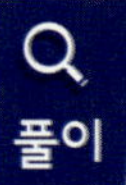

정답 3. ③   4. ①

풀이

3. **1단계:** 암컷의 선택을 받기 위해서라는 말은 암컷의 눈에 잘 띄게 하기 위한 것을 의미한다.

   2단계: 암컷의 선택을 받기 위해 헛배를 부풀려 크기를 과시한다고 했으므로 ③이 답이 된다.

   ① 알을 많이 품으려고, ② 새끼를 쉽게 낳으려고, ④ 새끼들에게 많은 양분을 주려고 배를 부풀리는
   것은 아니므로 답이 될 수 없다.

4. ① 해마는 수컷이 새끼를 낳는다고 했으며 새끼를 낳는 방법에 대해 설명하고 있으므로 답이 된다.

   ②, ③ 말하지 않았으므로 답이 될 수 없다.

   ④ 새끼를 기르는 방식은 말하지 않았으므로 답이 될 수 없다.

세부 내용 파악하기 ➕ 화자의 태도 파악하기 　45~46번

듣기 전략	첫 번째 듣기에서 '화자의 태도 파악하기' 문제를 푼다. 두 번째 듣기에서 '세부 내용 파악하기' 문제를 푼다.
화자의 태도 파악하기 전략	강연이나 연설 후반부에 말하는 사람의 의견을 제시하는 경우가 많으므로 주의해서 듣는다. 내용을 듣고 말하는 사람의 의견에 집중하여 알맞은 태도를 고른다.

※ [1~2] 다음은 강연입니다. 잘 듣고 물음에 답하십시오.　 **Track 065** 37회 45~46번

1. 들은 내용과 일치하는 것을 고르십시오.

　① 국민들은 복지를 위한 세금의 인상을 원한다.
　② 복지 제도를 위해 국민이 비용을 부담해야 한다.
　③ 복지보다는 경제 성장을 원하는 국민이 더 많다.
　④ 국민들은 경제 성장을 위해 세금을 내고자 한다.

2. 남자의 태도로 가장 알맞은 것을 고르십시오.

　① 복지 정책의 변화가 필요함을 주장하고 있다.
　② 정책 시행을 위한 국민의 협조를 요청하고 있다.
　③ 경제 성장과 복지의 상관관계를 설명하고 있다.
　④ 복지가 정책에서 우선되어야 함을 주장하고 있다.

남자: 여러분은 다양한 복지 혜택을 원하시죠? 복지 제도 운영을 위해서는 재원이 필요한데요, 국가는 그 재원을 어떻게 마련할까요? 맞습니다. 세금입니다. 국민이 낸 세금으로 국가는 의료, 교육 등의 정책을 시행합니다. 만약 국가가 더 많은 복지 혜택을 줄 테니 더 많은 세금을 내라고 한다면 어떻게 하시겠습니까? 조사 결과에 따르면 과반수의 응답자들이 경제 성장보다 복지를 원한다고 대답했습니다. 그러나 세금을 높이는 것에 반대한다는 응답도 많았습니다. 복지 정책의 시행을 위해 재원이 필요하다는 것에는 동의하지만 그 비용을 자신이 부담하는 것은 싫어하는 이중적인 심리를 보여 주는 것이지요. 납세에 대한 의무가 충실하게 지켜지지 않는 한 복지 정책의 실현은 어렵습니다.

정답 1. ②   2. ②

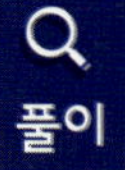

1. ① 국민들은 세금을 높이는 것은 반대한다고 했으므로 답이 될 수 없다.
   ② 납세에 대한 의무가 지켜지지 않는 한 복지 정책의 실현은 어렵다고 했으므로 답이 된다.
   ③ 과반수의 응답자가 경제 성장보다 복지를 원한다고 했으므로 답이 될 수 없다.
   ④ 복지 정책을 위해 세금을 내는 것은 싫어한다고 했으므로 답이 될 수 없다.

2. 납세에 대한 의무가 지켜지지 않는 한 복지 정책의 실현은 어렵다는 국민에게 협조를 바란다는 말이므로 ②가 답이 된다.

   ① 복지 정책의 실현에 대한 내용이므로 답이 될 수 없다.
   ③ 성장과 복지의 상관관계가 아니라 국민 세금과 복지의 상관관계를 말하고 있으므로 답이 될 수 없다.
   ④ 복지 혜택을 받으려면 국민이 세금을 내야 한다는 말을 하고 있으므로 답이 될 수 없다.

※ **[3~4] 다음은 강연입니다. 잘 듣고 물음에 답하십시오.**

3. 들은 내용과 일치하는 것을 고르십시오.

① 유대관계가 긴밀한 사람이 많아야 성공한 인생이다.
② 그냥 아는 사이의 사람이 중요한 도움을 줄 수 있다.
③ 우리는 보통 약한 유대 관계의 사람들을 중요시한다.
④ 개인적인 접촉을 자주 해야 절친한 관계를 맺을 수 있다.

4. 여자의 태도로 가장 알맞은 것을 고르십시오.

① 구체적인 자료를 통해 해결책을 제시하고 있다.
② 각각의 견해에 대해 논리적으로 분석하고 있다.
③ 조사 결과를 근거로 자신의 의견을 제기하고 있다.
④ 상대방의 동의를 구하며 자신의 주장을 펼치고 있다.

여자: '진정한 친구가 3명만 있어도 성공한 인생'이라는 말이 있지요? 그만큼 우리는 절친한 관계를 중요하게 여깁니다. 반면 '그냥 아는 사이', 즉 '유대관계가 약한 사람들'에 대해서는 그다지 중요하게 보지 않습니다. 그런데 때로는 그렇지 않은 상황이 있습니다. 외부 세계와 소통하고 정보를 교환할 때는 오히려 약한 유대관계가 결정적 역할을 할 확률이 높거든요. 실제로 직장인들의 취업 경로에 대한 조사 자료를 보면 개인적인 접촉으로 직장을 구한 사람 중에서 자주 만나는 친구로부터 정보를 얻었다는 사람은 14%에 불과했습니다. 나머지 86%는 가끔 만나는 사람이나 아주 드물게 만나는 사람에게서 정보를 얻었다는 것이죠.

정답 3. ②   4. ③

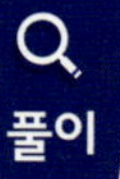

3. ① 진정한 친구가 3명만 있어도 성공한 인생이라고 했으므로 답이 될 수 없다.

② 약한 유대관계가 오히려 결정적인 역할을 할 때도 있다고 했으므로 답이 된다.

③ 유대관계가 약한 사람들에 대해서는 그다지 중요하게 보지 않는다고 했으므로 답이 될 수 없다.

④ 말하지 않았으므로 답이 될 수 없다.

4. 직장인들의 취업 경로에 대한 조사 자료를 제시하면서 약한 유대관계가 결정적인 역할을 할 수도 있다고 했으므로 ③이 답이 된다.

① 보통과 다른 상황을 제시한 것이지 해결책을 제시한 것은 아니므로 답이 될 수 없다.

② 옛날부터 전해 내려오는 표현을 말한 것이지 논리적으로 분석한 것이 아니므로 답이 될 수 없다.

④ 상대의 동의를 구하는 것은 아니므로 답이 될 수 없다.

세부 내용 파악하기 + 화자의 태도 파악하기 47~48번

듣기 전략	첫 번째 듣기에서 '화자의 태도 파악하기' 문제를 푼다. 두 번째 듣기에서 '세부 내용 파악하기' 문제를 푼다.
화자의 태도 파악하기 전략	대담은 질문에 대한 답변으로 무엇을 강조하는지 주의해서 듣는다. 내용을 듣고 말하는 사람의 의견에 집중하여 알맞은 태도를 고른다.

※ [1~2] 다음은 대담입니다. 잘 듣고 물음에 답하십시오. 

1. 들은 내용과 일치하는 것을 고르십시오.

  ① 황연대 상은 운동 실력이 가장 뛰어난 선수에게 준다.
  ② 황연대 상은 이번 장애인 올림픽에서 처음 시상되었다.
  ③ 여자는 장애를 극복하고 다른 사람을 위한 삶을 살았다.
  ④ 여자는 직업을 통해 사회에서 당당히 자리 잡게 되었다.

2. 여자의 태도로 가장 알맞은 것을 고르십시오.

  ① 장애를 극복한 선수들과의 관계를 중요시한다.
  ② 장애인을 위해 자신이 한 일을 자랑스러워하고 있다.
  ③ 올림픽을 통해 장애인의 권익이 보호되기를 기대하고 있다.
  ④ 장애인들이 사회인으로 자신 있게 자리 잡기를 염원하고 있다.

남자: 장애를 딛고 평생을 장애인의 권익을 위해 살아오신 황연대 선생님을 모시고 말씀 나눠 보겠습니다. 이번 장애인 올림픽에서도 선생님의 이름을 딴 '황연대 상'이 시상되었는데요. 먼저 여기에 대해 간단하게 말씀해 주시지요.

여자: 벌써 20년이 되었는데요, 제 이름을 딴 상을 시상하는 게 아직도 익숙하지 않습니다. 제가 거창한 일을 했다고 생각하지는 않고요. 다만 우리 장애인 스스로 한 사람의 당당한 사회 구성원으로 제 몫을 다하기를 바랐을 뿐입니다. 이 상은 장애를 극복하려는 의지를 가장 잘 보여준 선수에게 주고 있는데요. 고맙게도 지금까지는 수상자들이 제 기대 이상으로 사회에서 당당하게 자리를 잡았습니다. 그 점을 항상 고맙게 생각합니다.

정답 1. ③   2. ④

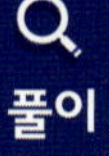

1. ① 이 상은 장애를 극복하려는 의지를 가장 잘 보여준 선수에게 준다고 했으므로 답이 될 수 없다.
　 ② 이 상을 시상한 것이 벌써 20년이 되었다고 했으므로 답이 될 수 없다.
　 ③ 여자는 장애를 딛고 평생을 장애인의 권익을 위해 살아왔다고 했으므로 답이 된다.
　 ④ 이 상의 수상자들이 사회에서 당당하게 자리를 잡았다고 했으므로 답이 될 수 없다.

2. 여자는 다른 장애인들이 당당한 사회 구성원으로 제 몫을 다하기를 바랐을 뿐이라고 했으므로 ④가 답이 된다.

　 ① 장애를 극복하려는 의지를 잘 보여준 선수에게 상을 준다고 했지 관계를 중요시한다는 말은 아니므로 답이 될 수 없다.
　 ② 장애를 극복하고 당당한 사회인이 되는 모습을 고맙게 생각한다고 했으므로 답이 될 수 없다.
　 ③ 장애인의 권익을 위해 애쓴 것은 맞지만 올림픽을 통해 권익 보호를 하려는 것은 아니므로 답이 될 수 없다.

3. 들은 내용과 일치하는 것을 고르십시오.

① 고서에서 알 수 있는 정보는 한계가 있다.
② 출간 연대가 오래될수록 가치 있고 귀한 책이다.
③ 옛날의 다양한 일상을 보여주는 자료가 부족하다.
④ 남자는 사람들이 관심 갖지 않는 책을 연구하고 있다.

4. 남자의 태도로 가장 알맞은 것을 고르십시오.

① 대중들이 즐겨보던 고서적 발굴을 촉구하고 있다.
② 고서적 연구가 나아갈 새로운 방향을 제시하고 있다.
③ 고서적의 가치를 설명하며 연구의 의의를 강조하고 있다.
④ 고서적의 자료를 근거로 연구의 신뢰성을 증명하고 있다.

여자: 고서적 하면 흔히 오래되고 뭔가 내용도 어려울 것 같은 옛 문헌들을 떠올리는데요. 박사님은 고서적 중에서도 일상적인 내용의 책들을 주로 연구해 오셨습니다. 왜 그런 책에 관심을 가지시는지, 또 그것을 연구하는 일이 현대에 어떤 의미가 있는지 궁금합니다.

남자: 제가 연구하는 고서들은 당시 일반 대중들이 많이 봤던 책입니다. 값싸게 만들어졌기 때문에 현재는 낡아서 볼품없고 버려지는 책들이지요. 하지만 많은 사람들이 읽었다는 점에서 중요도는 어느 것에도 지지 않습니다. 분야도 다양해서 연애소설이나 상업용 문서, 편지 작성법을 모아 놓은 실용서 같은 것들이 있습니다. 이런 자료들을 통해서 옛 사람들의 삶을 구체적이고 사실적으로 복원할 수 있는데요. 이것은 고서 연구뿐만 아니라 역사 연구라는 큰 틀에 있어서도 아주 긴요한 부분이라고 생각합니다.

정답 3. ④　　4. ③

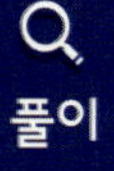

풀이

3. ① 고서는 연구뿐만 아니라 역사 연구에도 긴요한 부분을 차지한다고 했으므로 답이 될 수 없다.
   ② 말하지 않았으므로 답이 될 수 없다.
   ③ 고서의 분야는 연애소설이나 상업용 문서, 실용서 등으로 다양하다고 했으므로 답이 될 수 없다.
   ④ 볼품없고 버려지는 책이라는 것은 사람들이 더 이상 관심을 갖지 않는다는 것을 의미하므로 답이 된다.

4. 옛날 사람들의 삶을 구체적이고 사실적으로 복원할 수 있다는 고서적의 중요한 가치를 강조하고 있으므로 ③이 답이 된다.
   ① 발굴 촉구, ② 고서적 연구의 방향 제시, ④ 고서적 연구의 신뢰성 증명이 아니므로 답이 될 수 없다.

세부 내용 파악하기 ＋ 화자의 태도 파악하기　49~50번

> **듣기 전략**
> 첫 번째 듣기에서 '화자의 태도 파악하기' 문제를 푼다.
> 두 번째 듣기에서 '세부 내용 파악하기' 문제를 푼다.

※ [1~2] 다음은 강연입니다. 잘 듣고 물음에 답하십시오.  Track 069　37회 49~50번

1. 들은 내용과 일치하는 것을 고르십시오.

　① 불국사의 석축은 자연석을 다듬어서 만들었다.
　② 남자가 생각하는 한국 건축의 백미는 불국사다.
　③ 석축이 특별한 이유는 자연과 동화됐기 때문이다.
　④ 불국사의 석탑과 같은 기법은 외국에서도 찾을 수 있다.

2. 남자의 태도로 가장 알맞은 것을 고르십시오.

　① 전통 건축물 보존의 중요성을 강조하고 있다.
　② 자연친화적인 건축미를 예를 통해 설명하고 있다.
　③ 불국사의 건축 공법을 재현을 통해 분석하고 있다.
　④ 전통 건축 방식이 현대에 계승되기를 희망하고 있다.

남자: 여기 모이신 분들은 전통 건축물에 관심이 많으신 걸로 아는데요, 여러분이 생각하는 한국 건축의 아름다움은 무엇입니까? 저는 자연과의 동화라고 생각합니다. 지금 보여 드리는 사진은 불국사의 석축입니다. 불국사 건축에는 신라 최고의 기술력이 동원되었는데요, 저는 불국사 건축의 백미를 이 석축에서 찾았습니다. 석축은 말 그대로 돌로 쌓은 벽인데요. 이 석축을 고르게 쌓으려면 울퉁불퉁한 자연석을 반듯하게 가공해야 합니다. 그런데 사진을 자세히 보시면 자연석을 가공하지 않고 대신 그 위에 올린 장대석을 자연석에 맞춰 다듬은 것을 알 수 있습니다. 이런 공법은 다른 나라에서는 찾아볼 수 없는 한국 건축만의 특징입니다. 자연을 거스르지 않고 동화되려는 모습, 이것이 제가 생각하는 한국 건축의 아름다움입니다.

정답 1. ③ 2. ②

1. ① 불국사의 석축은 장대석을 자연석에 맞춰 다듬었다고 했으므로 답이 될 수 없다.
   ② 남자는 한국 건축의 아름다움이 자연과의 동화라고 했으므로 답이 될 수 없다.
   ③ 한국 건축의 특징이 자연과의 동화이며, 불국사 건축의 백미가 석축이라고 했으므로 답이 된다.
   ④ 이런 공법은 다른 나라에서는 찾아볼 수 없다고 했으므로 답이 될 수 없다.

2. 한국 건축의 아름다움은 자연과의 동화라고 생각하고 그 예로 불국사의 석축을 들어 설명하고 있으므로 ②가 답이 된다.
   ① 보존의 중요성 강조, ③ 건축 공법 재현을 통한 분석, ④ 전통 건축 방식의 계승을 희망하는 것은 아니므로 답이 될 수 없다.

※ [3~4] 다음은 강연입니다. 잘 듣고 물음에 답하십시오.

3.　들은 내용과 일치하는 것을 고르십시오.

　　① 마키아벨리는 국민을 권력의 바탕으로 보았다.
　　② 마키아벨리는 바람직한 국민의 모습을 제시했다.
　　③ 마키아벨리는 군주의 도덕성을 중요하게 생각했다.
　　④ 마키아벨리는 어떤 경우든 수단을 정당하다고 보았다.

4.　여자의 태도로 가장 알맞은 것을 고르십시오.

　　① 각각의 견해를 비판하며 우려를 나타내고 있다.
　　② 다양한 사례를 분석하여 결론을 끌어내고 있다.
　　③ 새로운 평가를 반박하며 청중의 동의를 구하고 있다.
　　④ 새로운 해석을 소개하며 청중의 판단을 요구하고 있다.

남자: 마키아벨리의 정치 사상을 해석하는 관점은 두 갈래로 나뉩니다. 먼저 군주는 목적을 위해서라면 수단과 방법을 가릴 필요가 없다는 기존의 해석인데요. 군주에게 도덕심은 필요 없으며 이익과 권력을 지키려면 잔인한 방법도 써야 한다는 것이 그의 사상의 핵심입니다. 다른 하나는 최근 나타나고 있는 새로운 해석인데요. 마키아벨리가 강력한 군주를 요구한 건 맞지만 그것은 비상상황에 필요한 존재일 뿐이고 권력의 바탕은 언제나 국민이었다는 겁니다. 지금까지 마키아벨리는 냉혹한 정치 기술자로 인식되었는데 새로운 시각에서는 국민과 함께 잘 살기 위한 군주상을 제시했다고 본 겁니다. 진짜 마키아벨리의 생각은 무엇이었을까요? 여러분도 직접 그의 저서를 읽고 판단해 보시죠. 정치 철학을 고민해 볼 좋은 기회가 될 겁니다.

정답 3. ①   4. ④

3. ① 권력의 바탕은 언제나 국민이었다는 해석이 있으므로 답이 된다.
   ② 국민의 모습이 아니라 군주의 모습을 제시했으므로 답이 될 수 없다.
   ③ 기존의 해석에서는 군주에게 도덕심이 필요 없다고 했으므로 답이 될 수 없다.
   ④ 목적을 위한 경우에 수단을 가릴 필요가 없다고 했으므로 답이 될 수 없다.

4. 여자는 마키아벨리의 정치 사상에 대한 기존의 관점과 새로운 해석을 소개한 후 직접 책을 읽고 판단해 보라고 했으므로 ④가 답이 된다.
   ① 각각의 견해에 대한 비판이 아니라 소개이므로 답이 될 수 없다.
   ② 사례를 분석한 것은 아니므로 답이 될 수 없다.
   ③ 새로운 평가를 소개한 것이지 반박한 것은 아니므로 답이 될 수 없다.

PART 1.

핵심 풀이 전략

문항 유형	문항 번호	배점
1 글의 흐름에 맞는 문장 쓰기	51~52	10점
2 정보를 이용한 글쓰기	53	30점
3 논리적 글쓰기	54	50점

글의 흐름에 맞는 문장 쓰기

전략

1. 담화의 앞뒤 내용을 잘 파악하여 내용이 자연스럽게 이어지도록 한다. 중급 수준의 표현과 문법으로 구성하고 문맥에 맞는 표현을 사용한다.
2. 격식에 맞는 말을 사용해야 하며 철자법이 틀리지 않게 확인한다.
3. 안내문이나 광고문 등 다양한 장르의 글에 사용하는 표현을 알아 두면 좋다.

※ 다음을 읽고 ㉠과 ㉡에 들어갈 말을 각각 한 문장으로 쓰십시오.　　37회 51번

1.

모　　집

태권도 동아리 '태극'입니다.

이번에 (　　　　　　　㉠　　　　　　　).

신입 회원은 태권도에 관심 있는 학생이면 누구나 환영합니다.

(　　　　　　㉡　　　　　　)?

그래도 걱정하지 마십시오. 처음부터 천천히 가르쳐 드립니다.

다음 주 금요일까지 학생 회관 201호에서 신청하십시오.

모범 답안

※TOPIK에서 제시된 모범 답안을 풀이한 것임.

㉠ 새로 신입 회원을 모집하려고/뽑으려고 합니다

㉡ 태권도를 처음 배우십니까/태권도가 처음이십니까/태권도를 잘 모르십니까

풀이

태권도 동아리에서 신입 회원을 모집하고 있으니 태권도에 관심 있는 학생이면 환영한다는 내용이다. 따라서 ㉠에는 회원을 모집하고 있다는 말이 들어가야 자연스럽다. '모집하다'는 '뽑다'와 바꿔 쓸 수 있다. ㉡의 다음 문장을 보면 걱정하지 말라고 했고 처음부터 천천히 가르쳐 드린다고 했으므로 처음 배우는지를 물어보는 말이 들어가는 것이 좋다.

※ 다음을 읽고 ㉠과 ㉡에 들어갈 말을 각각 한 문장으로 쓰십시오. 36회 51번

2.

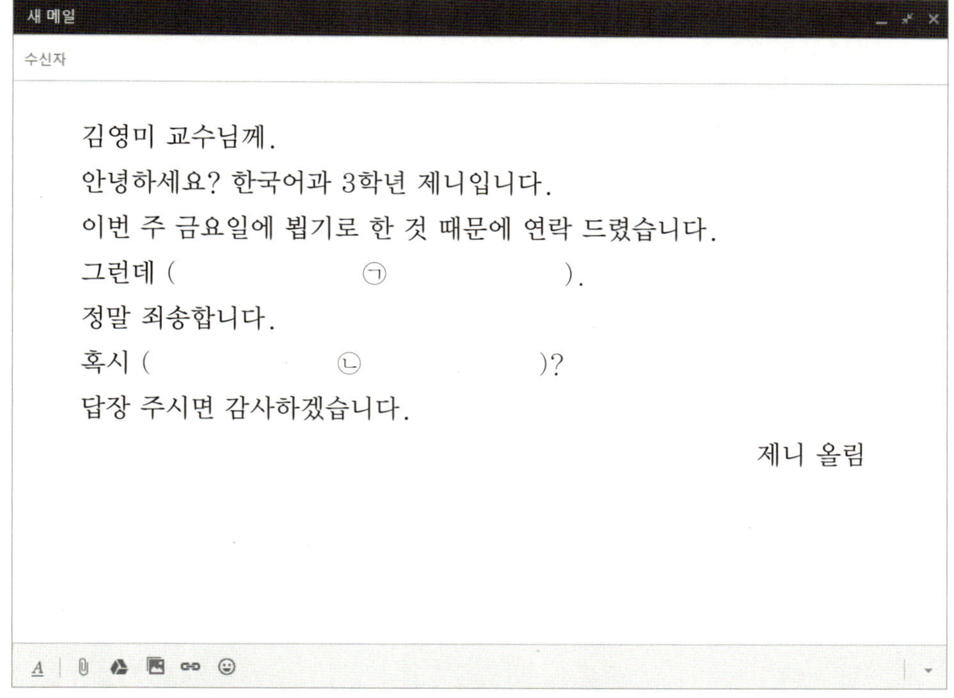

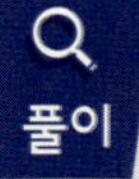

모범 답안

※TOPIK에서 제시된 모범 답안을 풀이한 것임.

㉠ 금요일에 뵙기 어려울 거 같습니다
　금요일에 다른 일이 생겼습니다
　금요일에 사정이 생겨서 찾아뵙기가 어려울 거 같습니다

㉡ 언제 시간이 괜찮으십니까 / 언제 시간이 되십니까
　괜찮으신 시간을 말씀해 주시겠습니까
　혹시 다음 주 금요일에 뵈러 가도 되겠습니까

풀이

학생이 교수님께 보내는 편지로, 금요일에 만나기로 되었는데 사정이 생겨서 힘들다는 내용이다. ㉠의 다음 문장을 보면 정말 죄송하다고 했으므로 만나기 어렵다는 말이 들어가야 자연스럽다. ㉡의 앞에 '혹시'라고 했으므로 다른 날을 물어볼 것이다. 따라서 언제 시간이 괜찮은지를 물어보는 말이 들어가는 것이 좋다. 윗사람에게 보내는 편지이므로 높임 표현에 주의한다.

3.

> 　어려운 일이 생겼을 때 그 일을 대하는 우리의 태도는 크게 두 가지이다.
> (　　　　　㉠　　　　　). 다른 하나는 어려워서 불가능하다고 포기하는
> 것이다. 그런데 긍정적인 결과를 기대할수록 좋은 결과를 얻을 확률이 높다.
> 반대로 (　　　　㉡　　　　). 그러므로 우리는 시련이나 고난이 닥
> 쳤을 때일수록 더욱 긍정적으로 생각할 필요가 있다.

**모범
답안**

※TOPIK에서 제시된 모범 답안을 풀이한 것임.

㉠ 하나는 아무리 어려워도 절대 포기하지 않는 것이다

하나는 가능하다는 믿음을 가지고 긍정적인 결과를 기대하는 것이다

㉡ 부정적으로 생각하면 좋은 결과를 얻기 어렵다

부정적인 생각을 하면 좋은 결과를 얻을 확률이 낮다

풀이

어려운 일이 생겼을 때의 두 가지 태도에 대해서 말하고 있다. ㉠의 다음 문장을 보면 다른 하나에 대해
이야기하고 있으므로 ㉠에는 '어려워서 불가능하다고 포기하는 것'과 반대되는 내용이 들어가야 한다. ㉡
의 앞에 '반대로'라는 말이 있고 앞 문장에서 긍정적인 결과를 기대하는 경우를 말하고 있으므로 ㉡에는
부정적인 경우가 들어가야 한다.

※ 다음을 읽고 ㉠과 ㉡에 들어갈 말을 각각 한 문장으로 쓰십시오.　　36회 52번

4.

> 　기회는 어떤 사람에게 명예와 부를 안겨 준다. 기회를 통해서 평범한 사람이 유명해지기도 하고 (　　　　　㉠　　　　　). 이런 변화를 보고 사람들은 자신에게도 그런 기회가 찾아오기를 기다린다. 그러나 실제로 (　　　　　㉡　　　　　). 이렇게 기회를 잘 이용하지 못하는 것은 기회를 잡으려는 준비를 하지 않았기 때문이다.

**모범
답안**

※TOPIK에서 제시된 모범 답안을 풀이한 것임.

㉠ 가난한 사람이 부자가 되기도 한다
　 부자가 되기도 한다
㉡ 기회가 와도 그 기회를 잘 이용하지 못한다
　 찾아온 기회를 놓치는 사람들이 많다
　 기회가 찾아오면 활용하지 못하는 사람들이 많다

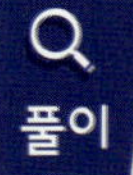

기회를 잘 이용하면 인생에서 명예와 부를 얻을 수 있다는 내용이다. 평범한 사람이 유명해지는 경우는 명예와 관련이 있으므로 ㉠에는 부자가 되는 경우가 들어가는 것이 좋다. ㉡의 다음 문장에서 '이렇게 기회를 잘 이용하지 못하는 것'이라고 했으므로 기회가 와도 잘 이용하지 못한다는 말이 들어가야 자연스럽다.

정보를 이용한 글쓰기

53번

1. 주제와 제시된 표현 간의 관계를 생각해 본다.
2. 제시된 내용을 모두 포함해야 하며 관련 없는 내용은 쓰지 않도록 한다. 적절한 표현과 접속어를 사용하여 제시된 내용을 연결하며 같은 문법을 반복해서 사용하지 않도록 주의한다. 주제와의 관계에 따라 시제를 바꾸거나 부정 표현을 사용할 수도 있으며 되도록 중급 이상의 문법을 쓰는 것이 좋다.

※ 다음 그림을 보고 대중매체를 어떻게 나눌 수 있는지 200~300자로 쓰십시오. `37회 53번`

1.

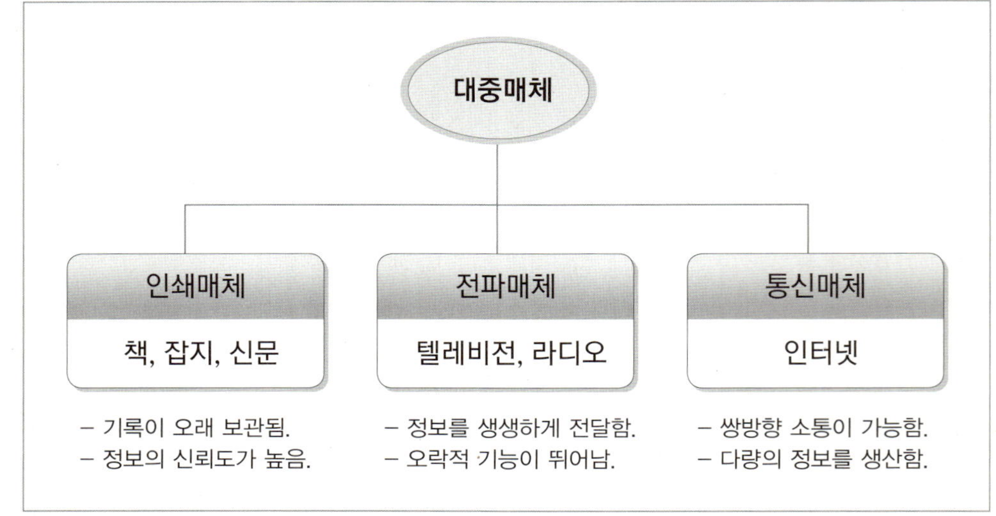

모범 답안

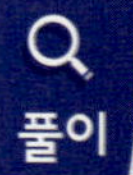

※TOPIK에서 제시된 모범 답안을 풀이한 것임.

대중매체란 많은 사람에게 대량으로 정보와 생각을 전달하는 수단을 말한다. 이러한 대중매체에는 다양한 양식이 있는데, 표현 양식을 기준으로 나누면 크게 인쇄매체, 전파매체, 통신매체이다. 인쇄매체는 책이나 잡지, 신문 등으로 기록이 오래 보관되고 정보의 신뢰도가 높다는 특징이 있다. 다음으로는 전파매체가 있는데 텔레비전 라디오 등이 이에 속한다. 정보를 생생하게 전달하고 오락성이 뛰어나다는 특징을 가진다. 마지막으로 인터넷과 같은 통신매체를 들 수 있다. 쌍방향 소통이 가능하고 다량의 정보를 생산한다는 특징이 있다.

풀이

대중매체를 어떻게 나눌 수 있는지를 쓰라고 했으므로 주제는 '대중매체의 분류'가 된다. 따라서 대중매체의 정의를 먼저 다룬 후에 제시된 내용을 연결하는 것이 좋다. 전체적으로 이어지는 내용이 되어야 하므로 인쇄매체, 전파매체, 통신매체의 종류와 특징을 나열하면 된다.

※ 최근 한국 사회에서는 1인 가구가 계속 증가하고 있습니다. 다음 자료를 참고하여 1인 가구 증가의 원인과 현황을 설명하는 글을 200~300자로 쓰십시오.

2.

1인 가구 증가의 원인	1인 가구의 현황
1. 결혼관의 변화와 독신의 증가 2. 노인 인구 증가 3. 여성의 사회 진출 증가	2000년 전체 가구 수의 16% ⬇ 2012년 전체 가구 수의 26%

모범 답안

※TOPIK에서 제시된 모범 답안을 풀이한 것임.

　　최근 한국 사회에서는 1인 가구가 계속 증가하고 있다. 2000년 전체 가구 수의 16%에 불과했던 1인 가구는 꾸준히 증가하여 2012년에는 26%에 도달했다. 12년 사이에 10%가 증가한 것이다. 이러한 증가의 원인은 다음과 같다. 첫째, 결혼관의 변화로 인한 독신자 수의 증가이다. 둘째, 노인 인구가 증가하면서 1인 가구도 증가하게 되었다. 셋째, 여성의 사회 진출도 1인 가구가 증가하는 데 영향을 주었다. 이러한 원인으로 1인 가구 수는 앞으로도 지속적으로 증가할 전망이다.

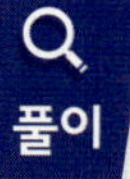

풀이

1인 가구가 증가하고 있는 원인과 현황을 설명하라고 했으므로 제시된 내용을 자연스럽게 연결하면 된다. 이때 현황을 먼저 제시한 다음에 증가 원인을 설명하는 것이 좋다. 또한 2000년에는 16%였던 것이 2012년에는 26%가 되었으므로 계속 증가하고 있다는 전망이나 예측을 언급하도록 한다.

전략	1. 쓰기 전 단계	제시된 조건을 읽고, 쓸 내용을 생각한다.
	2. 쓰기 단계	생각한 내용을 조건에 맞게 단락을 나누어 쓴다. 되도록 중급 수준 이상의 문법을 사용하고, 한 문장을 길게 쓰지 않는 것이 좋다. 주제에 알맞은 시제로 통일해서 쓰며, 제시된 분량을 지키면서 정해진 시간 내에 글을 완성하도록 한다.
	3. 쓰기 후 단계	완성된 글에 오류가 없는지 확인한다.

※ 다음을 주제로 하여 자신의 생각을 600~700자로 글을 쓰십시오.　`37회 53번`

1.

　　현대 사회는 빠르게 세계화·전문화되고 있습니다. 이러한 현대 사회의 특성을 참고하여, '현대 사회에서 필요한 인재'에 대해 아래의 내용을 중심으로 자신의 생각을 쓰십시오.

- 현대 사회에서 필요한 인재는 어떤 사람입니까?
- 그러한 인재가 되기 위해서 어떤 노력이 필요합니까?

🔍 **풀이**

1. 현대 사회에서 필요한 인재는 어떤 사람인가?

　– 세계 시민으로서의 역량과 자질을 갖추어 세계를 무대로 활동할 수 있는 사람

　그러한 인재가 되기 위해서 어떤 노력이 필요한가?

　– 내적으로는 글로벌 마인드를 기르고, 외적으로는 전문적인 자기 능력을 갖춰야 함.

2. 현대 사회의 특성으로 제시된 '세계화·전문화'에 관련된 인재에 대해 설명하는 것이 중요하다. 어떤 인재가 필요한지 배경을 설명하는 것이 좋으므로 현대 사회가 빠르게 변화하고 있는 이유와 특성을 먼저 제시한다. 다음으로 세계화와 전문화라는 특성에 따라 필요한 인재의 조건과 노력해야 할 일을 나누어 설명한다. 이때 과거와 현대 사회의 차이를 비교하는 것도 좋다. 마지막에는 전체를 요약할 수 있는 문장으로 글을 마무리하도록 한다.

모범 답안 ※TOPIK에서 제시된 모범 답안을 풀이한 것임.

　현대 사회는 과학 기술과 교통의 발달로 많은 변화를 겪고 있다. 그 결과 세계는 점점 가까워져 소위 지구촌 시대라고 불리게 되었다. 이와 함께 지식 생산이 활발해지고 각 영역에서의 경쟁이 치열해지면서 전문화의 중요성이 강조되었다. 이러한 사회에서는 어떠한 인재가 요구될까?

　세계화가 되면서 우선 글로벌 마인드의 구축과 글로벌 인재로서의 역량을 키우는 것이 필요하다. 예전에는 국경이라는 테두리에서 국가 구성원으로서의 기본 자질을 갖추고 사회에서 요구하는 역량을 길러 사회 발전에 기여하는 인재가 요구되었다. 그러나 세계화 시대에는 기본적으로 세계 시민으로서의 역량과 자질을 갖추고 세계를 무대로 활동할 수 있는 인재가 필요하다.

　또한 과학 기술의 발달과 전문화가 심화되고 있는 상황에서 각자가 가진 능력을 최대한 발휘하여 경쟁력을 갖추려고 노력해야 한다. 과거에는 단순히 지식이나 기술을 습득하여 이를 활용하는 것만으로도 인재로서의 역할이 가능하였다. 그러나 대량의 정보 속에서 이를 선택하고 활용할 수 있는 지금은 지식의 융복합이나 자신만의 특성화 등을 통하여 전문성을 인정받음으로써 상대적인 경쟁력을 갖추어야 한다. 이렇게 내적으로는 글로벌 마인드를 기르고 외적으로는 전문적인 자기 능력을 갖춰 시대의 변화에 발맞추어 나가야 한다.

2.

> 　우리가 공부나 일을 할 때 동기가 분명히 있어야 더 잘 실행할 수 있습니다. 이러한 동기에는 흥미, 만족감, 자부심과 같은 내적 동기도 있고 칭찬이나 보상과 같은 외적 동기도 있습니다. '동기가 일에 미치는 영향'에 대해 아래의 내용을 중심으로 자신의 생각을 쓰십시오.
>
> • 동기는 일의 시작 단계에서 어떠한 역할을 합니까?
> • 동기가 일의 결과에 미치는 영향은 무엇입니까?

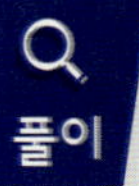

풀이

1. 동기는 일의 시작 단계에서 어떤 역할을 하는가?
　－ 공부나 일을 할 때 동기가 없다면 시작할 수 없음.

　동기가 일의 결과에 미치는 영향
　－ 동기를 가지고 시작한 일이라면 중간에 어려움이 있더라도 쉽게 극복할 수 있기 때문에 일을 끝내는 데에 도움을 줌.

2. 동기가 공부나 일에 중요한 역할을 한다는 것을 서술하고 제시된 글에서 동기의 종류와 그 예를 다시 한 번 써 준다. 주어진 질문의 답으로 동기가 공부나 일의 시작과 결과에 미치는 영향에 대해서 설명한다. 이때 자신의 경험을 예로 들어 설명하는 것도 좋은 방법이다.

모범 답안 ※TOPIK에서 제시된 모범 답안을 풀이한 것임.

　우리가 어떤 일을 진행하는 데에는 동기가 중요한 역할을 한다. 동기란 어떤 일을 하게 하는 보이지 않는 힘인데 동기에는 내적 동기와 외적 동기가 있다. 내적 동기란 흥미, 만족감, 자부심과 같이 우리 마음속에서 저절로 일어나는 것이고, 외적 동기란 칭찬이나 보상과 같이 우리의 외부에서 오는 것이다. 이 두 동기는 우리가 일을 시작할 때부터 마칠 때까지 많은 영향을 미친다.

　만약 우리에게 동기가 없다면 일을 시작할 수 없을 것이다. 어떤 일을 시작하려면 반드시 동기가 있어야 한다는 말이다. 예를 들어, 자신의 능력을 인정받고 싶어 하는 사람이라면 주변 사람들의 칭찬만큼 효과적인 동기도 없다. 또 승진이나 월급 인상과 같은 보상도 우리가 일을 시작하도록 하는 동기가 된다. 이처럼 내적 동기와 외적 동기는 일을 시작하는 단계에서부터 중요한 역할을 한다.

　동기는 일의 결과에도 영향을 주는 데 일반적으로 내적 동기는 외적 동기보다 더 강하다. 그래서 자신이 흥미가 있고 만족감을 느낄 수 있는 일을 하면 일의 진행 과정에서 어려움에 부딪힌다고 해도 더 쉽게 극복해 낼 수 있다. 그 결과 우리가 일을 완수해 내는 데에 도움을 준다. 그뿐만 아니라 스트레스를 받더라도 이겨낼 수 있는 힘을 준다. 따라서 일을 시작할 때 분명한 동기를 가지고 있어야만 원하는 결과를 얻을 수 있다. 이처럼 어떤 동기를 갖느냐가 일의 시작과 결과에 중요한 영향을 미친다.

PART 1.

핵심 풀이 전략

	문항 유형	문항 번호
1	빈칸에 알맞은 문법 고르기	1~2
2	같은 의미 표현 고르기	3~4
3	글의 주제 찾기	5~8
4	세부 내용 파악하기	9~12
5	순서 파악하기	13~15
6	빈칸에 알맞은 표현 고르기	16~18
7	빈칸에 알맞은 어휘 고르기 + 세부 내용 파악하기	19~20
8	빈칸에 알맞은 표현 고르기 + 중심 생각 고르기	21~22
9	글쓴이의 심정 파악하기 + 세부 내용 파악하기	23~24
10	기사 제목 보고 내용 파악하기	25~27
11	빈칸에 알맞은 표현 고르기	28~31
12	세부 내용 파악하기	32~34
13	글의 주제 고르기	35~38
14	글의 논리적 흐름 파악하기	39~41
15	문학 작품 속 인물 심정 파악하기 + 세부 내용 파악하기	42~43
16	글의 주제 고르기 + 빈칸에 알맞은 표현 고르기	44~45
17	글의 논리적 흐름 파악하기 + 세부 내용 파악하기	46~47
18	글의 목적 파악하기 + 빈칸에 알맞은 표현 고르기 + 글쓴이의 태도 파악하기	48~50

빈칸에 알맞은 문법 고르기

1~2번

| 전략 | 제시된 문장을 잘 읽고 전체 내용을 이해한 다음, 빈칸에 적절한 문법을 찾아야 한다. 선택한 답을 빈칸에 넣은 후 대화가 자연스럽게 이어지는지 확인한다. |

※ (   )에 들어갈 가장 알맞은 것을 고르십시오.

37회 1, 2번

1. 아침에 일찍 (   ) 일곱 시 비행기를 탈 수 있다.

① 일어나야   ② 일어나려고

③ 일어나며   ④ 일어나더니

2. 퇴근 후에 집에 와 보니까 동생이 여행에서 (   ).

① 돌아와 있었다   ② 돌아오게 되었다

③ 돌아왔으면 했다   ④ 돌아오도록 했다

정답 1. ①   2. ①

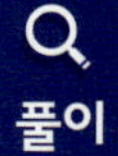

풀이

1. 일곱 시 비행기를 타려면 아침에 일찍 일어나야 한다는 내용이다. 따라서 앞의 상황이나 사실이 뒤의 상황에 반드시 필요한 조건이 되는 표현인 '–어야'가 들어가야 하므로 ①이 답이 된다.

② '–으려고'는 어떤 일이나 행동을 하려는 의도가 되므로 답이 될 수 없다.
③ '–으며'는 어떤 상황이나 행동이 동시에 또는 이어서 일어난다는 표현이므로 답이 될 수 없다.
④ '–더니'는 과거에 경험한 사실이나 일이 뒤 문장에 대한 이유나 근거가 되는 표현이므로 답이 될 수 없다.

2. 집에 와서 동생이 돌아온 것을 알게 된 것이다. 따라서 여행에서 돌아온 후 그 상태가 계속됨을 나타내는 '–어 있다'가 와야 하므로 ①이 답이 된다.

② '–게 되다'는 자신의 의지나 생각과는 다르게 외부의 조건에 의해 이루어진 상황을 나타내므로 답이 될 수 없다.
③ '–으면 하다'는 그렇게 되었으면 좋겠다는 바람을 나타내므로 답이 될 수 없다.
④ '–도록 하다'는 상대에게 어떤 행동을 할 것을 명령하는 표현이므로 답이 될 수 없다.

※ (　　)에 들어갈 가장 알맞은 것을 고르십시오.　　　36회 1, 2번

3. 친구와 내가 운동장에서 축구를 (　　　　) 선생님이 나를 부르셨다.

① 하거나　　　　　　　　② 하는데
③ 하면서　　　　　　　　④ 하든지

4. 민수 씨는 대학교를 (　　　　) 회사에 취직했다.

① 졸업해도　　　　　　　② 졸업한다면
③ 졸업하더라도　　　　　④ 졸업하자마자

정답　　3. ②　　4. ④

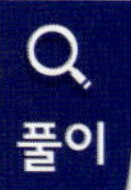

3. 친구와 축구를 하고 있는 상황에서 선생님이 부르셨다는 말이므로 어떤 상황이나 배경을 나타내는 표현인 ②가 답이 된다.

① '-거나'는 둘 이상의 상황에서 선택함을 나타내는 말이므로 답이 될 수 없다.
③ '-으면서'는 두 가지 이상의 행동을 동시에 한다는 말이므로 답이 될 수 없다.
④ '-든지'는 둘 이상의 상황에서 어느 것을 선택해도 상관이 없다는 말이므로 답이 될 수 없다.

4. 대학교를 졸업한 후에 바로 회사에 취직했다는 말이다. 따라서 앞의 상황이나 동작이 일어나고 바로 다음 동작이 이어짐을 나타내는 표현인 '-자마자'가 와야 하므로 ④가 답이 된다.

① '-어도'는 앞의 상황이 뒤에 아무 영향을 주지 않음을 나타내는 말이므로 답이 될 수 없다.
② '-다면'은 어떤 상황을 가정하는 표현이므로 답이 될 수 없다.
③ '-더라도'는 앞의 상황을 인정해도 뒤에 영향을 주지 않음을 나타내는 말이므로 답이 될 수 없다.

전략	먼저 전체 문장을 이해한 다음 밑줄 친 부분의 의미와 비슷한 어휘를 고른다. 비슷하다고 하더라도 밑줄 친 자리에 넣어서 사용했을 때 문장 전체의 의미가 달라지지 않아야 한다.

※ 다음 밑줄 친 부분과 의미가 비슷한 것을 고르십시오.　　37회 3, 4번

1. 서둘러 <u>나온 탓에</u> 책상 위에 있는 지갑을 안 가지고 나왔다.

   ① 나오는 김에　　　　　　　② 나오는 사이에
   ③ 나오는 바람에　　　　　　④ 나오는 대신에

2. 후배가 한 잘못을 알고 있었지만 미안해할까 봐 <u>모르는 척했다</u>.

   ① 모르는 체했다　　　　　　② 모르는 듯했다
   ③ 모르는 편이다　　　　　　④ 모르기 마련이다

정답　1. ③　　2. ①

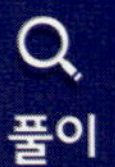

1. 서둘러 나왔기 때문에 지갑을 안 가지고 나왔다는 말이다. 따라서 주로 부정적인 상황에서 이유나 원인을 나타내는 표현인 '–는 바람에'가 어울리므로 ③이 답이 된다.

   ① '–는 김에'는 어떤 행동을 하는 상황에서 계획에 없었던 다른 일도 함께 한다는 표현이므로 답이 될 수 없다.
   ② '–는 사이에'는 어떤 상황이 일어나는 시간 동안을 의미하므로 답이 될 수 없다.
   ④ '–는 대신에'는 앞의 행동을 하지 않고 다른 행동으로 바꿔서 한다는 표현이므로 답이 될 수 없다.

2. 후배의 잘못을 알고 있었지만 모르는 것처럼 행동했다는 말이다. 따라서 이와 같은 표현인 ①이 답이 된다.

   ② '–는 듯하다'는 그런 것 같다는 추측을 나타내는 표현이므로 답이 될 수 없다.
   ③ '–는 편이다'는 어떤 쪽에 가깝다는 표현이므로 답이 될 수 없다.
   ④ '–기 마련이다'는 결과적으로 그렇게 되는 것이 당연하다는 표현이므로 답이 될 수 없다.

※ **다음 밑줄 친 부분과 의미가 비슷한 것을 고르십시오.**

3. 먹구름이 몰려오는 걸 보니 비가 <u>올 모양이다</u>.

① 오기도 한다　　　　　② 올 것만 같다

③ 올 리가 없다　　　　　④ 온 적이 없다

4. 다른 옷가게에 <u>가 봐야</u> 값은 여기와 비슷할 것이다.

① 간다고 해도　　　　　② 간다고 치고

③ 갈지도 몰라서　　　　　④ 기는 하지만

정답　　**3.** ②　　　**4.** ①

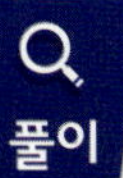

3. 먹구름이 몰려오는 것을 보고 비가 올 것으로 추측한다는 말이므로 그럴 것 같다고 추측하는 표현인 ②가 답이 된다.

　① '-기도 하다'는 어떤 행동을 하는 경우도 있고 하지 않는 경우도 있다는 표현이므로 답이 될 수 없다.
　③ '-을 리가 없다'는 그럴 가능성이 전혀 없다는 표현이므로 답이 될 수 없다.
　④ '-은 적이 없다'는 그런 경우가 없다는 표현이므로 답이 될 수 없다.

4. 다른 가게에 가 봐도 여기와 다르지 않다는 말이다. 따라서 앞의 내용이 뒤에 아무 영향을 주지 않음을 나타내는 표현인 ①이 답이 된다.

　② '-다고 치고'는 실제는 그렇지 않지만 그렇게 가정함을 나타내는 표현이므로 답이 될 수 없다.
　③ '-을지도 몰라서'는 어떤 상황을 추측하지만 확실하지 않음을 나타내는 표현이므로 답이 될 수 없다.
　④ '-기는 하지만'은 어떤 행동을 하지만 결과는 기대와 다를 수도 있음을 나타내는 표현이므로 답이 될 수 없다.

글의 주제 찾기

| 전략 1 | 선택지의 단어를 보고 제시문에서 관련된 표현을 찾는다. |

※ 다음은 무엇에 대한 글인지 고르십시오. 중 24회 31번 중 21회 31번

1.

> 지금까지 느껴 보지 못한 가장 편한 휴식!
>
> 이제 옆 사람이 움직여도 깨지 않습니다.

① 탁자　　　② 옷장　　　③ 책상　　　④ 침대

2.

> 입 속 청소 3분!
>
> 구석구석 깨끗하게 닦아 줍니다.

① 비누　　　② 칫솔　　　③ 세제　　　④ 휴지

정답　1. ④　　2. ②

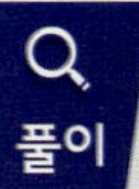

1. 제시문의 '휴식, 깨다'와 관련 있는 제품은 침대밖에 없으므로 ④가 답이 된다.

2. 제시문의 '입 속 청소'와 관련 있는 것은 칫솔밖에 없으므로 ②가 답이 된다.

※ 다음은 무엇에 대한 글인지 고르십시오.

중 24회 32번　중 22회 32번

3.

> 당신의 변화가 시작되는 곳!
> 전문가의 손끝에서 태어나는 또 다른 당신의 모습을 만나 보세요.
> 가위 하나로 당신을 변화시켜 드립니다.

① 미용실　　② 목욕탕　　③ 영화관　　④ 백화점

4.

> 처음처럼 깨끗하게! 처음처럼 오래오래!
> 오래된 때도 싹~ 지워 드립니다.
> '하얀이네'로 오세요.

① 목욕탕　　② 세탁소　　③ 미용실　　④ 옷 가게

정답　3. ①　　4. ②

3. 제시문의 '가위'와 관련 있는 곳은 미용실밖에 없으므로 ①이 답이 된다.

4. 제시문의 '깨끗하게'나 '때'를 보면 ①이나 ②가 답이라는 것을 알 수 있다. 때를 지워 주는 곳은 세탁소이므로 ②가 답이 된다.

※ 다음은 무엇에 대한 글인지 고르십시오. `37회 7번` `36회 8번`

5.

> 여러분의 시간과 능력을 이웃에게!
>
> 재능이 모이면 꿈이 됩니다.

① 봉사 활동　　② 직업 활동　　③ 체육 활동　　④ 경제 활동

6.

> 할인권
> **10,000원**
>
> • 1인 1매만 사용 가능합니다.
> • 이 할인권은 환불되지 않습니다.
> • 다른 쿠폰과 함께 사용할 수 없습니다.

① 교환 안내　　② 이용 방법　　③ 판매 장소　　④ 제품 설명

정답　5. ①　　6. ②

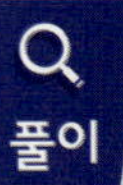

5. 선택지를 보면 봉사, 직업, 체육, 경제가 있다. 제시문의 '시간과 능력을 이웃에게'는 이웃을 위해 자신의 시간과 능력으로 돕는다는 의미이므로 ①이 답이 된다.

6. 제시문에 '할인권'이라는 말이 있고 '사용 가능'과 '사용할 수 없습니다'가 있으므로 ②가 답이 된다.

※ **다음은 무엇에 대한 글인지 고르십시오.**

중 23회 33번 중 23회 34번

7.

> **'한사랑회'**에서는 함께 차도 마시고,
> 우리 차에 대해 공부도 하실 분을 기다리고 있습니다.
> 차를 좋아하는 분이라면 누구나 환영합니다.

① 수업 안내　　② 활동 문의　　③ 직업 소개　　④ 회원 모집

8.

> 1. 아이의 손이 닿지 않는 곳에 두십시오.
> 2. 눈에 들어갔을 때에는 흐르는 물로 빨리 씻으십시오.

① 제품 특징　　② 사용 방법　　③ 이용 장소　　④ 주의 사항

정답　7. ④　　8. ④

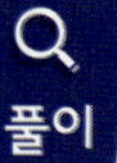
풀이

7. 선택지를 보면 안내, 문의, 소개, 모집이 있다. 제시문의 '하실 분을 기다리고 있습니다'와 '환영합니다'는 모두 모집과 관련된 내용이므로 답은 ④가 된다. ①과 ③은 제시문에 수업이나 직업에 대한 설명이 없기 때문에 답이 될 수 없다. 제시문의 내용이 활동에 대해 질문하는 것이 아니므로 ②도 답이 될 수 없다.

8. 선택지를 보면 제시문의 내용이 제품에 대한 것이라는 것을 알 수 있다. '아이의 손이 닿지 않는 곳에 두거나 눈에 들어갔을 때 흐르는 물에 빨리 씻는 것'은 제품을 이용할 때의 주의 사항이므로 ④가 답이 된다.

①과 ②는 제시문의 내용과 관련이 없으므로 답이 될 수 없다.
③의 '아이의 손이 닿지 않는 곳에 두는 것'은 제품의 이용 장소가 아니라 보관 장소이며, '흐르는 물로 빨리 씻는 것'은 이용 장소와 관련이 없으므로 답이 될 수 없다.

전략	제시문을 읽고 전체 내용을 파악한다. 선택지를 보고 제시문에서 관련된 내용을 확인한다. 이때 제시문에 나오지 않은 내용은 답이 될 수 없다. ＊유형: 9–안내문, 10–도표, 11~12–서술문

※ 다음 글 또는 도표의 내용과 같은 것을 고르십시오.　　37회 9번

1.

가을밤 별자리축제

- 일시 : 2014년 11월 22일(토) 19:00~23:00
- 장소 : 영월천문대
- 대상 : 초등학생 자녀가 있는 50가족
- 참가비 : 가족당 20,000원(단, 영월 군민은 무료)
- 신청 방법 : 전화 접수(☎033–123–4567)

① 축제는 평일 오후에 개최된다.
② 초등학생들만 축제에 참가할 수 있다.
③ 축제에 참가하려면 전화로 신청해야 한다.
④ 영월에 사는 사람들은 이만 원을 내야 한다.

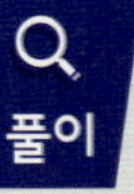

정답　1. ③

풀이
① 축제는 토요일에 개최된다고 했으므로 답이 될 수 없다.
② 초등학생 자녀가 있는 50가족 대상이라고 했으므로 답이 될 수 없다.
③ 신청 방법은 전화 접수라고 했으므로 답이 된다.
④ 영월 군민은 무료라고 했으므로 답이 될 수 없다.

※ 다음 글 또는 도표의 내용과 같은 것을 고르십시오.

2.

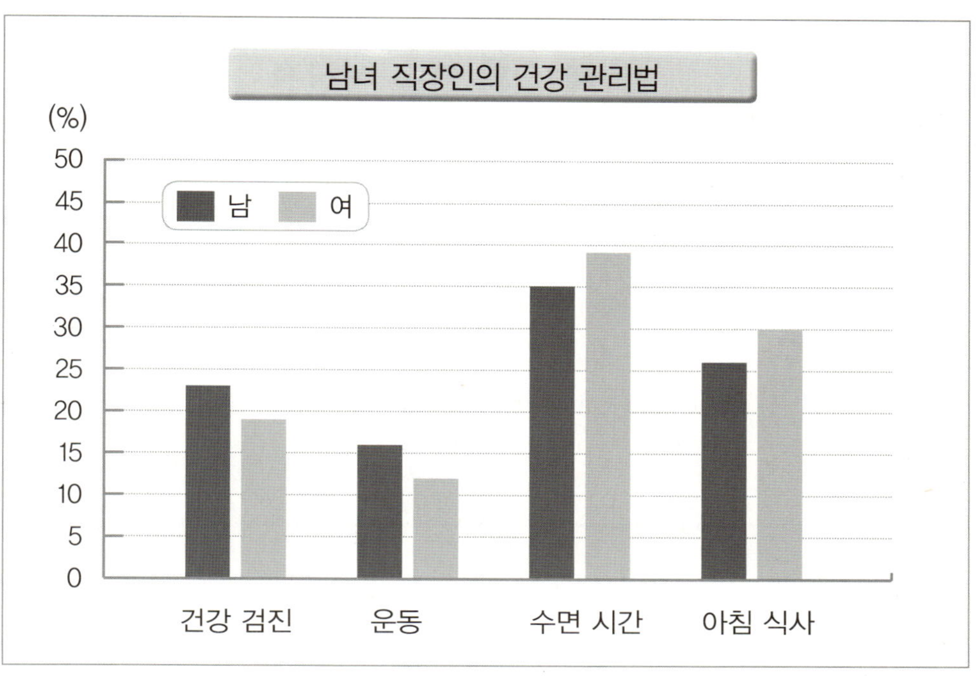

① 여성은 잠보다 운동을 더 중요하게 여긴다.
② 남녀 모두 자는 것을 가장 중요하게 생각한다.
③ 아침을 먹는 사람은 여성보다 남성이 더 많다.
④ 남성은 밥보다 건강 검진을 더 많이 선택했다.

정답 2. ②

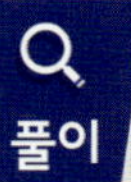
풀이

① 여성은 운동보다 수면 시간을 더 중요하게 생각하므로 답이 될 수 없다.
② 남녀 모두 수면을 통해 건강을 관리한다고 답한 사람이 가장 많으므로 답이 된다.
③ 아침을 먹는 사람은 여성이 더 많으므로 답이 될 수 없다.
④ 남성은 건강 검진보다 아침 식사를 더 많이 선택했으므로 답이 될 수 없다.

※ 다음 글 또는 도표의 내용과 같은 것을 고르십시오.

3.

제10회 가을 사진전

국내 유명 작가 9인의 사진 전시회가 열립니다.
가족을 주제로 한 개성 있는 작품을 만나 볼 수 있습니다.

★전시 기간 : 2014년 11월 3일(월)~11월 12일(수)

★관람 시간 : 10:00~18:00(주말 오후 4시 작가와의 대화)

★관 람 료 : 5,000원

※ 가족 사진을 가지고 오시면 무료로 입장할 수 있습니다.

서울전시관

① 여러 나라 작가가 이번 전시회에 참여한다.
② 이 전시회에 가면 가을에 대한 사진을 볼 수 있다.
③ 가족 사진을 들고 가면 관람료를 내지 않아도 된다.
④ 작가와의 대화는 전시회 기간 동안 날마다 진행된다.

정답 3. ③

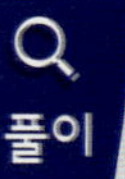

풀이
① 국내 유명 작가 9인의 사진 전시회라고 했으므로 답이 될 수 없다.
② 가족을 주제로 한 작품이라고 했으므로 답이 될 수 없다.
③ 가족 사진을 가지고 오면 무료로 입장할 수 있다고 했으므로 답이 된다.
④ 작가와의 대화는 주말 오후라고 했으므로 답이 될 수 없다.

※ 다음 글 또는 도표의 내용과 같은 것을 고르십시오.　　36회 10번

4.

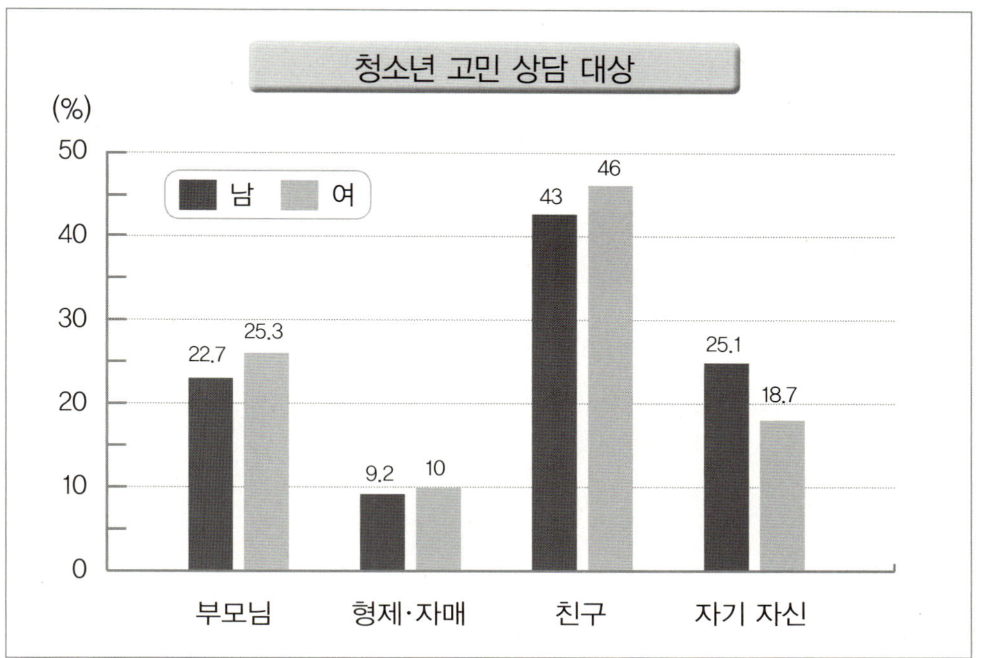

① 남녀 모두 부모님보다 친구에게 고민 상담을 많이 한다.
② 남녀 모두 형제와 자매에게 고민 상담을 가장 많이 한다.
③ 혼자서 고민을 해결하는 청소년은 여자보다 남자가 더 적다.
④ 부모님에게 고민을 말하는 청소년은 남자보다 여자가 더 적다.

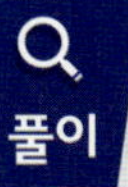 **정답**　4. ①

풀이
① 남녀 모두 친구에게 상담하는 비율이 가장 높으므로 답이 된다.
② 형제와 자매에게 고민 상담을 하는 비율이 가장 낮으므로 답이 될 수 없다.
③ 자기 자신이라고 답한 청소년은 남자가 더 많으므로 답이 될 수 없다.
④ 부모님이라고 답한 청소년은 여자가 더 많으므로 답이 될 수 없다.

※ 다음을 읽고 내용이 같은 것을 고르십시오.

5.

> 서울시는 청소년들을 위해 지은 도서관의 이름을 찾는다. 응모 기간은 2월 1일부터 2월 10일까지로 서울 시민이면 누구나 응모할 수 있다. 응모를 원하는 사람은 신청서에 도서관 이름을 적고 그 의미를 풀이한 뒤 서울 시청 홈페이지에 접수하면 된다. 선정 결과는 2월 29일 홈페이지를 통해 발표된다.

① 접수는 한 달 동안 진행된다.
② 선정 결과는 개인에게 직접 알려 준다.
③ 이름에 대한 의미 설명도 함께 써야 한다.
④ 신청서는 서울 시청에 가서 제출해야 한다.

정답   5. ③

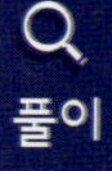

풀이

① 응모기간은 2월 1일부터 10일까지로 접수는 10일 동안 진행되므로 답이 될 수 없다.
② 선정 결과는 홈페이지를 통해 발표되므로 답이 될 수 없다.
③ 신청서에 도서관 이름을 적고 그 의미를 풀이해야 하므로 답이 된다.
④ 서울 시청 홈페이지에 접수하면 되므로 답이 될 수 없다.

6.

> ‘가족 나들이’ 행사가 1월 1일부터 2월 말까지 은빛공원에서 열린다. 은빛공원에서는 행사 기간 동안 예년보다 10미터 길어진 눈썰매장에서 눈썰매를 탈 수 있다. 또한 연날리기, 그네 타기 등의 한국 전통 놀이도 할 수 있다. 은빛공원 입장과 전통 놀이 체험은 무료이며 눈썰매장 이용료는 1인당 오천 원이다. 이용 시간은 오전 9시부터 오후 6시까지이며 월요일은 쉰다.

① 주말에는 연날리기를 할 수 없다.
② 눈썰매장의 크기는 이전보다 작아졌다.
③ 은빛공원에 들어갈 때는 돈을 내지 않는다.
④ 이 행사에서는 여러 나라의 놀이를 즐길 수 있다.

정답　6. ③

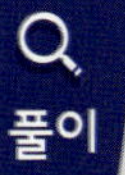

풀이

① 월요일은 쉰다고 했지만 주말에 쉰다는 말은 없었으므로 답이 될 수 없다.
② 예년보다 10미터 길어진 눈썰매장이라고 했으므로 답이 될 수 없다.
③ 은빛 공원 입장은 무료라고 했으므로 답이 된다.
④ 한국 전통 놀이를 할 수 있다고 했지만, 다른 나라의 놀이에 관한 내용이 없으므로 답이 될 수 없다.

※ 다음을 읽고 내용이 같은 것을 고르십시오.

7.

> 올해 들어 저가 항공사의 이용객 수가 꾸준히 늘고 있다. 지난 1월부터 6월까지 국내선 저가 항공사의 이용객은 작년의 같은 기간에 비해 3.4% 늘었다. 이는 일반 항공사의 이용객이 8% 줄어든 것과 대비된다. 저가 항공사가 이렇게 인기를 끌고 있는 이유는 일반 항공사에 비해 가격이 싼 데다가 인터넷 예매 시 적용되는 할인율도 높기 때문인 것으로 분석된다.

① 일반 항공사의 이용객은 지난 조사 때보다 늘어났다.
② 저가 항공사는 비행기 표의 할인율을 작년보다 낮추었다.
③ 일반 항공사 비행기 표는 인터넷으로 예매해야 저렴하다.
④ 저가 항공사의 이용객은 1년 전에 비해 3% 이상 증가했다.

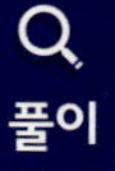

정답 7. ④

풀이
① 일반 항공사의 이용객이 8% 줄어들었다고 했으므로 답이 될 수 없다.
② 저가 항공사가 인터넷 예매 시 적용되는 할인율이 높다고 했지만 비행기 표 할인율을 낮추었다는 내용이 없으므로 답이 될 수 없다.
③ 인터넷 예매 시 적용되는 할인율이 높은 것은 일반 항공사가 아니라 저가 항공사이므로 답이 될 수 없다.
④ 저가 항공사의 이용객은 작년의 같은 기간에 비해 3.4% 늘었다고 했으므로 답이 된다.

8.

> 　4월 27일 수요일 '제7회 에너지의 날'을 맞아 서울에서 시민들이 참여하는 에너지 절약 행사가 열린다. 이 행사는 오전 9시부터 오후 7시까지 시청 앞 행사장에서 열리며 텔레비전으로도 방송된다. 오전에는 시민들이 직접 나와 쉽게 실천할 수 있는 에너지 절약 방법을 소개한다. 오후에는 여러 가수들이 에너지 절약을 주제로 콘서트를 열 예정이다.

① 이 행사는 방송국에서 열릴 예정이다.
② 에너지 절약을 홍보하기 위해 가수들이 출연한다.
③ 오전 행사로는 시민들이 참여하는 콘서트가 열린다.
④ 전문가들이 행사에 나와 에너지 절약 방법을 알려 준다.

정답　8. ②

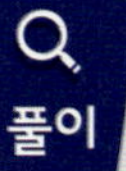

① 행사는 시청 앞 행사장에서 열리므로 답이 될 수 없다.
② 오후에 가수들이 에너지 절약을 주제로 콘서트를 열 예정이라고 했으므로 답이 된다.
③, ④ 오전에는 시민들이 직접 나와 에너지 절약 방법을 소개한다고 했으므로 답이 될 수 없다.

전략 1	1. 선택지에 첫 번째 문장으로 제시된 두 문장을 먼저 확인한다. '특히, -기 때문이다, 그러나/그런데/그러므로'와 같이 앞 문장과의 관계를 나타내는 말이 있으면 첫 문장이 되기 어렵다.
	2. 접속어를 찾아 앞뒤 문장 간의 관계를 파악한다.
	3. 문장 간의 관계를 나타내는 말을 미리 공부해 두어야 한다.

※ 다음을 순서대로 맞게 배열한 것을 고르십시오.　　중 25회 45번

1.

> (가) 이러한 현상으로 인해 탈모 약품, 기능성 샴푸 등 탈모와 관련된 제품이 인기를 끌고 있다.
>
> (나) 특히 남자의 경우는 탈모가 시작되는 연령이 평균 31.6세로 낮아졌다.
>
> (다) 머리카락이 빠지는 탈모 환자들의 연령대가 점점 낮아지고 있다.
>
> (라) 탈모 시작 시기가 이처럼 빨라진 것은 서구화된 식습관이나 스트레스가 영향을 미쳤기 때문이다.

① (다)-(가)-(나)-(라)　　　② (다)-(나)-(라)-(가)

③ (라)-(가)-(다)-(나)　　　④ (라)-(나)-(다)-(가)

정답　1. ②

풀이　첫 번째 문장으로 제시된 (다)와 (라)를 살펴보면. (라)는 '-기 때문이다'를 사용하여 이유를 설명하고 있으므로 첫 번째 문장이 되기 어렵다. (다)가 첫 번째 문장으로 제시된 ①과 ②에서 (가)와 (나)를 살펴보면 (나)는 '특히'를 사용하여 탈모 시기를 강조하고 있는 것을 알 수 있다. 따라서 (다) 다음에 (나)가 오는 것이 자연스러우므로 ②가 답이 된다.

알아두기　문장 간의 관계를 나타내는 표현

| 이유, 원인 | -기 때문에
그 까닭은 | 이런 이유로
왜냐하면 | 때문이다 |

※ 다음을 순서대로 맞게 배열한 것을 고르십시오.

중 23회 44번

2.

> (가) 언제부터인가 책을 많이 읽는 것과 밥을 많이 먹는 게 뭐가 다를까 하는 생각이 들었기 때문이다.
>
> (나) 좋은 책을 골라 읽고, 읽은 후에는 생각할 시간을 가지는 것이 필요하다.
>
> (다) 나는 청소년들에게 책을 많이 읽으라고 권하지 않는다.
>
> (라) 그렇다고 책을 많이 읽는 것이 나쁘다는 것은 아니다.

① (나) – (라) – (가) – (다)　　② (나) – (라) – (다) – (가)

③ (다) – (가) – (나) – (라)　　④ (다) – (가) – (라) – (나)

정답　2. ④

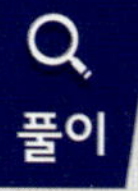

풀이　첫 번째 문장으로 제시된 (나)와 (다)만 보면 답을 찾기 어렵다. 이럴 때는 나머지 두 문장을 살펴서, 앞뒤 문장 간의 관계를 파악해야 한다. (가)는 '-기 때문이다'를 사용하여 이유를 설명하고 있는데, 이것은 (다)에 이어지는 내용이므로 (다) 뒤에 (가)가 오는 것을 알 수 있다. (라)는 '그렇다고'로 시작했기 때문에 (라) 앞에는 '책을 많이 읽는 것이 나쁘다'는 내용이 와야 한다. 따라서 ④가 답이 된다.

알아두기	문장 간의 관계를 나타내는 표현			
대조, 반대	그러나	그런데	그렇지만	하지만
	그렇다고	반면	이와 반대로	

3.
> (가) 어떤 지역은 떡만 넣어서 먹고, 어떤 지역은 만두를 넣은 떡 만둣국을 먹는다.
>
> (나) 한국의 대표적인 설음식인 떡국은 재료와 조리법이 지역마다 다르다.
>
> (다) 이처럼 떡국은 재료와 맛이 다양하지만 한 해를 시작하는 음식으로 어디에서나 널리 사랑받고 있다.
>
> (라) 거기에 각 지역에서만 나는 재료를 넣어 특색 있는 맛의 다양한 떡국이 만들어진다.

① (가) – (나) – (라) – (다)　　　② (가) – (라) – (다) – (나)

③ (나) – (가) – (라) – (다)　　　④ (나) – (다) – (라) – (가)

정답　3. ③

풀이

첫 번째 문장으로 제시된 (가)와 (나)를 살펴보면, (가)는 사례를 제시하고 있으므로 첫 문장이 되기 어렵다. (나)가 첫 번째 문장으로 제시된 ③과 ④에서 (가)와 (다)를 살펴보면, (다)는 '이처럼'으로 시작하기 때문에 앞에 떡국의 재료와 맛이 다양하다는 내용이 와야 한다. (가)는 일반적인 떡국의 재료를 말하고 있고, (라)는 '거기에'라는 표현을 사용해서 추가되는 재료를 말하고 있으므로 (가)와 (라)는 (다) 앞에 와야 한다. 따라서 ③이 답이 된다. '이처럼, 이런 점에서, 이와 같이'와 같은 표현이 나올 때는 이것이 가리키는 말을 찾아야 한다.

알아두기	문장 간의 관계를 나타내는 표현		
결과	그래서 그러므로	따라서 이에 따라	그렇다면 이 때문에

※ **다음을 순서대로 맞게 배열한 것을 고르십시오.**　　　중 21회 44번

4.

> (가) 이런 이유로 유명한 식당에서는 손님들의 입맛을 돋우기 위해 음악을 고르는 데 고민한다.
>
> (나) 이와 반대로 듣기 좋은 음악은 입맛을 돋운다.
>
> (다) 비행기에서 제공하는 음식이 맛있어도 맛없다고 불평하는 사람들이 많은 것은 바로 비행기 엔진 소음 때문이다.
>
> (라) 시끄러운 소리는 음식 맛을 제대로 느끼지 못하게 한다.

① (다) – (가) – (나) – (라)　　　② (다) – (나) – (라) – (가)

③ (라) – (가) – (나) – (다)　　　④ (라) – (다) – (나) – (가)

정답　4. ④

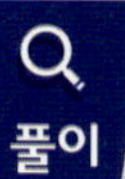

풀이　첫 번째 문장으로 제시된 (다)와 (라)를 살펴보면, (다)는 '때문이다'라는 표현을 쓰고 있으므로 첫 문장이 되기 어렵다.

(라)가 첫 번째 문장으로 제시된 ③과 ④에서 (가)와 (다)를 살펴보면, (가)의 '이런 이유'가 (다)와 (나)에 제시되어 있으므로 (다)와 (나)가 (가) 앞에 와야 한다. (나)에는 '이와 반대로'가 있으므로 반대되는 내용의 (다)가 앞에 와야 한다. 따라서 ④가 답이 된다. '이와 반대로, 이런 이유로'와 같은 표현이 나올 때는 이것이 가리키는 말을 찾아야 한다.

알아두기	문장 간의 관계를 나타내는 표현	
목적	−기 위해서다	그런 목적으로
추가, 첨가	그리고 게다가	뿐만 아니라 또

<table>
<tr><td>전략 2</td><td>1. 개념을 정의하는 말은 보통 첫 문장에 나온다.
2. 내용이 반복되면 순서를 잘 파악해야 한다.</td></tr>
</table>

※ 다음을 순서대로 맞게 배열한 것을 고르십시오.　　中 24회 43번

5.

> (가) 성우가 되려면 무엇보다 목소리가 좋아야 한다.
>
> (나) 목소리도 좋아야 하지만 연기도 잘해야 훌륭한 성우가 될 수 있다.
>
> (다) 성우는 라디오 드라마나 만화 영화 등에서 목소리로 연기하는 배우를 말한다.
>
> (라) 그렇지만 요즘은 그 기준이 조금 바뀌었다.

① (가) – (다) – (나) – (라)　　② (가) – (라) – (다) – (나)
③ (다) – (가) – (라) – (나)　　④ (다) – (나) – (라) – (가)

정답　5. ③

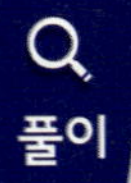

첫 번째 문장으로 제시된 (가)와 (다)를 살펴보면 (다)는 '–는 –를 말한다'라는 표현을 사용하여 성우라는 개념을 정의하고 있으므로 (다)가 첫 문장이 된다. (다)가 첫 번째 문장으로 제시된 ③과 ④에서 (가)와 (나)를 살펴보면 (나)에 (가)의 내용 중 일부(목소리가 좋아야 한다)가 반복되고 있어서 (가) 다음에 (나)가 오는 것이 자연스럽다. (라)에서 말하는 바뀐 기준이 (나)이므로 ③이 답이 된다.

알아두기	문장 간의 관계를 나타내는 표현

강조	특히
전환	그러다가

※ 다음을 순서대로 맞게 배열한 것을 고르십시오.   중 24회 44번

6.

> (가) 이런 책방들은 여기저기에서 기증 받은 책을 저렴한 가격으로 판매한다.
>
> (나) 그런데 최근에 사고파는 것을 목적으로 하지 않는 헌책방이 늘고 있다.
>
> (다) 이렇게 해서 모은 돈은 어려운 사람들을 돕는 데에 사용하고 있다.
>
> (라) 헌책방은 다른 사람이 본 책을 싼 값에 사기도 하고, 다 본 책을 팔기도 하는 곳이다.

① (라) – (가) – (다) – (나)   ② (라) – (나) – (가) – (다)

③ (라) – (나) – (다) – (가)   ④ (라) – (다) – (가) – (나)

정답   6. ②

(라)가 첫 번째 문장으로 제시되어 있으므로 (라) 다음에 이어질 문장을 찾아야 한다. (라)의 책을 사기도 하고 팔기도 한다는 내용이 (나)의 '사고파는 것'에 반복되어 있으므로 (라) 다음에 (나)가 오는 것이 자연스럽다.

(가)와 (다)를 살펴보면 책을 기증 받아 저렴한 가격으로 판매해서 돈을 모은다는 것을 알 수 있으므로 (가) 다음에 (다)가 와야 한다. 따라서 ②가 답이 된다.

알아두기   개념을 정의하는 표현

–는 –를 말한다

–는 –이다

빈칸에 알맞은 표현 고르기

16~18번

| 전략 | 빈칸 앞뒤의 내용과 선택지의 표현을 보고 무엇을 찾아야 하는지 파악한다. 제시문에 있는 내용을 풀어 쓰거나 유사한 표현으로 바꿔 쓴 것을 찾는다. |

※ 다음을 읽고 (   )에 알맞은 것을 고르십시오.　　중 25회 46번

1.

> 　날씨가 추워지면 옷을 여러 겹 입거나 양말을 여러 개 신는 경우가 많다. 그런데 이때 빼놓아서는 안 되는 것이 바로 모자다. 몸의 열은 주로 옷 밖으로 노출된 목 위쪽으로 빠져나간다. 그렇기 때문에 몸의 열이 쉽게 빠져나가지 않게 하려면 (　　　　　) 한다.

① 몸속에서 열이 나야
② 두꺼운 양말을 신어야
③ 머리를 따뜻하게 해야
④ 땀 배출을 제대로 해야

정답　1. ③

풀이

선택지에 모두 '-어야'가 제시되어 있다. 따라서 몸의 열이 쉽게 빠져나가지 않게 하려면 어떻게 해야 하는지를 찾아야 한다. 앞에서 몸의 열이 목 위쪽으로 빠져나간다고 했으므로 ③이 답이 된다.

①, ②, ④는 몸의 열이 목 위쪽으로 빠져나간다는 내용과 거리가 멀기 때문에 답이 될 수 없다.

※ **다음을 읽고 (   )에 알맞은 것을 고르십시오.**

2.

> 　왼쪽 눈과 오른쪽 눈에 보이는 사물의 모습이 완전히 똑같은 것은 아니다. 두 눈에 비쳐진 사물의 모습에는 조금씩 차이가 있다. 우리의 뇌는 이러한 차이를 바탕으로 두 모습을 합쳐 사물을 실감나게 입체적으로 느끼게 한다. 그래서 사람이 (   ) 계단을 오르내리거나 날아오는 공을 잡기가 어려워진다.

① 한 쪽 눈을 가리면
② 눈을 감았다가 뜨면
③ 사물을 제대로 보지 않으면
④ 두 사물을 함께 보지 않으면

정답　2. ①

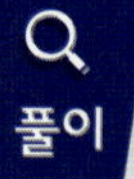

선택지에는 모두 '-으면'이 제시되어 있다. 따라서 계단을 오르내리거나 날아오르는 공을 잡기가 어려워지는 경우를 찾아야 한다. 앞에서 두 눈에 비쳐진 사물의 모습에 조금씩 차이가 있다고 했으므로 ①이 답이 된다.

②와 ③은 뇌가 두 눈에 비쳐진 차이를 바탕으로 두 모습을 합친다는 내용과 거리가 멀기 때문에 답이 될 수 없다.

④는 두 사물이 아니라 한 사물의 두 모습을 이야기하는 것이므로 답이 될 수 없다.

※ 다음을 읽고 (   )에 알맞은 것을 고르십시오.

3.

> 마늘과 양파는 맛과 향이 강하다. 그래서 마늘과 양파 먹는 것을 피하는 사람들이 많다. 마늘과 양파의 맛과 향이 강한 것은 알리신이라는 성분이 들어 있기 때문이다. 이 성분은 (   ) 익히면 없어진다. 따라서 마늘과 양파를 굽거나 찌면 강한 맛과 향을 싫어하는 사람도 어려움 없이 먹을 수 있다.

① 열에 약해서
② 물에 잘 녹아서
③ 서로 붙어 있어서
④ 빛을 보면 사라져서

정답 3. ①

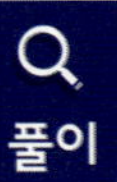

풀이

선택지에는 모두 '–어서'가 제시되어 있고, 빈칸 뒤에서는 '(이 성분이) 익히면 없어진다'고 했다. 따라서 이 성분이 익히면 없어지는 이유를 찾아야 한다. 익히는 것과 관련이 있는 ①이 답이 된다.

②와 ③은 제시문에 없는 내용이므로 답이 될 수 없다.
④는 열이 아닌 빛과 관련이 있는 것이므로 답이 될 수 없다.

※ 다음을 읽고 (   )에 알맞은 것을 고르십시오.

4.

> 적당한 온천욕은 건강에 좋다. 체온이 올라가면 혈액 순환에 도움이 될 뿐만 아니라 몸과 마음을 안정시켜 피로와 스트레스를 풀어 준다. 그렇지만 갑자기 몸의 온도가 올라가는 것은 심장에 좋지 않다. 따라서 (   ) 위해서는 온천에 들어갈 때 차가운 물수건으로 얼굴 등을 덮으면 좋다.

① 혈액 순환을 돕기
② 몸을 안정시켜 주기
③ 체온이 빨리 오르는 것을 막기
④ 스트레스가 쌓이지 않도록 하기

정답 4. ③

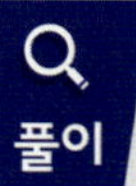

선택지에는 모두 '−기'가 제시되어 있고, 빈칸 뒤에는 '위해서'로 이어져 있다. 따라서 온천에 들어갈 때 차가운 물수건으로 얼굴 등을 덮는 것에 대한 목적을 찾아야 한다. 제시문에서 몸의 온도가 올라가는 것은 심장에 좋지 않다고 했으므로 ③이 답이 된다.

①, ②, ④는 차가운 물수건으로 얼굴 등을 덮는 목적이 아니라 온천욕의 좋은 점을 말하고 있는 것이므로 답이 될 수 없다.

5.

> 　주변에 있는 사물을 치거나 때려 보면 굵고 깊은 소리, 맑고 높은 소리, 짧게 들리는 소리, 길게 퍼지는 소리 등 다양한 소리가 난다. 그 이유는 물체의 재질과 생김새에 따라 흔들리는 정도가 다르기 때문이다. 물체가 흔들릴 때 주변의 공기가 흔들려 우리의 귀에 소리가 들리게 된다. 악기들이 (　　　　　　) 것은 이런 원리에 의한 것이다.

① 귀까지 오는 속도가 다른
② 귀를 울리는 정도가 다른
③ 종류에 따라 연주법이 다양한
④ 모양과 재질에 따라 소리가 다양한

정답　5. ④

빈칸 뒤에 있는 '이런 원리에 의한 것'이 무엇인지를 찾아야 한다. '이런 원리'는 '물체의 재질과 생김새에 따라 흔들리는 정도가 다르기 때문에 다양한 소리가 난다'는 것을 말한다. 따라서 ④가 답이 된다.

①, ②, ③은 제시문에 없는 내용이므로 답이 될 수 없다.

※ 다음을 읽고 (　　　)에 알맞은 것을 고르십시오.　　　　중 21회 48번

6.

　　생활 주변에서 그림이나 기호로 된 안내 표지를 많이 볼 수 있다. 이런 표지들은 글로 안내하는 것보다 간단하기 때문에 사람이 많이 모이는 장소에서 정보를 한눈에 알아볼 수 있도록 도와준다. 또한 안내 표지는 그림이나 기호 속에 모든 정보가 담겨 있어서 (　　　　　　) 도와준다는 장점이 있다.

① 사람들이 정보를 주고받을 수 있도록
② 글을 모르는 사람도 쉽게 이해할 수 있도록
③ 사람들이 무슨 정보가 필요한지 알 수 있도록
④ 글로 안내하는 의미를 빨리 파악할 수 있도록

정답　6. ②

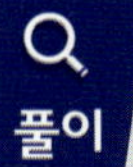

빈칸 뒤의 내용을 보면 안내 표지가 무엇을 도와주는지를 찾아야 한다. 빈칸 앞에서 안내 표지는 그림이나 기호 속에 모든 정보가 담겨 있다고 했으므로 ②가 답이 된다.

①과 ③은 제시문에 없는 내용이므로 답이 될 수 없다.

④는 그림이나 기호로 된 안내 표지가 글이 안내하는 의미를 파악하게 하기 위한 것은 아니므로 답이 될 수 없다.

빈칸에 알맞은 어휘 고르기 + 세부 내용 파악하기 19~20번

빈칸에 알맞은 어휘 고르기 전략

제시문을 잘 읽고 내용을 파악한 다음, 빈칸에 들어가는 어휘를 골라야 한다. 이때 앞뒤 문장과 잘 어울리는지를 확인한다.

※ [1~2] 다음을 읽고 물음에 답하십시오.   37회 19~20번

대부분의 상품은 고유 번호가 있어서 정품을 쉽게 확인할 수 있다. 그러나 미술품은 그렇지 않아서 진품 확인이 힘들다. (   ) 미술 작품이 진짜인지를 확인해야 하는 상황이라면 미술품 감정 과정이 필요하다. 미술품을 감정할 때에는 전문가 감정과 과학적 감정이 함께 사용되는데 이때 출처나 예술 기법, 서명 등이 고려된다. 이러한 방법은 고미술품에서 현대 작품에 이르기까지 광범위하게 적용되고 있다.

1. (   )에 들어갈 알맞은 것을 고르십시오.

① 과연　　　　　② 만약　　　　　③ 아마　　　　　④ 하필

2. 이 글의 내용과 같은 것을 고르십시오.

① 서명이 있는 작품은 감정이 필요 없다.
② 미술품 감정 대상은 고미술품에 한정된다.
③ 고미술품은 작품 고유의 번호를 가지고 있다.
④ 미술품을 감정할 때 과학적인 방법이 사용된다.

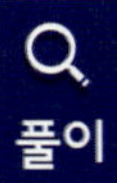

정답   1. ②   2. ④

풀이

1. 대부분의 상품과 다르게 미술 작품은 진품 확인이 힘들다고 했다. 미술 작품이 진짜인지 확인해야 할 상황을 가정하고 있으므로 이에 어울리는 부사는 '혹시 있을지도 모르는 뜻밖의 경우'라는 의미를 가진 ②가 답이 된다.

① '생각한 것과 실제가 정말로 같게'의 의미이다.
   예) 그 사람의 연주를 들어 보니 소문대로 과연 훌륭했다.
③ 뒤에 오는 추측의 표현과 같이 사용되어 단정할 수는 없지만 가능성이 크다는 의미를 나타낸다.
   예) 의논할 것이 많아서 오늘 회의는 아마 늦게 끝날 것이다.
④ '다른 방법을 쓰지 않고 왜 꼭'이라는 의미이다.
   예) 다른 사람도 많은데 선생님은 하필 나에게 일을 시키셨다.

2. 미술품 감정에 사용되는 방법에는 전문가 감정과 과학적 감정이 있다고 했으므로 ④가 답이 된다.

① 감정을 할 때 고려하는 것 중 하나가 서명이므로 답이 될 수 없다.
② 감정은 고미술품에서 현대 작품에 이르기까지 광범위하게 적용되고 있다고 했으므로 답이 될 수 없다.
③ 고유 번호를 가지고 있다면 감정이 필요 없겠지만 미술품은 그렇지 않다고 했으므로 답이 될 수 없다.

　한 과학자가 개인의 사회 공헌도에 대한 연구를 했다. 개인이 쏟을 수 있는 힘의 크기는 구성원의 수가 많아질수록 늘어날 것이라고 기대하고 연구를 진행했다. 하지만 연구 결과는 예상과 달랐다. 그룹의 구성 수와 그들이 쏟아 부은 힘의 크기는 반비례했다. (　　　　) 2명으로 이루어진 그룹이 잠재적인 기대치를 가장 많이 사용한 것으로 나타났다.

3.　(　　　)에 들어갈 알맞은 것을 고르십시오.

　　① 드디어　　　　② 오히려　　　　③ 어쩌면　　　　④ 반드시

4.　이 글의 내용과 같은 것을 고르십시오.

　　① 구성원의 수가 많을수록 개인의 공헌도는 낮아졌다.
　　② 연구 결과는 처음에 예상했던 것과 유사하게 나타났다.
　　③ 이 연구는 사회가 개인에게 미치는 영향에 대한 것이다.
　　④ 2명으로 이루어진 그룹은 개인적인 노력을 하지 않았다.

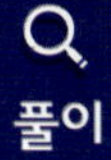

풀이

3. 구성원 수가 많을수록 사회 공헌도가 커질 것이라고 예상했으나 결과는 달랐다는 내용이므로 여기에 어울리는 부사는 '예상이나 짐작과는 다르게'라는 의미를 가진 ②가 답이 된다.

① '오랜 기다림 후에 그 결과로'의 의미이다.
  예) 열심히 노력한 결과 드디어 성공할 수 있었다.
③ '확실하지 않지만 추측해 보면'이라는 의미이다.
  예) 어쩌면 내일 비가 올지도 모른다.
④ '틀림없이, 꼭'이라는 의미이다.
  예) 이 일은 내일까지 반드시 끝내야 한다.

4. 구성원 수와 힘의 크기가 반비례했다는 말은 구성원 수가 많을수록 공헌도가 낮아졌다는 의미이므로 ①이 답이 된다.

② 연구 결과는 예상과 달랐다고 했으므로 답이 될 수 없다.
③ 개인이 사회에 미치는 공헌도에 대한 연구이므로 답이 될 수 없다.
④ 2명으로 이루어진 그룹이 잠재적인 기대치를 가장 많이 사용했다는 말은 더 많은 노력을 했다는 의미이므로 답이 될 수 없다.

빈칸에 알맞은 표현 고르기 + **중심 생각 고르기** 21~22번

중심 생각 고르기 전략	글쓴이가 가장 하고 싶은 말이 중심 내용이므로 중요한 말을 찾아야 한다. 선택지와 비교하여 제시문에 나오지 않거나 일부만 맞는 내용은 답이 될 수 없다.

※ [1~2] 다음 글을 읽고 물음에 답하십시오.　　37회 21~22번

> 운동선수가 실수에 대한 부담감을 가지게 되면 경기에서 좋은 성적을 거두기가 어렵다. 그렇기 때문에 감독은 선수를 지도할 때 실수를 떠올리게 하는 직접적인 말을 (　　　　) 않아야 한다. 예를 들어 스케이트 선수들은 넘어지면 안 된다는 부담감이 크다. 그러므로 감독은 선수에게 넘어지지 말라는 말 대신에 중심을 잡고 스케이트를 타라고 주의를 주는 것이 좋다.

1.　(　　　)에 들어갈 알맞은 것을 고르십시오.

　① 입 밖에 내지　　　　　② 눈 감아 주지
　③ 한 술 더 뜨지　　　　　④ 귓등으로 듣지

2.　이 글의 중심 생각을 고르십시오.

　① 감독은 선수가 실수를 반복하지 않도록 지도해야 한다.
　② 감독은 선수를 지도할 때 언어를 신중하게 선택해야 한다.
　③ 선수는 넘어져도 몇 번이고 다시 일어나려는 의지가 있어야 한다.
　④ 선수는 긍정적인 생각을 해서 경기에 대한 부담감을 없애야 한다.

1. ①　　2. ②

1. 말을 하지 말라는 표현이 들어가야 하므로 '소리를 밖으로 내다'는 관용적 표현인 ①이 답이 된다.

　② '다른 사람의 실수나 잘못된 점을 모른 척하다'는 의미이다.
　　예) 어머니는 내 잘못을 눈 감아 주셨다.
　③ '이미 있는 것도 어느 정도가 되는데 거기에서 한 걸음 더 나아가다'는 의미이다.
　　예) 지금 있는 일도 힘든데 한 술 더 떠 새로운 일까지 하게 되었다.
　④ '제대로 듣지 않다'는 의미이다.
　　예) 영수는 내 충고를 귓등으로도 듣지 않았다.

2. 이 글에서 중요한 말은 감독이 선수를 지도할 때 언어 사용에 주의해야 한다는 것이다. 선수가 부담을 느끼게 되면 좋은 성적을 올릴 수 없으므로 감독은 신중하게 선택해야 한다는 ②가 답이 된다.

　① 감독이 선수를 지도할 때 실수를 떠올리게 하는 말은 하지 않아야 한다는 말이므로 답이 될 수 없다.
　③ 선수에게 넘어지면 안 된다는 부담감이 크다고 했으므로 답이 될 수 없다.
　④ 감독이 선수에게 부담을 주면 안 된다는 내용이므로 답이 될 수 없다.

※ [3~4] 다음 글을 읽고 물음에 답하십시오.   

현대 사회는 인구의 증가와 산업의 발전으로 인해서 환경오염이 심각한 수준에 이르렀다. 그 중에서도 수질 오염은 우리의 생존과 직결되는 중요한 문제이기 때문에 이에 대해 우려하는 사람들이 많다. 그러나 오염을 막기 위한 구체적인 노력은 부족해 보인다. 수질 오염을 방지하기 위해서는 (   )라는 말처럼 우리가 생활 속에서 할 수 있는 작은 노력부터 시작하는 것이 중요하다. 이러한 실천이 하나씩 이루어질 때 우리 자녀들이 깨끗한 물을 안심하고 마실 수 있게 될 것이다.

3. (   )에 들어갈 알맞은 것을 고르십시오.

① 하나를 보면 열을 안다
② 천 리 길도 한 걸음부터
③ 소 잃고 외양간 고친다
④ 윗물이 맑아야 아랫물이 맑다

4. 이 글의 중심 생각을 고르십시오.

① 수질 오염이 심각한 상황에 이르렀다.
② 수질 오염에 대해 걱정하는 사람들이 많다.
③ 수질 오염으로 물을 안심하고 먹기가 어렵다.
④ 수질 오염을 막기 위한 노력을 빨리 해야 한다.

정답 3. ②   4. ④

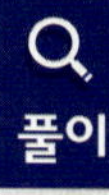

풀이

3. 작은 노력부터 시작하는 것이 중요하다는 말과 유사한 비유를 찾아야 하므로 ②가 답이 된다.

① '일부만 보고 전체를 미루어 안다'는 의미이다.
  예) 하나를 보면 열을 안다고 보고서 하나만 보아도 그 사람 성격을 알 수 있다.
③ '일이 이미 잘못된 뒤에는 손을 써도 소용이 없다'는 의미이다.
  예) 버스가 떠난 뒤에 손을 흔드는 것은 소 잃고 외양간 고치는 것과 마찬가지이다.
④ '윗사람이 잘하면 아랫사람도 따라서 잘하게 된다'는 의미이다.
  예) 윗물이 맑아야 아랫물이 맑듯 부모가 모범을 보이면 자녀들은 자연스럽게 부모의 좋은 습관을
    따라 하게 된다.

4. 이 글에서 중요한 내용은 현대 사회에 심각한 환경오염을 막기 위한 노력이 부족하다는 것이다.
  그중에서도 생존과 직결되는 수질 오염을 막기 위해서는 생활 속의 작은 노력부터 빨리 해야 한다는
  ④가 답이 된다.

① 상황에 대한 설명이지 글의 중심 생각이 아니므로 답이 될 수 없다.
② 수질 오염에 대해 걱정하는 사람들이 많다고 했지만 글의 중심 생각이 아니므로 답이 될 수 없다.
③ 작은 실천이 이루어질 때 깨끗한 물을 안심하고 마실 수 있게 될 것이라고 했으므로 답이 될 수 없다.

글쓴이의 심정 파악하기 + 세부 내용 파악하기   23~24번

글쓴이의 심정 파악하기 전략	글 속에 나타난 인물의 심정이나 기분을 파악한다.

※ [1~2] 다음을 읽고 물음에 답하십시오.   37회 23~24번

정신없이 세 아이를 키우면서 내가 미처 생각하지 못한 것이 있었다. 그것을 깨닫게 된 것은 얼마 전 세 딸을 목욕시키면서였다. 나는 늘 그랬듯이 씻기기 편한 막내부터 씻겨 욕실에서 내보냈고 그 다음에는 둘째를 씻겼다. 그리고 나서 첫째를 씻기려고 하는데 아이가 고개를 푹 숙인 채 앉아서 꼼짝도 하지 않았다. 내가 몇 번이나 좋은 말로 타이르자 그제야 "왜 내가 항상 마지막이야?"라고 울먹이며 말했다. <u>순간 머리를 한 대 얻어맞은 것 같았다</u>. 어린이집에 보내려고 옷을 입히고 머리를 빗겨 줄 때 항상 "동생들 하고 나서 해 줄게."라고 하며 첫째를 기다리게 했던 나의 모습이 떠올랐다.

1. 밑줄 친 부분에 나타난 나의 기분으로 알맞은 것을 고르십시오.

   ① 답답하다   ② 서운하다
   ③ 당황스럽다   ④ 불만스럽다

2. 이 글의 내용과 같은 것을 고르십시오.

   ① 나는 첫째부터 목욕시키려고 했다.
   ② 첫째는 늘 동생에게 양보해야 했다.
   ③ 첫째는 자신의 마음을 자주 표현했다.
   ④ 나는 첫째가 씻지 않으려고 해서 화를 냈다.

풀이

1. 늘 동생부터 챙기고 첫째가 가장 마지막이었던 것에 대해 첫 아이가 울먹이며 불만을 이야기하자 놀랐다는 내용이므로 ③이 답이 된다.

① '뜻대로 되지 않아 속상하고 안타깝다'는 의미이다.
　예) 몇 번이나 말을 해도 내 말을 못 알아듣는 동생이 답답했다.
② '아쉽거나 섭섭한 마음이 있다'는 의미이다.
　예) 떠난다는 친구의 말에 서운한 마음이 들었다.
④ '마음에 들지 않다'는 의미이다.
　예) 뭔가 불만스러운 일이 있으면 언제든지 이야기해라.

2. 항상 "동생들 하고 나서 해 줄게."라고 하며 첫째를 기다리게 했다고 했으므로 ②가 답이 된다.

① 막내부터 씻기고 첫째는 가장 마지막이었다고 했으므로 답이 될 수 없다.
③ 늘 표현하지 않고 그냥 넘어갔기 때문에 첫째가 불만이 있던 것을 몰랐던 것이므로 답이 될 수 없다.
④ 첫째는 씻지 않으려고 한 것이 아니라 기다리게 되는 것이 싫었던 것이므로 답이 될 수 없다.

　　학창시절 내내 서울 생활을 꿈꿨던 나는 대학에 합격하면서 그토록 바라던 서울에서 살게 되었다. 시간제 아르바이트를 하는 것만으로는 생활하기가 빠듯해서 늘 허덕거려야 했다. 당연히 어머니와의 전화 통화는 주로 돈 이야기가 되어 버렸다.
　　"아휴, 여기서 대학 다녔으면 그렇게 돈 걱정은 안 해도 됐을걸. 서울까지 가서 마음 편히 공부도 못하고, 엄마가 제대로 도와주지 못해 미안해."
　　어머니가 고생하는 딸이 안쓰러워서 하는 말에 <u>눈물이 핑 돈 적도 있었다</u>. 전액 장학금을 주겠다는 지방 대학을 포기하고 택한 서울행이었다. 그런데 매번 돈타령이나 하면서 가뜩이나 형편이 어려운 부모님에게 마음의 부담만 더한 꼴이 된 것 같았다.

3. 밑줄 친 부분에 나타난 나의 심정으로 알맞은 것을 고르십시오.

　　① 곤란하다　　　　　　　② 속상하다
　　③ 답답하다　　　　　　　④ 억울하다

4. 이 글의 내용과 같은 것을 고르십시오.

　　① 나는 아르바이트를 해서 생활비가 넉넉했다.
　　② 나는 대학에 합격하기 전부터 서울에 살고 있었다.
　　③ 부모님은 형편이 어려운데도 많은 돈을 보내 주셨다.
　　④ 나는 서울 생활의 꿈을 이루기 위해 장학금을 포기했다.

3. 어머니가 하는 말에 눈물이 핑 돌았다는 말은 마지막 문장과 같이 형편이 어려운 부모님에게 부담만 더한 꼴이 되었기 때문이라고 생각할 수 있으므로 ②가 답이 된다.

① '어떻게 해야 할지 몹시 어렵고 힘들다'는 의미이다.

예) 들어주기 어려운 부탁을 받으면 어떻게 해야 할지 곤란하다.

③ '뜻대로 되지 않아 속상하고 안타깝다'는 의미이다.

예) 몇 번이나 말을 해도 내 말을 못 알아듣는 동생이 답답했다.

④ '아무 잘못이 없는데 꾸중을 듣거나 벌을 받거나 하여 분하고 답답하다'는 의미이다.

예) 잘못도 안 했는데 선생님께 꾸중을 듣는 것이 너무 억울했다.

4. 전액 장학금을 주겠다는 지방 대학을 포기하고 택한 서울행이라고 했으므로 ④가 답이 된다.

① 시간제 아르바이트를 하는 것만으로는 생활이 빠듯하다는 말은 어렵다는 의미이므로 답이 될 수 없다.

② 대학에 합격하면서 서울에서 살게 되었다고 했으므로 답이 될 수 없다.

③ 엄마가 제대로 도와주지 못해 미안하다고 했으므로 답이 될 수 없다.

전략	주어진 기사 제목을 보고 그 의미를 잘 나타낸 문장을 찾아야 한다. 명사 또는 앞뒤 내용의 연관 관계를 파악하여 잘 풀어 쓴 것을 고른다.

※ 다음은 신문 기사의 제목입니다. 가장 잘 설명한 것을 고르십시오.　37회 27번　36회 27번

1.

대형 마트 불황, 재래시장 매출은 나 홀로 '쑥쑥'

① 대형 마트와 재래시장은 불황 속에서도 매출이 상승하였다.
② 대형 마트의 매출이 상승하면서 재래시장의 매출도 올랐다.
③ 불황이지만 대형 마트와 재래시장은 매출에 영향을 받지 않았다.
④ 대형 마트는 매출에 어려움이 있지만 재래시장은 매출이 올랐다.

2.

새 부동산 정책, 효과 놓고 의견 엇갈려

① 새 부동산 정책이 거둔 효과에 사람들의 관심이 쏠렸다.
② 사람들이 새 부동산 정책이 거둘 효과를 기대하고 있다.
③ 사람들의 의견으로 효과적인 새 부동산 정책이 세워졌다.
④ 새 부동산 정책의 효과에 대해 사람들의 의견이 나뉘었다.

풀이

1. '쑥쑥'은 갑자기 많이 커지거나 자라는 모양을 의미하므로 불황인 대형마트와 반대로 재래시장의 매출은 크게 증가하고 있음을 알 수 있다. 따라서 상반된 내용을 가장 잘 설명한 ④가 답이 된다. ①, ②는 대형마트와 재래시장 모두 매출이 올랐다는 내용이므로 답이 될 수 없다. ③은 대형마트가 매출이 좋지 않다는 내용과 맞지 않으므로 답이 될 수 없다.

2. '엇갈리다'는 생각이나 주장이 같지 않다는 의미이므로 새 부동산 정책의 효과에 대해 의견이 서로 다르다는 것을 알 수 있다. 효과에 관심이 쏠리거나 효과를 기대한다는 ①, ②는 답이 될 수 없다. 사람들의 의견 때문에 부동산 정책이 세워진 것도 아니므로 ③도 답이 될 수 없다. 따라서 문장의 의미를 가장 잘 설명한 ④가 답이 된다.

읽기

※ **다음은 신문 기사의 제목입니다. 가장 잘 설명한 것을 고르십시오.** 

3.

딱딱한 졸업식은 이제 그만, 이색 행사 만발

① 특별한 행사들로 인해 앞서 진행되던 졸업식이 중단되었다.
② 특색 없는 졸업식을 반대하는 학생들의 움직임이 증가하고 있다.
③ 재미없는 졸업식 대신 외부 행사에 참여하는 학생들이 늘고 있다.
④ 형식적이던 졸업식이 여러 가지 특별한 행사들로 다채로워지고 있다.

4.

유가 급등, 물가 관리 '빨간 불'

① 기름 값이 서서히 올라서 물가를 관리하기가 쉬워질 것으로 예상된다.
② 기름 값이 급격히 올라서 물가 관리에 어려움을 겪을 것으로 예상된다.
③ 기름 값이 서서히 떨어져서 물가를 관리하기가 쉬워질 것으로 예상된다.
④ 기름 값이 급격히 떨어져서 물가 관리에 어려움을 겪을 것으로 예상된다.

정답 3. ④   4. ②

풀이

3. 앞뒤 문장은 서로 대조되는 내용으로, 딱딱한 졸업식 대신에 어떤 행사가 이루어지고 있음을 알 수 있다. 행사가 원인이 되어 졸업식이 중단된 것이 아니므로 ①은 답이 될 수 없으며, '만발'은 '증가하다', '늘다', '다채롭다'와 바꿔 쓸 수 있지만 행사가 늘어난 것이지 학생들이 증가한 것은 아니므로 ②, ③ 번도 답이 될 수 없다. 따라서 뒤 문장의 의미를 가장 잘 설명한 ④가 답이 된다.

4. '급등'이란 급격하게 오른다는 의미이며 '빨간 불'은 신호등의 빨간 불처럼 진전이 안 되고 어렵다는 의미이므로 ②가 답이 된다.

※ **다음은 신문 기사의 제목입니다. 가장 잘 설명한 것을 고르십시오.** 고 25회 31번 고 24회 31번

5.

한국 영화 줄줄이 흥행, 극장가 북적

① 한국 영화가 잇따라 흥행에 성공하여 극장가가 붐비고 있다.
② 한국 영화가 한창 흥행하고 있지만 극장가가 예전 같지 않다.
③ 한국 영화가 갑자기 흥행하기 시작하자 극장가가 붐비고 있다.
④ 한국 영화가 점차 흥행에 성공하고 있지만 극장가가 예전 같지 않다.

6.

때 이른 더위, 여름 상품 매출은 연일 상승 곡선

① 더위가 일찍 시작되는 바람에 여름 상품의 가격이 갑자기 올랐다.
② 더위가 일찍 시작됨에 따라 여름 상품의 판매량이 나날이 늘고 있다.
③ 더위가 일찍 시작되는 바람에 여름 상품의 생산이 차츰 많아지고 있다.
④ 더위가 일찍 시작됨에 따라 여름 상품의 판매 시기가 한발 앞당겨졌다.

정답 5. ①　　6. ②

5. '줄줄이'는 '연이어', '잇따라'와 같이 어떤 상황이 계속 일어난다는 의미이고 '북적이다'는 사람들이 많이 몰려 붐빈다는 의미이므로 ①이 답이 된다.

6. '때 이른 더위'라는 것은 더위가 일찍 시작되었다는 말이고 '여름 상품 매출은 연일 상승 곡선'이라는 것이며 앞 문장이 뒤 문장의 이유가 되고 있으므로 '-는 바람에'와 '에 따라'의 표현이 모두 가능하지만 '매출의 상승'은 '판매량이 늘고 있다'는 의미와 어울리므로 ②가 답이 된다.

빈칸에 알맞은 표현 고르기

28~31번

전략	글의 전체 내용을 파악한 후 빈칸 앞뒤의 내용과 선택지의 표현을 비교해 보고 적당한 표현을 고른다. 제시문에 있는 내용을 풀어 쓰거나 유사한 표현으로 바꿔 쓴 것을 찾는다.

※ 다음을 읽고 (　　　)에 들어갈 내용으로 가장 알맞은 것을 고르십시오.　37회 28번

1.

아무리 훌륭한 내용의 글이라도 제목이 읽는 이의 시선을 끌지 못한다면 그 글은 사람들의 관심을 얻지 못한다. 독자의 관심을 끌 수 있는 방법은 (　　　　　　) 제목을 짓는 것이다. 예를 들면 '돈을 관리하는 방법'보다는 '어느 날 당신에게 천만 원이 생긴다면?'이라는 제목이 더 좋다. 이렇게 독자의 입장에서 제목을 붙이면 흥미를 유발하여 독자의 시선을 끌 수 있다.

① 독자에게 신뢰를 주는
② 독자에게 새로운 정보를 주는
③ 독자가 자기 일처럼 느껴지게 하는
④ 독자가 내용을 쉽게 추측하게 하는

정답　1. ③

풀이　독자의 입장에서 제목을 붙이면 자기 일처럼 느껴지고 흥미를 유발하여 독자의 시선을 끌 수 있다는 내용이므로 ③이 답이 된다.
①, ②, ④ 관계가 없으므로 답이 될 수 없다.

2.

> 　　강한 자외선으로부터 눈을 보호하기 위해 선글라스 착용의 필요성이 강조되고 있다. 선글라스가 처음 개발되었을 때는 그 용도가 지금과 달랐다. 선글라스는 원래 법관들이 자신의 눈을 가리기 위해 쓰던 것이었다. 냉정하게 심문을 해야 하는 법관들이 눈을 통해 자신의 감정이 읽히는 것을 차단할 목적으로 사용하였다. 즉 심문을 할 때 자신의 (   ) 범죄인의 의중을 파악하기 위한 도구였던 것이다.

① 지위를 드러내지 않으면서
② 감정을 과장되게 표현하면서
③ 판단이 정확함을 증명하면서
④ 심리를 노출시키지 않으면서

정답　2. ④

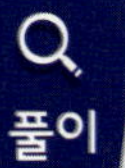

선글라스는 원래 법관들이 눈을 통해 자신의 감정이 상대방에게 드러나는 것을 방지할 목적으로 사용했다는 말이므로 ④가 답이 된다.

①, ③ 제시문에 없는 내용이므로 답이 될 수 없다.
② 감정이 읽히는 것을 차단할 목적으로 사용한 것이므로 답이 될 수 없다.

3.

> 　아이스크림의 부드러움을 결정짓는 중요한 요소는 바로 공기이다. 숙성된 아이스크림 원료에 공기를 주입하면 부피가 점점 늘어나면서 조직이 부드러워지게 된다. 즉, 불어넣은 공기의 비율이 높을수록 부드러운 아이스크림이 되는 것이다. 그런데 한번 녹은 아이스크림은 다시 얼리더라도 이전처럼 부드러워지지 않는다. 원료에 숨어 있던 (　　　　　　) 딱딱한 얼음 결정이 생기게 되어 부드러운 맛이 사라지는 것이다.

① 공기가 빠져나가면서
② 공기의 부피가 늘어나서
③ 공기의 비율을 잘못 조정해서
④ 공기가 원료를 부드럽게 해서

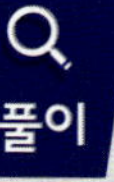

정답　3. ①

풀이　아이스크림 원료에 공기를 주입하면 부드러워진다고 했는데 한번 녹은 아이스크림은 다시 부드러워지지 않는다고 했다. 이것은 공기가 없어졌다는 말이므로 ①이 답이 된다.

② 부피가 늘어나면 부드러워지므로 반대 내용이 되어 답이 될 수 없다.
③ 공기의 비율을 일부러 조정한 것은 아니므로 답이 될 수 없다.
④ 부드러워지지 않는 이유를 말해야 하므로 답이 될 수 없다.

4.

> 　인간은 (　　　　　　　　) 중심으로 세상일을 받아들인다. 연인과 헤어진 뒤 듣는 노래 가사는 전부 자신의 이야기인 양 생각하고, 어쩌다 머리 모양이 마음에 안 드는 날은 모두 자기만 쳐다보는 것처럼 느끼기도 한다. 고등학생은 이 세상에 자기들만 사는 것처럼 행동하고, 아이를 임신한 사람은 길거리에서 유난히 임신부만 눈에 들어온다. 이렇듯 우리는 세상의 많은 사건들에 자신을 투영해 유사성을 발견하고 이에 공감하며 살아간다.

① 자기 자신을
② 세상의 사건을
③ 눈에 보이는 일을
④ 같은 입장에 있는 사람을

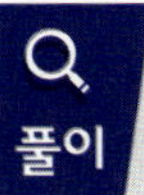

정답　4. ①

풀이　세상의 많은 사건들에 자신을 투영한다는 것은 세상일의 중심에 자신이 있다는 의미이므로 ①이 답이 된다.

② 세상의 사건에서 자신과의 유사성을 찾는 것이지 사건을 중심으로 여기는 것은 아니므로 답이 될 수 없다.
③ 제시문에 없는 내용이므로 답이 될 수 없다.
④ 자신을 투영한다는 것과 반대되는 내용이므로 답이 될 수 없다.

※ 다음을 읽고 (   )에 들어갈 내용으로 가장 알맞은 것을 고르십시오.　고 28회 45번

5.

　　상품의 가격을 20,000원이 아니라 19,900원 혹은 19,000원으로 제시하면 단지 백 원, 천 원밖에 차이가 나지 않는데도 소비자들은 20,000원짜리에 비해 많이 싸다고 느끼게 된다. 이것은 사람들이 (　　　　　　　) 심리를 가지고 있기 때문이다. 사람들은 대개 숫자를 왼쪽에서 오른쪽으로 읽기 때문에 숫자를 볼 때 좌측에 놓인 숫자에 집중하게 된다고 한다. 20,000원짜리 상품이 19,000원으로 바뀌면 천 원의 차이가 아니라 첫 자리인 만 원의 변화로 인식해 마치 가격이 크게 떨어졌다고 느끼게 되는 것이다.

① 왼쪽 자리 수에 민감하게 반응하는
② 반복되는 숫자에 호기심을 갖게 되는
③ 끊임없이 상품의 가격을 비교하게 되는
④ 큰 것보다 오히려 작은 변화에 더 집중하는

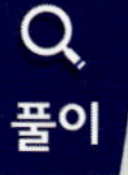

정답　5. ①

풀이　숫자를 인지하는 사람들의 심리에 대해 이야기하고 있다. 사람들은 숫자를 왼쪽에서 오른쪽으로 읽기 때문에 좌측의 숫자에 더 집중한다고 했으므로 ①이 답이 된다.

② 반복되는 숫자에 호기심을 갖는 것이 아니라 변화에 집중하는 것이므로 답이 될 수 없다.
③ 가격 변화를 어떻게 인식하느냐에 대한 것이지 가격을 비교한다는 말은 아니므로 답이 될 수 없다.
④ 변화의 크기와는 상관이 없으므로 답이 될 수 없다.

※ 다음을 읽고 (   )에 들어갈 내용으로 가장 알맞은 것을 고르십시오.　고 27회 45번

6.

> 　레슬링 선수들의 귀는 모양이 비틀어지고 일그러져 하나도 성한 것이 없다고 한다. 매일매일 뼈를 깎는 고통을 참으며 체육관 바닥에 수없이 뒹굴고 얼굴을 부딪치며 훈련했기 때문이다. 세계적으로 유명한 운동선수나 예술가들도 지금의 자리에 오르기까지는 오랜 시간 남모르는 고통과 피나는 노력이 있었을 것이다. 성취는 (　　　　　　). 아무리 재능이 뛰어난 사람이라도 성실함이 없으면 성공할 수 없는 것이다.

① 타고난 능력 또한 중요하다
② 노력만으로 되는 것은 아니다
③ 어릴 때부터의 소질도 중요하기 때문이다
④ 하루아침에 그냥 이루어지지 않기 때문이다

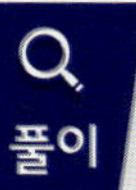

정답　6. ④

풀이　성공한 사람들의 피나는 노력에 대해 이야기하고 있다. 빈칸 뒤의 문장에서 재능이 뛰어나더라도 성실하지 못하면 성공할 수 없다고 했기 때문에 ④가 답이 된다.

① 타고난 능력이 아무리 뛰어나도 성실함이 없으면 성공할 수 없다고 했기 때문에 답이 될 수 없다.
② 선천적 재능과 성실한 노력이 함께 해야 한다고 했기 때문에 답이 될 수 없다.
③ 소질은 재능을 말하는 것이므로 답이 될 수 없다.

※ 다음을 읽고 (   )에 들어갈 내용으로 가장 알맞은 것을 고르십시오. 고 26회 45번

7.

> 비 오는 날이면 부침개 집과 칼국수 집이 잘된다고 한다. 부침개 반죽을 잘 달아오른 프라이팬에 넣을 때 치직거리며 기름 튀는 소리는 창문에 들이치는 빗소리와 닮았고, 칼국수 끓일 때 김이 퐁퐁 나면서 나는 소리는 빗방울이 떨어지는 소리와 유사하기 때문이다. 이처럼 소리는 두뇌의 연상 기억력을 자극한다. 청각은 두뇌의 상상력을 동원해 (   ) 떠올리게 만든다.

① 소리에서 느껴지는 음식의 맛을
② 소리에서 생성되는 여러 장면들을
③ 소리에서 유발되는 음식의 냄새를
④ 소리에서 음식에 사용된 재료들을

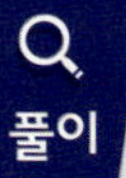

정답 7. ②

풀이 비 오는 날에 부침개와 칼국수 집이 잘 되는 이유에 대해 이야기하고 있다. 프라이팬에서 기름 튀는 소리는 빗소리와 닮았고, 김이 날 때 나는 소리는 빗방울 떨어지는 소리와 유사하다고 했으므로 소리로 상상할 수 있는 여러 장면을 말하고 있는 것이다. 따라서 ②가 답이 된다.

① 맛을 이야기하고 있는 것은 아니므로 답이 될 수 없다.
③ 소리와 청각을 이야기하고 있는 것이지 냄새, 즉 후각을 말하는 것은 아니므로 답이 될 수 없다.
④ 재료를 말하고 있는 것은 아니므로 답이 될 수 없다.

※ 다음을 읽고 (   )에 들어갈 내용으로 가장 알맞은 것을 고르십시오. `고 24회 46번`

8.

> 한옥의 공간적 특징 중 하나로 (   ) 점을 꼽을 수 있다. 한옥의 문을 모두 열면 각목으로 짠 상자 뼈대처럼 되는데, 여기서부터 문을 하나씩 달을 때마다 집은 끊임없이 다양하게 변한다. 뚫리고 막히는 방향과 정도를 마음대로 조절할 수 있다. 이쪽을 막고 저쪽을 뚫을 수도 있고, 이쪽저쪽 다 막고 요쪽만 뚫을 수도 있다. 가히 가변형의 최고봉이라 할 만하다.

① 꽉 짜여서 사방에 빈틈이 없다는
② 간단한 방법으로 조립하기에 용이한
③ 자유자재로 구조 변형이 가능하다는
④ 요모조모 따져 보고 매매할 수 있다는

정답 8. ③

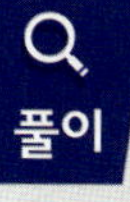

풀이

한옥의 특징에 대해서 이야기하고 있다. 이때 빈칸을 포함하는 문장이 그 뒤에 나오는 한옥에 대한 설명을 모두 포함하는 중심 문장이어야 한다. 그리고 다양하게 변하는 한옥의 특징을 이야기하고 있으므로 ③이 답이 된다.

① 빈틈이 없다는 말은 하지 않았으므로 답이 될 수 없다.
② 간단하다와 조립한다는 말은 하지 않았으므로 답이 될 수 없다.
④ 한옥의 매매에 대한 말은 하지 않았으므로 답이 될 수 없다.

※ **다음을 읽고 내용이 같은 것을 고르십시오.**　고 28회 42번

1.

> 　인간을 비롯한 모든 생물은 세포라는 기본 단위로 구성되는데, 이 세포는 매우 작아 눈으로는 식별할 수 없다. 세포가 이렇게 작은 크기로 존재하는 것은 세포의 사멸에 의한 피해가 크지 않도록 하기 위해서이다. 만약 세포가 주먹만큼 크다면 우리 신체는 사고나 질병 등으로 인해 세포 하나가 죽을 경우 주먹만 한 부위의 손실을 입게 된다. 이럴 경우 세포 한두 개를 잃는 것만으로도 생존에 타격을 입을 수 있다.

① 세포 크기와 세포의 생존은 상관관계가 없다.
② 질병에 대한 저항력은 세포의 크기가 클수록 강하다.
③ 세포를 한두 개 잃는 것으로도 생명이 위험해질 수 있다.
④ 세포의 크기가 작은 것은 생물의 생존에 유리하기 때문이다.

정답　1. ④

풀이

세포에 대해 이야기하고 있다. 세포가 작은 크기로 존재하는 것은 세포의 사멸에 의한 피해가 크지 않도록 하기 위한 것이며, 이는 생존에 유리하기 때문이라는 말과 바꿀 수 있으므로 ④가 답이 된다.

① 세포 크기와 생물 생존의 상관관계에 대한 내용이므로 답이 될 수 없다.
② 세포의 크기가 클수록 사고나 질병으로 인한 피해가 커질 것이므로 답이 될 수 없다.
③ 세포를 한두 개 잃었을 때 생명이 위험해지는 것은 세포 크기가 크다고 가정했을 때의 결과이지 사실이 아니므로 답이 될 수 없다.

※ 다음을 읽고 내용이 같은 것을 고르십시오.

2.

　　가상의 공간에서 진행되는 외국어 수업이 학습자들의 관심을 끌고 있다. 여러 사람이 사이버 공간에 들어와 자신의 캐릭터를 만들고 서로 만나 외국어로 의사소통을 한다. 현실에서 소극적이고 부끄러움을 많이 타는 사람들도 가상의 공간에서는 익명성이 보장되므로 마음껏 자신의 생각이나 의견을 표현한다. 이 가상 수업은 게임처럼 여겨져서 흥미를 잃지 않고 계속할 수 있다는 장점도 있다.

① 학습자들은 이 가상 수업에 실명으로 참여해야 한다.
② 이 수업은 재미있는 게임으로 구성되어 지루하지 않다.
③ 가상 공간보다 실제 교실이 외국어 학습에 더 효과적이다.
④ 이 수업에는 평소 활발하지 않은 사람들도 적극적으로 참여한다.

정답　2. ④

가상 공간에서의 외국어 수업에 대해 이야기하고 있다. 소극적인 사람들도 마음껏 생각이나 의견을 표현한다고 했으므로 ④가 답이 된다.

① 익명성이 보장된다고 했으므로 답이 될 수 없다.
② 게임처럼 여겨진다고 했지 게임으로 구성되었다는 말은 아니므로 답이 될 수 없다.
③ 가상 공간에서의 수업이 관심을 끌고 있는 이유에 대해 말하고 있으므로 답이 될 수 없다.

※ 다음을 읽고 내용이 같은 것을 고르십시오.

3.

> 할미꽃은 구부러진 줄기의 모습이 허리 굽은 할머니를 연상시키고 열매를 가득 덮은 흰색 털이 할머니의 흰머리를 떠올리게 해서 할미꽃이란 이름을 가지게 되었다고 한다. 또한 입에서 입으로 전해지는 이야기에 따르면 정성껏 키워 시집보낸 손녀를 그리워하다가 홀로 쓸쓸히 숨을 거둔 할머니의 무덤 옆에 할미꽃이 피어났다고 한다. 이 꽃의 꽃말인 '슬픈 추억' 역시 허리 굽은 백발 할머니의 쓸쓸하고 슬픈 모습을 연상시킨다.

① 할미꽃은 강인한 한국의 전통적 할머니상을 상징한다.
② 할미꽃의 꽃말은 쓸쓸한 할머니의 모습을 떠올리게 한다.
③ 할머니의 무덤에 놓여 있는 꽃이 할미꽃 전설의 소재가 되었다.
④ 할미꽃과 관련된 이야기는 예로부터 전해지는 역사 속 사실이다.

정답 3. ②

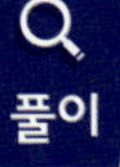

풀이 할미꽃에 대해 이야기하고 있다. 할미꽃의 꽃말인 '슬픈 추억'이 할머니의 쓸쓸하고 슬픈 모습을 연상시킨다고 했으므로 ②가 답이 된다.

① 허리가 굽어 쓸쓸하고 슬픈 모습을 연상시킨다고 했지 강인한 할머니상을 말하는 것은 아니므로 답이 될 수 없다.
③ 할머니의 무덤 옆에 피어났다고 했지 놓여 있는 것이 아니므로 답이 될 수 없다.
④ 입으로 전해지는 이야기라고 했지 역사 속의 사실을 말한 것은 아니므로 답이 될 수 없다.

4.

> 　앞으로는 신용 카드 해지가 한결 수월해질 전망이다. 금융위원회는 카드해지 시도 시 카드 회사들이 상담원 연결을 지연시키거나 연회비 면제, 포인트 적립을 제안하여 카드 유지를 유도하는 행위를 금지하기로 했다. 특히 1년 이상 사용하지 않은 휴면 카드는 카드사가 고객에게 해지 여부를 물어야 하며, 고객의 응답이 없으면 사전 통보를 거쳐 자동으로 해지할 수 있게 했다.

① 향후 신용 카드 연장 절차가 간소화될 전망이다.
② 지금까지는 신용 카드 해지를 전화로 신청할 수 없었다.
③ 앞으로 휴면 카드 보유 건수가 늘어날 것으로 예상된다.
④ 이제부터 고객의 동의가 없어도 휴면 카드 해지가 가능하다.

정답　4. ④

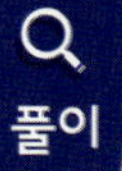

풀이　신용 카드 해지에 대해 이야기하고 있다. 고객의 응답이 없을 경우, 사전 통보를 거쳐 자동으로 해지할 수 있다고 했으므로 ④가 답이 된다.

① 해지에 대해 이야기하고 있지 연장을 말하는 것은 아니므로 답이 될 수 없다.
② 전화 연결이 지연된다고 했지 신청할 수 없었다는 말은 아니므로 답이 될 수 없다.
③ 1년 이상 사용하지 않은 휴면 카드는 고객에게 해지 여부를 묻고 해지할 수 있다고 했지 휴면 카드 보유가 늘어나는 것은 아니므로 답이 될 수 없다.

5.

> 　선비는 조선 시대에 유교적 이념을 생활 속에서 구현하던 사람이다. 선비에게는 학문에 정진하는 일 외에도 가정을 다스리는 일과 손님을 접대하는 일이 중시되었다. 선비는 부모를 받들어 공경하고 또 예의를 갖춰 조상신을 모심으로써 친족 공동체의 유대 의식을 강화했다. 또한 손님을 잘 접대함으로써 사회 공동체에서 인간관계를 넓히는 데 노력하였다. 집에 손님이 많이 드나드는 것이 곧 가문이 융성하다는 것을 의미한다고 여겼기 때문이다.

① 선비는 제사를 통해 친족 간의 관계를 돈독히 했다.
② 선비는 현실의 유교적 관습을 개혁하려고 노력했다.
③ 선비는 사회 공동체보다 가정을 우선적으로 생각했다.
④ 선비는 손님 접대를 통해 가문을 융성하게 만들려고 했다.

정답　5. ①

조선 시대 선비에 대해 이야기하고 있다. 선비는 조상신을 모심으로써 친족 공동체 유대 의식을 강화한다고 했으므로 ①이 답이 된다.

② 선비는 유교적 이념을 생활 속에서 구현하던 사람이라고 했으므로 답이 될 수 없다.
③ 사회 공동체와 가정을 비교하지 않았으므로 답이 될 수 없다.
④ 선비는 손님을 접대하여 인간관계를 넓힌다고 했지 가문을 말한 것은 아니므로 답이 될 수 없다.

6.

> 　분수 설계자는 분수를 하나의 예술 작품으로 승화시키는 일을 한다. 이들은 음악 분수, 바닥 분수, 인공 폭포 등 다양한 형태의 시설을 설계하고 디자인한다. 이들에게 분수는 단지 물이 뿜어져 나오는 구조물이 아니다. 그림을 그려 넣어 미술관 같은 분수로, 조명을 비추어 생동하는 분수로, 음악을 틀어 연주하는 분수로 작품화하는 것이다. 분수는 우리에게는 단지 조형물일 뿐이지만 분수 설계자에게는 하나의 작품인 것이다.

① 음악 분수는 빛과 리듬으로 물을 솟아오르게 한다.
② 분수를 설계하는 일은 예술 작품을 만드는 것이다.
③ 미술관에 설치된 분수들은 주로 그림이 그려져 있다.
④ 분수를 설계하여 도시를 자연 친화적으로 바꿀 수 있다.

정답　6. ②

풀이　분수의 설계자에 대해 이야기하고 있다. 이들에게 분수는 단지 설계와 디자인을 하는 것이 아니라 작품화한다고 했으므로 ②가 답이 된다.

① 음악 분수는 음악을 틀어 연주하는 분수라고 했지 빛과 리듬으로 물을 솟아오르게 한다는 말은 하지 않았으므로 답이 될 수 없다.
③ 미술관 같은 분수라고 했지 미술관에 설치된 분수라는 말은 하지 않았으므로 답이 될 수 없다.
④ 분수를 설계하는 것은 하나의 작품이라고 했지 도시와 친화적이라는 말은 하지 않았으므로 답이 될 수 없다.

전략 주제문은 글에서 말하고자 하는 중심 내용이 담긴 문장이므로 그것에 대한 배경 또는 추가 설명하는 문장과 구분해야 한다.

※ 다음 글의 주제로 가장 알맞은 것을 고르십시오.

37회 37번

1.

> 기술 경쟁력이 중요한 시대가 되면서 무형 자산에 대한 금융권의 자금 지원이 확대되고 있다. 이때 중요한 것이 이공계 출신 인재의 역할이다. 그들은 첨단 기술에 대한 지식을 바탕으로 보통 사람들은 잘 모르는 무형자산의 가치를 판단해 내는 역할을 한다. 따라서 기업의 성장 가능성에 대해 제대로 평가하기 위해서는 금융권 내에서 이공계 출신 전문 인력이 차지하는 비중이 높아져야 한다.

① 금융권에서 이공계 출신 인력의 채용이 확대되어야 한다.
② 금융권 내에서 고용인에 대한 재교육이 실시되어야 한다.
③ 무형 자산에 대한 금융권의 자금 지원이 증가되어야 한다.
④ 금융권에서 직원을 재교육시키는 방법이 변화되어야 한다.

정답 1. ①

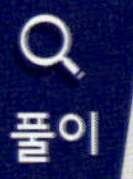

무형 자산의 중요성에 대해 말하고 있다. 기업의 성장 가능성을 평가하려면 금융권 내의 이공계 출신 인력의 비중이 높아져야 한다고 했으므로 ①이 답이 된다.

② 금융권 내에서 고용인의 재교육에 대해 말하지 않았으므로 답이 될 수 없다.
③ 무형 자산에 대한 금융권의 자금 지원이 확대되고 있다고 했으므로 답이 될 수 없다.
④ 금융권 내에서 직원의 재교육 방법에 대해 말하지 않았으므로 답이 될 수 없다.

※ 다음 글의 주제로 가장 알맞은 것을 고르십시오. 37회 38번

2.

> 남극은 자원의 보고이자 자연 과학 연구의 최적지이다. 따라서 정부는 이번에 남극 연구를 세계 수준으로 끌어올리겠다는 취지에서 예산 투입계획을 발표했다. 매우 고무적인 일이기는 하나 아직은 갈 길이 멀다. 이미 많은 나라들은 남극 연구에 비약적인 발전을 이루고 있는데 비해 우리는 아직 시작 단계에 불과하기 때문이다. 이번 예산 지원을 기반으로 앞으로 체계적인 연구 활동이 이루어져야 한다.

① 장기적 남극 연구를 위해 예산 확보가 절실하다.
② 남극 자원 개발이 무분별하게 시행되어서는 안 된다.
③ 남극 연구를 위해서는 세계 여러 나라의 협력이 필수적이다.
④ 자원 개발과 과학 발전을 위해 남극 연구에 박차를 가해야 한다.

정답 2. ④

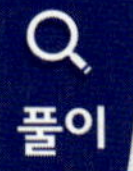

자원의 보고이자 자연 과학 연구의 최적지인 남극 연구에 정부가 예산 투입 계획을 발표했으며 이 예산을 기반으로 체계적인 연구 활동이 이루어져야 한다고 했으므로 ④가 답이 된다.

① 정부가 이미 예산 투입 계획을 발표했다고 했으므로 답이 될 수 없다.
② 남극 자원 개발이 무분별하게 시행된다는 내용은 말하지 않았으므로 답이 될 수 없다.
③ 남극 연구를 위해 여러 나라의 협력이 필요하다는 내용은 말하지 않았으므로 답이 될 수 없다.

※ 다음 글의 주제로 가장 알맞은 것을 고르십시오.

3.

> 최근 대중문화의 소비에 새로운 경향이 나타나기 시작했다. 과거에는 세대에 따라 흥미를 가지는 대중문화가 구별되어 있었다면 현재는 세대를 넘나드는 문화 콘텐츠들이 연령의 구분 없이 확산되고 있는 것이다. 예전에 유행했던 원로 가수들의 노래를 젊은 가수가 현대적인 감각으로 재해석해 부르면서 원곡이 폭발적인 인기를 얻기도 한다. 그런가 하면 랩을 하는 어르신, '아이돌' 가수의 춤을 추는 중년의 회사원 등 젊은 감각을 즐기는 연령층이 넓어지고 있다.

① 세대를 구분하는 대중문화가 늘어나고 있다.
② 대중문화에 대한 중년층의 관심이 높아지고 있다.
③ 원로 가수의 노래가 젊은이들의 관심을 끌고 있다.
④ 대중문화를 즐기는 세대 간의 경계가 사라지고 있다.

정답　3. ④

과거에는 세대에 따라 흥미를 가지는 대중문화가 구별되어 있었지만 현재는 문화 콘텐츠들이 연령의 구분 없이 확산되고 있다고 했다. 대중문화에서 세대의 구별이 없어지고 있다는 내용이므로 ④가 답이 된다.

① 상반되는 내용이므로 답이 될 수 없다.
② 중년의 회사원이 젊은 감각을 즐기는 경우를 예를 들어 소개했을 뿐 대중문화에 대한 중년층 전체의 태도라고 할 수 없으므로 답이 될 수 없다.
③ 대중문화에서 세대의 구별이 없어지고 있는 경우를 예를 들어 소개했을 뿐 주제라고 할 수 없으므로 답이 될 수 없다.

※ 다음 글의 주제로 가장 알맞은 것을 고르십시오.　　36회 37번

4.

> 　　요즘 치유를 목적으로 '힐링' 강연을 듣는 사람들이 점점 많아지고 있다. 현대인이 힐링에 열광하는 이유는 마음의 상처를 치유하고 실패에 대한 위로를 받고 싶어 하기 때문이다. 그러나 치유 열풍이 거센 것에 비해서 이를 통해 마음의 평화와 안정을 얻었다고 하는 사람들은 그리 많지 않다. 분위기에 휩쓸려 무작정 강연에 매달리기보다는 스스로를 치유할 수 있는 내면의 힘을 찾아야 할 것이다.

① 힐링 열풍이 꾸준히 이어지고 있다.

② 힐링의 성패는 자기 자신에게 달려 있다.

③ 힐링 강연으로 마음의 상처를 치유할 수 있다.

④ 힐링 강연을 통해 나만의 치유법을 찾아야 한다.

정답　4. ②

치유를 위해 힐링 강연을 듣는 사람은 많아지고 있지만 무조건 강연을 듣는 것보다 내면의 힘을 찾아야 치유할 수 있다는 내용이므로 ②가 답이 된다.

① 상황에 대해 말한 것이지 글쓴이가 하고 싶은 말이 아니므로 답이 될 수 없다.
③ 치유 열풍에 비해 마음의 평화와 안정을 얻는 사람들은 그리 많지 않다고 했으므로 답이 될 수 없다.
④ 스스로 치유법을 찾으라는 말이지 강연을 통해 찾으라는 말이 아니므로 답이 될 수 없다.

5.

> 　말을 하면서 사용하는 몸짓언어는 의도하지 않아도 상대방에게 어떤 의미를 전달하게 된다. 이야기 도중 내용을 강조하기 위해 손을 치켜드는 것, 이해가 되지 않을 때 미간을 찡그리는 것과 어깨를 으쓱 올리는 행동 등은 대화자 간의 의사소통의 흐름을 관리하고 조절해 준다. 몸짓언어를 잘 파악하는 사람은 상대의 마음을 잘 읽을 수 있어 보다 나은 소통자가 될 수 있다.

① 몸짓언어는 원활한 의사소통을 하는 데 도움이 된다.
② 하나의 몸짓언어에 담긴 다양한 의미를 알아야 한다.
③ 과도한 몸짓언어는 대화에 오히려 방해가 될 수 있다.
④ 의사소통을 할 때는 몸짓의 의미를 먼저 파악해야 한다.

정답　5. ①

풀이

몸짓언어를 잘 파악하는 사람은 보다 나은 소통자가 될 수 있다고 했으므로 ①이 답이 된다.

② 하나의 몸짓언어에 담긴 다양한 의미를 제시한 것이 아니라 여러 가지 몸짓언어의 예를 들었으므로 답이 될 수 없다.

③ 몸짓언어가 대화자 간의 의사소통의 흐름을 관리하고 조절해 준다고 했으므로 방해가 되는 것이 아니라 오히려 도움을 준다고 할 수 있다. 따라서 답이 될 수 없다.

④ 몸짓언어는 말을 하면서 의미를 전달하는 것이지 의사소통 전에 파악하는 것은 아니므로 답이 될 수 없다.

※ 다음 글의 주제로 가장 알맞은 것을 고르십시오.　　　고 27회 38번

6.

> 　　역사적 사건은 종종 선언과 함께 시작된다. 예를 들어 프랑스 혁명은 프랑스 인권 선언으로 시작됐고, 3·1 운동은 독립 선언과 함께 시작됐다. 역사적 선언뿐 아니라 개인적으로도 선언은 매우 뜻있는 일이다. 혼자 다짐하는 경우에는 나만의 약속이므로 상황에 따라 실천에 옮기지 않을 수도 있지만 선언은 공개적인 표명이므로 행동이 이어져야 한다. 다른 사람 앞에서 나의 결심을 드러내는 것은 혼자 다짐하는 것과는 큰 차이가 있는 것이다.

① 개인적 선언과 역사적 선언은 차이가 있다.
② 선언은 실천하겠다는 의지를 나타내는 말이다.
③ 실천 유무가 다짐과 선언을 구분하는 기준이다.
④ 공개적인 약속 못지않게 혼자의 다짐도 중요하다.

정답　6. ②

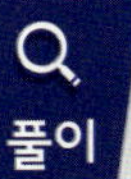
풀이

선언이 매우 뜻있는 것은 실천에 옮기지 않을 수도 있는 나만의 약속이 아니라 행동이 따라야 하는 공개적인 표명이기 때문이다. 선언이 혼자 다짐하는 것과 어떤 차이가 있는지를 잘 설명하고 있는 ②가 답이 된다.

① 역사적인 선언뿐 아니라 개인적 선언도 뜻있다고 했으므로 답이 될 수 없다.
③ 다짐은 실천하지 않을 수도 있다고 했지 실천하지 않는 것은 아니다. 실천의 유무로만 다짐과 실천을 구분할 수는 없으므로 답이 될 수 없다.
④ 혼자의 다짐보다 공개적인 약속이 뜻있는 이유를 말하고 있으므로 답이 될 수 없다.

7.

　　최근 고객 서비스의 제공 범위를 분명히 제시하는 기업이 늘고 있다. 서비스 제공에 앞서 가능한 것과 불가능한 것을 구분해 알려 줌으로써 처음부터 고객이 불가능한 서비스에 기대를 갖지 않게 하려는 것이다. 이렇게 제한 사항을 둠으로써 고객이 실망하는 일이 줄고 결과적으로 고객 만족도가 높아진다는 생각이다. 그러나 진정으로 고객을 만족시키기 위해서는 고객의 기대를 능가하는 서비스를 하려는 노력이 언제나 가장 우선해야 한다.

① 고객의 기대를 낮춤으로써 고객의 만족도를 높일 수 있다.
② 고객을 만족시키려면 고객을 실망시키지 않도록 해야 한다.
③ 고객을 만족시키려면 고객의 기대를 뛰어넘는 서비스를 해야 한다.
④ 고객의 기대에 맞춰 서비스를 다양화하면 고객의 만족도를 높일 수 있다.

정답　7. ③

풀이

기업들의 고객 서비스에 대해 이야기하고 있다. 기대를 뛰어넘는 서비스를 하는 것이 진정한 고객 만족으로 가장 중요하다고 했으므로 ③이 답이 된다.

① 불가능한 것을 미리 알려줌으로써 기대를 갖지 않게 하는 것은 진정한 고객 만족이 아니라고 했으므로 답이 될 수 없다.
② 실망이 줄면 고객 만족도가 높아진다는 것은 기업의 생각이므로 답이 될 수 없다.
④ 기대를 넘어서는 서비스를 하려는 노력이 필요하다고 했으므로 답이 될 수 없다.

8.

　　남자는 특정한 물건을 잘 찾지 못하지만 여자는 상대적으로 남자보다 쉽게 찾는다. 이것은 남자와 여자가 각각 다른 방식으로 환경에 적응한 데서 비롯되었다. 남자는 특정 목표물을 볼 수 있도록 시야가 좁게 조정되어 왔다. 좁은 시야는 사냥과 같이 멀리 있는 사물을 정확하게 보는 데 적합하기 때문이다. 반면, 여자는 아이를 보살피고 집을 수호해야 했기 때문에 집 주변을 감시할 수 있도록 시야가 넓게 조정된 것이다.

① 남자와 여자는 서로 경쟁하며 살아간다.
② 남자와 여자의 삶의 방식은 선천적으로 다르다.
③ 남자와 여자의 시야 차이는 환경에 순응한 결과이다.
④ 남자와 여자의 시야는 감시와 보호에 적합하도록 발달했다.

정답　8. ③

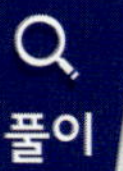
풀이

남자와 여자의 차이에 대해 비교하고 있다. 남자가 특정 물건을 잘 찾지 못하고, 여자가 쉽게 찾게 된 까닭에 대해서 설명하고 있다. '이것을 다른 방식으로 환경에 적응한 데서 비롯되었다.'라고 했으므로 ③ 이 답이 된다.

① 남자와 여자가 경쟁한다는 내용은 말하지 않았으므로 답이 될 수 없다.
② 삶의 방식이 선천적으로 다른 것이 아니고 남자는 사냥을 하고, 여자는 아이를 보살피는 후천적인 환경에 순응한 결과라고 하고 있으므로 답이 될 수 없다.
④ 여자가 감시와 보호에 적합하다고 했으므로 답이 될 수 없다.

글의 논리적 흐름 파악하기

39~41번

 제시문을 읽고 전체 내용을 파악한 후에 보기로 주어진 문장을 논리적인 흐름에 맞는 곳에 찾아 넣어야 한다. 이때 접속어를 통해 문장의 앞뒤 관계를 파악하는 것이 중요하다.

※ 다음 글에서 〈보기〉의 문장이 들어가기에 가장 알맞은 곳을 고르십시오. 37회 40번

1.

효과적인 약물 치료를 위해서는 무엇보다 복용 방법을 정확히 지키는 것이 중요하다. (㉠) 복용법을 제대로 숙지하지 못하면 의약품을 부적절하게 사용해서 문제가 발생하기도 한다. (㉡) 그래서 지난 여름부터 약 판매 시 '그림복약지도서'를 제공해 주는 제도가 시행되고 있다. (㉢) 약품의 용법, 용량 등을 그림으로 표시해 시각적 효과를 살리고 이해도를 높인 것이다. (㉣)

〈보기〉

이처럼 그림복약지도서는 안전한 의약품 사용을 유도한다는 긍정적 효과가 있다.

① ㉠   ② ㉡   ③ ㉢   ④ ㉣

정답 1. ④

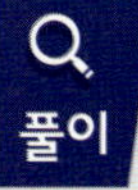

약물 치료를 효과적으로 하려면 복용 방법이 중요하기 때문에 그림으로 된 약 복용 방법을 알려주는 제도가 시행되고 있다는 내용이다. 〈보기〉의 문장은 그림복약지도서의 긍정적 효과를 말하고 있으므로 복약지도서에 대한 설명 다음에 들어가는 것이 자연스럽다. 따라서 ④가 답이 된다.

※ 다음 글에서 〈보기〉의 문장이 들어가기에 가장 알맞은 곳을 고르십시오. 고 28회 39번

2.

> 우유를 데우다 보면 우유 표면에 얇은 막이 생기는 것을 발견할 수 있다. (㉠) 40도 이상의 온도에서 열을 가할 때 우유 표면에 단백질과 지방이 응고되면서 생기는 것이다. (㉡) 이것은 열로 인해 단백질이 응고된 것일 뿐 인체에는 해가 되지 않으므로 먹어도 무방하다. (㉢) 대신 우유에서 막을 걷어 내면 원래보다 조금 묽어진다. (㉣)

〈보기〉

비만이 걱정이라면 단백질과 지방을 조금이라도 줄일 수 있도록 막을 없애고 마시는 편이 낫다.

① ㉠ ② ㉡ ③ ㉢ ④ ㉣

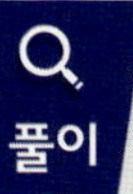

정답 2. ③

풀이 우유를 데울 때 막이 생기는 이유와 막의 성분, 막을 없앨 경우의 차이에 대해 이야기하고 있다. 〈보기〉의 문장은 막을 없애고 마실 경우의 효과에 관한 것이다. 막을 먹어도 무방하지만 막을 없애고 마시는 것은 어떤 경우인지, 막을 없애고 마시는 것과 그냥 마시는 것에 어떤 차이가 있는지를 이야기하는 것이 글의 흐름에 가장 자연스러우므로 ③이 답이 된다.

3.

> 　사진을 촬영할 때 무의식적으로 가로로 찍게 되는 경우가 많다. (　㉠　) 가로 사진이 세로 사진보다 안정된 느낌을 주며 카메라의 구조상 가로로 촬영하는 것이 편하기 때문이다. (　㉡　) 그렇지만 때에 따라서는 세로로 찍는 것이 효과적일 때도 있다. (　㉢　) 가로로 찍느냐 세로로 찍느냐는 단순히 사진 모양을 결정하는 것이 아니라 좋은 사진을 찍기 위한 하나의 원리라고 할 수 있다. (　㉣　)

〈보기〉

가로 사진은 주변 분위기가 잘 표현되는 반면 세로 사진은 촬영 대상이 더 돋보이는 특징이 있다.

① ㉠　　　　② ㉡　　　　③ ㉢　　　　④ ㉣

정답　3. ③

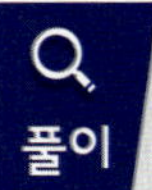

풀이　사진 촬영 방법에 대해 이야기하고 있다. 〈보기〉의 문장은 가로 사진과 세로 사진의 특징을 비교하고 있다. 따라서 가로와 세로로 찍는 경우 뒤에 들어가는 것이 자연스러우므로 ③이 답이 된다.

4.

> 어떤 것을 열심히 하고자 할 때 '이를 악물고 죽기 살기로 하겠다.'는 표현을 쓴다. 하지만 이런 행동은 치아 건강에 매우 좋지 않다. (㉠) 치아는 떨어져 있어야 치아와 주위 근육에 무리를 주지 않는다. (㉡) 이때 통증은 쉽게 사라지지만, 치아 자체에는 돌이킬 수 없는 타격을 줄 수 있다. (㉢) 씹을 때마다 치아가 시큰거리고, 심한 경우 치아에 금이 갈 수도 있다. (㉣)

〈보기〉

30초만 치아를 악물고 있어도 금세 안면 근육에 피로가 오며 근육통이나 두통이 생기게 된다.

① ㉠　　　　② ㉡　　　　③ ㉢　　　　④ ㉣

정답　4. ②

풀이　치아 건강에 대해서 이야기하고 있다. 〈보기〉에서 근육통이나 두통을 말하고 있으므로 '통증'을 언급한 문장 앞에 들어가야 자연스럽다. 따라서 ②가 답이 된다.

5.

> 　한낮에는 머리 위의 태양빛이 대기층을 수직으로 통과하기 때문에 대기를 통과하는 거리가 짧다. (㉠) 그런데 태양이 지평선 부근에 있는 저녁이나 아침에는 태양빛이 우리에게 도달할 때까지 대기층을 더 오래 통과한다. (㉡) 따라서 아침이나 저녁에 대기층을 통과하는 빛은 더 많은 공기와 부딪쳐 흩어진다. (㉢) 공기 중의 수증기와 먼지가 이런 효과를 더욱 크게 하여 해가 뜨고 질 때 태양빛은 더욱 붉어진다. (㉣)

〈보기〉

이로 인해 태양빛은 노란색에서 주황색으로, 그리고 붉은색으로 변한다.

① ㉠　　　　② ㉡　　　　③ ㉢　　　　④ ㉣

정답　5. ③

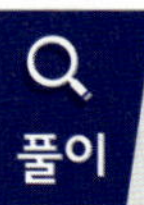

풀이　태양빛이 변하는 현상에 대해 이야기하고 있다. 〈보기〉에서 태양빛이 여러 가지로 변한다는 말을 하고 있으므로 이러한 변화가 생기는 이유를 모두 설명하고 난 뒤에 들어가야 자연스럽다. 마지막 문장은 이러한 효과를 보충 설명하고 있으므로 답은 ③이 된다.

6.

> 　한국 영공을 지나는 항공기를 통제하는 제2항공교통센터 건설 부지가 최종적으로 확정됐다. (　㉠　) 현재 국내에는 항공교통센터가 한 곳만 설치되어 있는 실정이다. (　㉡　) 그런데 테러 등의 비상 상황이 발생할 경우 한국 영공을 지나는 국내외 항공기 운항이 마비될 수 있다는 우려가 계속 제기돼 왔다. (　㉢　) 그러자 정부는 제2항공교통센터의 건설 작업을 당초 일정보다 시일을 앞당겨 추진하게 되었다. (　㉣　)

〈보기〉

실제 작년 말에 항공교통센터의 시스템에 장애가 발생해 항공기 이십여 대의 이륙이 지연되는 사태가 발생한 바 있다.

① ㉠　　　　② ㉡　　　　③ ㉢　　　　④ ㉣

정답　6. ③

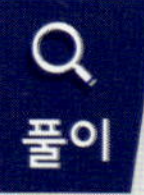

항공교통센터에 대해 이야기하고 있다. 항공기 운항의 마비를 가져올 수 있는 비상 상황을 이야기하고 있는 문장 뒤에 구체적인 예로 〈보기〉의 문장이 들어가는 것이 가장 자연스럽다. 따라서 ③이 답이 된다.

인물 심정 파악하기 전략	문학 작품의 일부분이 제시문으로 나온다. 글 속에 나타난 인물의 심정이나 태도를 파악한다.

※ [1~2] 다음을 읽고 물음에 답하십시오.　37회 42~43번

나는 오전에 자전거를 끌고 사람이 없는 운동장으로 갔다. 시멘트 계단 옆에 자전거를 세운 뒤 안장에 올라가서 발로 연단을 차는 힘으로 자전거의 주차 장치가 풀리면서 앞으로 나가도록 했다. 바퀴가 두 번도 구르기 전에 자전거는 멈췄고 나는 넘어졌다. 같은 식의 시행착오가 수백 번 거듭되었다. 정강이와 허벅지에 멍 자국이 생겨났고 팔과 손의 피부가 벗겨졌다. 나중에는 자전거를 일으키는 일조차 힘이 들었다. 마지막으로 쓰러졌을 때 어둠이 다가오고 있는 걸 알고는 막막한 마음에 자전거 옆에 한참 누워 있다가 일어났다. (중략)

그럼에도 불구하고 나는 돌을 딛고 자전거에 올라섰다. 어차피 가지 않으면 안 될 길. 나는 몸을 앞뒤로 흔들어 자전거를 출발시켰다. 자전거는 앞으로 나아가기 시작했다. 페달을 밟지 않고도 가속이 붙었다. 나는 난생 처음 봄을 맞는 장끼처럼 나도 모를 이상한 소리를 내지르며 자전거와 한 몸이 되어 달려 내려갔다. <u>가슴이 터질 듯 부풀었고 어질어질한 속도감에 사로잡혔다.</u>

1. 밑줄 친 부분에 나타난 나의 심정으로 알맞은 것을 고르십시오.

　① 희열을 느끼다　　　　　　② 기대에 들뜨다
　③ 가슴이 먹먹하다　　　　　④ 마음이 홀가분하다

2. 이 글의 내용과 같은 것을 고르십시오.

　① 자전거의 바퀴가 고장 나서 집으로 끌고 가야 했다.
　② 주차 장치가 풀려서 계단 옆에 세워 놓은 자전거가 쓰러졌다.
　③ 나는 자전거를 탈 줄 몰라서 늦은 시간까지 연습을 거듭했다.
　④ 나는 다른 사람의 자전거와 부딪치면서 온몸에 상처를 입었다.

정답 1. ①   2. ③

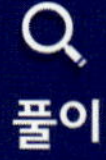

풀이

1. 오전부터 어두워질 때까지 수백 번 자전거를 타다가 넘어지는 일을 반복했다고 했다. 마침내 자전거를 타고 빠르게 내려가고 있는 상태의 기분을 나타내고 있으므로 '기쁨과 즐거움을 느끼다'는 표현인 ①이 답이 된다.

② '기대로 인해 마음이 가라앉지 않고 흥분되다'는 의미이다.
   예) 입학식을 앞두고 학생들은 새로운 만남에 대한 기대에 들떠 있다.
③ '슬픈 감정으로 꽉 차거나 막힌 느낌이 있다'는 의미이다.
   예) 아들이 고생을 많이 하고 있다는 이야기를 듣고 아버지는 가슴이 먹먹해졌다.
④ '근심이나 걱정이 해결되어 마음이 가볍고 편안하다'는 의미이다.
   예) 어려운 시험이 끝나서 마음이 홀가분해졌다.

2. 오전부터 자전거를 타기 시작했는데 나중에 어둠이 다가오고 있다는 걸 알았다고 했으므로 ③이 답이 된다.

① 마지막에는 자전거를 타고 내려갔으므로 답이 될 수 없다.
② 자전거를 탄 후에 발로 차서 주차 장치를 풀리게 했으므로 답이 될 수 없다.
④ 사람이 없는 운동장으로 갔다고 했으므로 답이 될 수 없다.

어린 시절 그 애는 정말 막무가내로 인혜를 따라다녔다. 계집애하고 논다고 친구들한테 별의별 놀림을 다 받으면서도 아침이면 어김없이 인혜네 양철대문을 두드리며 "오인혜, 학교 가자!"를 외쳐댔던 것이다. 새침한 인혜가 갈래 머리를 어깨 뒤로 넘기며 휑하니 앞서 걸으면 어느 틈엔가 따라와서 넌지시 인혜의 책가방 끈을 잡아당겨 제 책가방에 겹쳐 들고 가곤 하던 이현석, 그러니 학교 변소 벽에는 이현석 오인혜 연애대장 어쩌구 하는 낙서가 지워질 날이 없을 수밖에.

5학년 때던가, 현석이 이사 가던 날은 장맛비가 추적추적 내렸다. 이삿짐을 나르느라 부산한 뒷집의 기척을 다 들으면서도 인혜는 방에 처박혀 꼼짝을 하지 않았다. 이윽고 트럭이 부르릉 시동 거는 소리가 들려오자 자기도 모르게 가슴이 철렁하여 인혜는 골목 쪽으로 난 창문을 황급히 열어젖혔다. 그러자 바로 거기에, <u>비를 맞으며 현석이 인혜네 창문을 올려다보며 서 있었던 것이다.</u> 늘 뻣뻣이 일어서 있던 머리카락이 비에 젖은 탓인지 현석의 표정은 어린애답지 않게 우수가 어려 있었다.

3. 밑줄 친 부분에 나타난 현석의 심정으로 알맞은 것을 고르십시오.

① 안타깝다　　　　　　　② 괘씸하다
③ 담담하다　　　　　　　④ 허탈하다

4. 이 글의 내용과 같은 것을 고르십시오.

① 현석이는 매일 아침 인혜와 함께 등교를 했다.
② 현석이네는 5학년 때 인혜네 앞집으로 이사를 왔다.
③ 친구들은 현석이가 인혜를 좋아한다는 것을 몰랐다.
④ 현석이는 인혜에게 가방을 들어 주겠다는 말을 자주 했다.

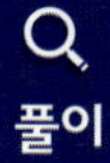

3. 막무가내로 인혜를 따라다녔던 현석이가 이사를 가던 날 비를 맞으며 인혜네 창문을 올려다보며 서 있을 때의 심정이므로 '뜻대로 되지 않거나 보기에 안쓰러워서 가슴 아프고 답답하다'는 표현인 ①이 답이 된다.

② '기대와 다른 상대방의 행동에 배신감을 느껴 화가 나다'는 의미이다.
  예) 믿었던 사람이 나를 속인 게 괘씸했다.
③ '흔들리지 않고 침착하다'는 의미이다.
  예) 그는 자신의 실패를 담담하게 받아들였다.
④ '기운이 빠지고 아무 생각이 없다'는 의미이다.
  예) 경기에서 진 선수들이 허탈한 표정으로 앉아 있다.

4. 아침이면 어김없이 인혜네 양철대문을 두드리며 학교 가자고 외쳐댔다고 했으므로 ①이 답이 된다.

② 5학년 때 현석이 이사를 갔다고 했으므로 답이 될 수 없다.
③ 계집애하고 논다고 친구들한테 놀림을 받았다고 했으므로 답이 될 수 없다.
④ 어느 틈엔가 따라와서 넌지시 인혜의 책가방 끈을 잡아당겼다고 했으므로 답이 될 수 없다.

읽기

글의 주제 고르기 + 빈칸에 알맞은 표현 고르기　44~45번

글의 주제 고르기 전략	선택지를 바탕으로 제시문을 읽으면서 글쓴이가 나타내고자 하는 가장 중요한 내용을 찾아야 한다. 선택지 중 제시문에 나오지 않거나 일부만 맞는 내용은 답이 될 수 없다.

※ [1~2] 다음을 읽고 물음에 답하십시오.　37회 44~45번

요즘 어지간한 회사에는 네트워크 시스템이 구축되어 있다. 그래서 미래 전문가들은 앞으로 기업 조직 내에서 지시 사항이나 정보를 아래로 전달하는 역할을 주로 해 오던 중간 관리직이 사라질 것이라고 한다. 이러한 주장은 (　　　　　) 데에서 기인한다. 하지만 중간 관리자는 단순히 수직적 조직에서의 메신저가 아니라 다차원적 교차 지점에 있는 조정자들이다. 그들은 경영주의 이상과 일선의 구성원들이 직면하게 될 급변하는 시장 현실을 연결한다. 또한 구성원들의 요구와 정서를 수렴하는 수평적 소통의 창구이다. 이는 온라인 연결망으로는 한계가 있는 경험에 의한 직관과 감성을 요구하는 일이다.

1.　이 글의 주제로 알맞은 것을 고르십시오.

　① 근무 환경이 변해도 중재자의 역할은 유지될 것이다.
　② 기업 활동에서 구성원 간의 대화가 무엇보다 중요하다.
　③ 조직 구성원이 맡은 업무는 회사 사정에 따라 유동적이다.
　④ 사내 연결망이 발달하면 구성원 간의 위계가 사라질 것이다.

2.　(　　　　)에 들어갈 내용으로 가장 알맞은 것을 고르십시오.

　① 사내 연결망의 기능을 과소평가한
　② 시장 환경의 변화 양상을 잘못 예측한
　③ 중간 관리자의 역할을 단편적으로 이해한
　④ 중간 관리자 직책을 수평적 선상에서 파악한

1. ①   2. ③

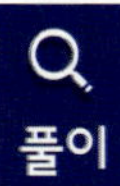

1. 중간 관리직의 역할에 대해 이야기를 하고 있다. 기업 내에서 중간 관리자들이 사라질 것이라는 전문가들의 예측과 달리 그들은 단순한 메신저가 아닌 조정자들이기 때문에 여전히 필요할 것이라는 내용이므로 ①이 답이 된다.

② 중간 관리자가 구성원들의 요구와 정서를 수렴하는 소통의 창구 역할을 한다고 했으므로 답이 될 수 없다.

③ 말하지 않았으므로 답이 될 수 없다.

④ 온라인 연결망으로는 한계가 있다고 했으므로 답이 될 수 없다.

2. 중간 관리자의 역할은 단순한 전달자가 아니라 경험에 의한 직관과 감성을 요구하는 주요한 소통의 창구이자 조정자라고 했으므로 이것을 잘못 이해했다는 의미인 ③이 답이 된다.

① 앞 문장이 사내 연결망에 대한 내용이 아니므로 답이 될 수 없다.

② 말하지 않았으므로 답이 될 수 없다.

④ 중간 관리직이 사라질 것이라고 전망한 것은 중간 관리자를 수직적 조직에서의 메신저로 이해했기 때문이므로 답이 될 수 없다.

※ **[3~4] 다음을 읽고 물음에 답하십시오.**

인주시가 정책의 제안과 심사를 시민에게 맡기는 직접 민주주의 실험을 하고 있어 관심을 끌고 있다. 각계각층에서 모인 시민 500명의 토론을 통해 시민들이 제안한 정책을 심사하고 과제의 순위를 정하는 방식이다. 과제는 인주시가 공모하고 시민의 토론을 거쳐 12개를 최종 선정한다. 이 과제들은 시 정책 사업으로 지정되며 즉시 시행이 가능한 사업은 예산을 반영해 우선적으로 추진된다. 제도를 시행한 지 1년이 되는 지난 3월 실시한 조사에서 시민들은 자신들의 의견을 정책에 직접 반영할 수 있는 점이 좋다는 반응을 보이고 있다. 인주시는 (　　　　　　　) 일회성으로 끝나지 않도록 지원 방안을 마련해 나갈 예정이다.

3. 이 글의 주제로 알맞은 것을 고르십시오.

① 12개의 과제가 정책 사업으로 선정되었다.
② 인주시의 실험을 위해 다양한 시민이 모였다.
③ 시민들은 직접 민주주의 실험에 대해 호의적이다.
④ 인주시는 직접 민주주의 방식으로 정책을 결정한다.

4. (　　　)에 들어갈 내용으로 가장 알맞은 것을 고르십시오.

① 시가 발의한 정책을 심사하는 실험이
② 필요한 예산을 수립할 수 있는 기회가
③ 시민의 참여와 혁신을 보여주는 실험이
④ 정책 결정에 참여할 대표를 정하는 기회가

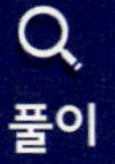

정답 3. ④   4. ③

3. 인주시가 정책의 제안과 심사를 시민에게 맡기는 직접 민주주의 실험을 하고 있다고 했으므로 ④가 답이 된다.

① 12개의 과제 중에 즉시 시행 가능한 사업이 우선적으로 추진된다고 했으므로 답이 될 수 없다.

② 각계각층에서 시민들이 모이기는 했지만 글의 주제라고 보기 어려우므로 답이 될 수 없다.

③ 시민들의 의견이 정책에 직접 반영될 수 있다는 점이 좋다고 했지만 글의 주제라고 보기 어려우므로 답이 될 수 없다.

4. 인주시가 시행 중인 직접 민주주의 실험은 시민의 토론을 거쳐 정책에 직접 반영되는 것이므로 ③이 답이 된다.

① 시가 발의한 정책을 심사하는 실험이 아니므로 답이 될 수 없다.

② 시행 가능한 사업은 예산을 반영해 추진한다고 했으므로 답이 될 수 없다.

④ 토론을 통해 정책을 심사한다고 했지 정책 결정에 참여할 대표를 정하는 것은 아니므로 답이 될 수 없다.

※ [1~2] 다음을 읽고 물음에 답하십시오.　　37회 46~47번

　　통계청은 국민들의 실질적인 '삶의 질' 수준을 보여 주는 측정 체계를 구축하여 발표하였다. 이 체계는 삶의 질을 소득, 고용, 사회복지, 여가, 환경, 건강 등 12개 영역의 81개 지표로 표시하는 것이다. (㉠) 근 반세기 동안 한국 사회는 경제 성장을 지상 최대의 과제로 삼아 총력을 기울여 왔다. (㉡) 한편 통계청은 앞으로 측정 지표를 개방하고 국민들의 의견을 수렴하여 측정 체계의 완성도를 높여 갈 계획이다. (㉢) 수준 높은 삶의 조건에 대해 지속적으로 전 국민이 함께 고민하자는 취지에서이다. (㉣) 무엇이 좋은 삶인지에 대한 공론화를 통해 추가 항목과 개선 항목에 대한 사회적 합의가 도출되어야 할 것이다.

1.　다음 문장이 들어가기에 가장 알맞은 곳을 고르십시오.

> 현 시점에서 삶의 질 지표가 발표된 것은 경제 일변도에서 국민 삶의 질적 제고라는 방향으로 정책적 관심이 전환됨을 의미한다.

① ㉠　　　　② ㉡　　　　③ ㉢　　　　④ ㉣

2.　이 글의 내용과 같은 것을 고르십시오.

① 삶의 질 지표는 통계청의 자체적인 결정에 따라 증감된다.
② 삶의 질 지표는 국가 차원에서 도달해야 할 목표를 의미한다.
③ 삶의 질을 측정하는 지표는 논의 결과에 따라 달라질 수 있다.
④ 삶의 질 지표와 함께 정부는 경제 성장을 위해 매진할 것이다.

정답   1. ②   2. ③

풀이

1. 국민들의 삶의 질 지표 변화에 대해서 설명하고 있다. 시간의 흐름에 맞추어 볼 때 근 반세기 동안의 한국 사회에 대한 이야기 뒤에 '현 시점'을 말하고 있는 문장이 들어가야 자연스러우므로 ②가 답이 된다.

2. ① 삶의 질 지표는 지속적으로 전 국민이 함께 고민해야 한다고 했으므로 답이 될 수 없다.
   ② 말하지 않았으므로 답이 될 수 없다.
   ③ 국민들의 의견을 수렴하여 완성도를 높여간다는 것은 논의 결과에 따라 달라질 수 있다는 말이므로 답이 된다.
   ④ 근 반세기 동안 한국이 경제 성장에 총력을 기울였다고 했지 앞으로 매진하자는 것은 아니므로 답이 될 수 없다.

※ **[3~4] 다음을 읽고 물음에 답하십시오.**

　화재 시 건물 내 화장실을 대피 공간으로 활용하기 위한 여러 가지 기술이 국내 연구진에 의해 개발되었다. (　㉠　) 화장실은 출입문을 제외하고는 모두 불에 타지 않는 재료로 되어 있는 데다가 물을 공급받을 수 있으며 환기 시설도 되어 있다. (　㉡　) 연구진은 화장실 문과 문틈에 물을 뿌리면 냉각되는 설비를 마련하여 문에 불이 붙지 않게 하였다. 또한 환기 시설도 화재 시에는 공기를 공급할 수 있도록 하여 연기가 화장실로 들어오는 것을 방지하였다. (　㉢　) 이 기술을 초고층 건물에 적용할 경우 경제적 효과도 크다. (　㉣　) 현재 초고층 건물은 30층마다 한 개 층을 피난 구역으로 확보하고 있는데 이를 화장실로 대체할 수 있기 때문이다.

3. 다음 문장이 들어가기에 가장 알맞은 곳을 고르십시오.

> 이렇게 보완한 화장실은 화재가 나더라도 30분에서 최대 3시간까지 안전하게 대피할 수 있는 공간으로 활용된다.

① ㉠　　　　　② ㉡　　　　　③ ㉢　　　　　④ ㉣

4. 이 글의 내용과 같은 것을 고르십시오.

① 화재가 발생하면 화장실 문을 통해 공기를 공급받게 된다.
② 화장실을 이용한 대피 공간 개발은 경제적으로 큰 도움이 된다.
③ 초고층 건물의 화재 시 대피 방안이 마련되어 잘 활용되고 있다.
④ 화재 피해를 막기 위해 초고층 건물의 화장실 설치 기준이 변경됐다.

정답 3. ③   4. ②

풀이

3. 화재 시 대피 공간으로 화장실을 사용하기 위한 기술 개발에 대해 소개하고 있다. 보완한 화장실에 대해 설명하고 있는 문장은 화장실의 시설을 바꾸었다는 내용 다음에 들어가는 것이 자연스럽다. 따라서 ③이 답이 된다.

4. ① 화재 시에는 환기 시설을 통해 공기를 공급받는다고 했으므로 답이 될 수 없다.
   ② 화장실을 대피 공간으로 활용하는 기술을 초고층 건물에 적용할 경우 경제적 효과가 크다고 했으므로 답이 된다.
   ③ 말하지 않았으므로 답이 될 수 없다.
   ④ 기술이 개발되어 설치해 본 것이지 화장실 설치 기준이 바뀐 것은 아니므로 답이 될 수 없다.

글의 목적 파악하기 +
빈칸에 알맞은 표현 고르기 + 글쓴이의 태도 파악하기

48~50번

글의 목적 파악하기 전략	전체적인 내용을 파악하여 글쓴이가 이 글을 왜 썼는지를 찾는다. 선택지에 제시된 목적에 따라 글에 어떤 내용이 나올지 생각해 보면 정답을 찾는 데에 도움이 된다.

※ **[1~3] 다음을 읽고 물음에 답하십시오.**

37회 48~50번

인류의 지난 문명은 동질성이 지배해 왔다. 동질성 위주의 사고방식은 씨족사회 시절부터 오늘에 이르기까지 공동체의 힘을 결집시켜 주었고 그것은 곧 인류 발전의 원동력이 되었다. 그러나 지금도 곳곳에서 발생하고 있는 무력 충돌이라는 부작용을 초래하기도 한다. 동질성이 강조될수록 (   ) 커지기 때문이다. 교통 통신의 발달로 변방과 국경이 사라진 지구촌의 인류에게 필요한 덕목은 더 이상 동질성이 아니다. <u>그것은 자칫 다름을 철저히 배격함으로써 지구촌 차원의 불행을 야기할 수도 있다.</u> 이 시대 인류 전체의 화두는 '다름'이 되어야 한다. 다른 것은 또 다른 것을 보완하고 완성시키며 성장케 하는 조력자이다. 또한 서로 다른 것의 결합은 기존의 것과 구별되는 창조의 원천이다. 도래하는 신문명 시대의 가치는 동질성이 아닌 다름에서 찾아야 한다. 이제 새로운 사고의 틀로 인류의 역사를 새롭게 쓸 때이다.

1. 필자가 이 글을 쓴 목적을 고르십시오.

   ① 인류에 잔재하는 반문명적 요소를 고발하기 위해
   ② 시대에 걸맞은 가치의 변화가 필요함을 주장하기 위해
   ③ 인류가 간과해 온 충돌에 대한 경각심을 촉구하기 위해
   ④ 시대의 흐름에 따른 문명의 변화 양상을 설명하기 위해

2. (   )에 들어갈 내용으로 알맞은 것을 고르십시오.

   ① 상대에 대한 관심이   ② 자립에 대한 동경이
   ③ 이질성에 대한 집착이   ④ 차이에 대한 적대감이

3. 밑줄 친 부분에 나타난 필자의 태도로 알맞은 것을 고르십시오.

① 이질성이 없어진 후 발생할 문제점을 염려한다.
② 서로 다른 것의 공존이 가져올 혼란을 걱정한다.
③ 획일성이 지배하는 어두운 현실에 대해 고민한다.
④ 동질성을 강조할 때 나타날 부정적 결과를 우려한다.

정답 1. ②   2. ④   3. ④

1. 지난 문명은 동질성이 지배해 왔지만 다가오는 신문명의 가치는 다름에서 찾아야 한다는 내용이다. 따라서 ②가 답이 된다.

   ① 동질성 위주의 사고방식이 부작용을 초래한다고 했지 반문명적이라는 말은 아니므로 답이 될 수 없다.

   ③ 충돌에 대한 경각심을 갖는 것에서 그치지 않고 더 나아가 새로운 가치를 찾아야 한다고 했으므로 답이 될 수 없다.

   ④ 새로운 가치를 강조하기 위해 과거의 가치가 가진 한계를 설명한 것이지 문명의 변화 양상을 설명한 것은 아니므로 답이 될 수 없다.

2. 무력 충돌이라는 부작용을 초래하는 이유를 나타내는 것이 자연스러우므로 ④가 답이 된다.

   ① 상대에 대한 관심이 있다면 무력 충돌을 줄일 수 있을 것이므로 답이 될 수 없다.

   ② 말하지 않았으므로 답이 될 수 없다.

   ③ 이질성에 집착한다고 해서 무력 충돌이 일어난다고 보기는 어려우므로 답이 될 수 없다.

3. 차이를 인정하지 않을 때 불행한 결과가 생길 수 있음을 말하고 있다. 따라서 ④가 답이 된다.

   ① 이질성을 인정하지 않는 것이지 없애는 것은 아니므로 답이 될 수 없다.

   ② 다른 것의 공존을 인정하지 않는 것이 문제이므로 답이 될 수 없다.

   ③ 말하지 않았으므로 답이 될 수 없다.

※ [4~6] 다음을 읽고 물음에 답하십시오.

성장과 분배는 경제 정책의 양 축이다. 새가 두 날개로 날 듯 둘 중 하나만으로는 국가 경제가 제대로 굴러갈 수 없다. 문제는 어느 쪽에 더 정책의 무게를 두느냐에 있다. 지난 정부에서는 성장률이 올라가면 저절로 분배가 이루어진다는 '낙수 효과'를 기대하고 선성장 후분배 정책을 시행했지만 큰 효과를 보지 못하였다. 1950년대와 1960년대에 일부 국가들이 (   ), 이와 함께 소득 불평등이 크게 완화된 예가 있기는 하다. 그러나 대기업이 주도하는 현재 우리의 경제 구조에서는 발전의 성과가 편중되기 마련이어서 낙수 효과를 기대하기 어렵다. 그러므로 경제 성장에 따른 소득 불평등 완화 현상은 실현되기 어렵다. 따라서 소득 불평등의 심화는 필연적이므로 이에 대한 획기적인 정책이 마련되어야 한다. 이런 점에서 현 정부가 발표한 성장과 분배의 균형에 목표를 둔 '소득 주도 성장'정책은 시의 적절하다고 볼 수 있다.

4. 필자가 이 글을 쓴 목적을 고르십시오.

① 정부의 지원 대책 마련을 요구하기 위하여
② 낙수 효과가 일어나는 현상을 설명하기 위하여
③ 선성장 후분배의 성공 사례를 제시하기 위하여
④ 정부의 새로운 경제 성장 정책을 지지하기 위하여

5. (   )에 들어갈 내용으로 알맞은 것을 고르십시오.

① 높은 경제 성장을 이루고   ② 다양한 분배 정책을 실시하고
③ 성장과 분배가 조화를 이루고   ④ 적은 세금을 국민에게 부과하고

6. 밑줄 친 부분에 나타난 필자의 태도로 알맞은 것을 고르십시오.

① 소득 불평등 문제가 해소된 상황을 가정하고 있다.
② 소득 주도 성장을 위한 다양한 방법을 제안하고 있다.
③ 이전과 같은 성장에 따른 분배가 불가능함을 주장하고 있다.
④ 정책 변화로 인해 경제 성장률이 떨어질 것을 예측하고 있다.

정답   4. ④   5. ①   6. ③

4. 현 정부가 발표한 성장과 분배의 균형에 목표를 둔 새로운 경제 정책이 시의 적절하다는 것은 지지한다는 말이므로 ④가 답이 된다

① 정부의 정책이 시기에 맞게 발표된 것이라고 했으므로 답이 될 수 없다.
② 지난 정부의 낙수 효과를 기대한 정책이 큰 효과를 보지 못했다고 했으므로 답이 될 수 없다.
③ 선성장 후분배 정책이 효과를 보지 못했다는 것은 실패했다는 말이므로 답이 될 수 없다.

5. 선성장 후분배 정책이 효과가 있었던 경우를 5, 60년대 일부 국가들의 예를 통해 말하고 있다. 소득 불평등이 완화되었다는 말은 분배와 관련 있으므로 앞에는 경제 성장에 관한 내용이 오는 것이 자연스럽다. 따라서 ①이 답이 된다.

② 다양한 분배 정책을 말한 것은 아니므로 답이 될 수 없다.
③ 성장과 분배가 조화를 이루지 못해 불평등이 심화되고 있다는 내용이므로 답이 될 수 없다.
④ 말하지 않았으므로 답이 될 수 없다.

6. 대기업 주도의 경제 구조에서는 발전의 성과가 편중되기 때문에 소득 불평등이 심화되고 있다는 내용이므로 이전과 같은 정책으로는 효과가 없다는 말이다. 따라서 ③이 답이 된다.

① 소득 불평등이 더 심화된다고 했지 해소된다는 말은 아니므로 답이 될 수 없다.
② 정부의 새로운 정책을 환영하고 있지 방법을 제안하는 것은 아니므로 답이 될 수 없다.
④ 말하지 않았으므로 답이 될 수 없다.

Part 2.

모의고사
실전문제

- ☐ 듣기 Listening
- ☐ 쓰기 Writing
- ☐ 읽기 Reading

PART 2.

모의고사 실전문제

실전 모의고사 1회

제1회 한국어능력시험
실전 모의고사

TOPIK II

1교시 | **듣기, 쓰기**

수험번호(Registration No.)	
이 름 (Name)	한국어(Korean)
	영 어(English)

유 의 사 항

Information

1. 시험 시작 지시가 있을 때까지 문제를 풀지 마십시오.

   Do not open the booklet until you are allowed to start.

2. 수험번호와 이름을 정확하게 적어 주십시오.

   Write your name and registration number on the answer sheet.

3. 답안지를 구기거나 훼손하지 마십시오.

   Do not fold the answer sheet; keep it clean.

4. 답안지의 이름, 수험번호 및 정답의 기입은 배부된 펜을 사용하여 주십시오.

   Use the given pen only.

5. 정답은 답안지에 정확하게 표시하여 주십시오.

   Mark your answer accurately and clearly on the answer sheet.

   marking example   ① ● ③ ④

6. 문제를 읽을 때에는 소리가 나지 않도록 하십시오.

   Keep quiet while answering the questions.

7. 질문이 있을 때에는 손을 들고 감독관이 올 때까지 기다려 주십시오.

   When you have any questions, please raise your hand.

※ [1~3] 다음을 듣고 알맞은 그림을 고르십시오. (각 2점)

1. ① 　② 

③ 　④ 

2. ① 　② 

③ 　④ 

3.

① 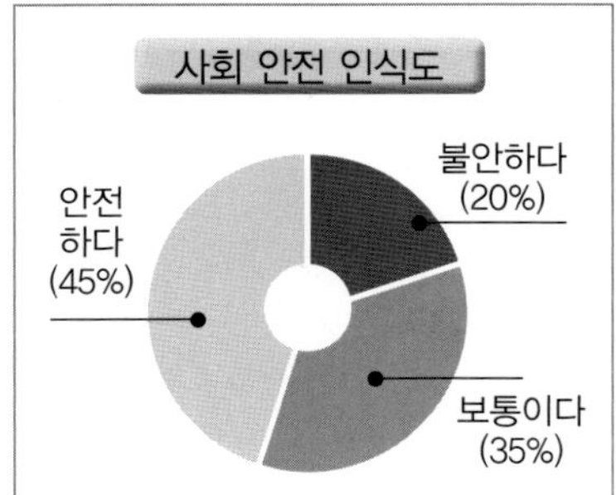

사회 안전 인식도
안전
하다
(45%)
불안하다
(20%)
보통이다
(35%)

사회 안전 인식도
안전하다
(20%)
보통
이다
(35%)
불안
하다
(45%)

연령별 사회 불안 인식도
50
40
30
20
10
0
13～15세   16～19세   20～23세
2005   2015

연령별 사회 불안 인식도
50
40
30
20
10
0
13～15세   16～19세   20～23세
2005   2015

② 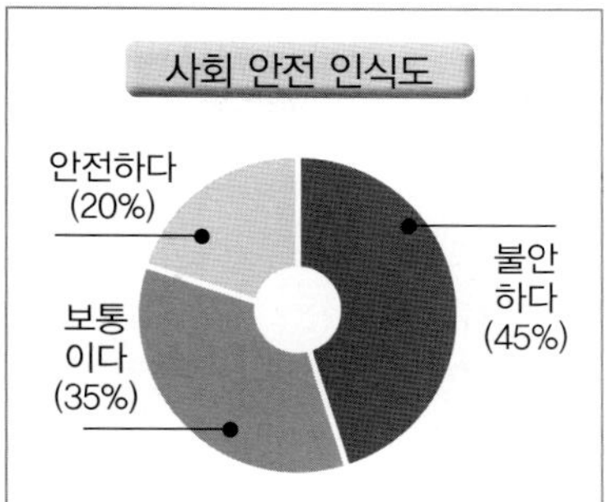

③ 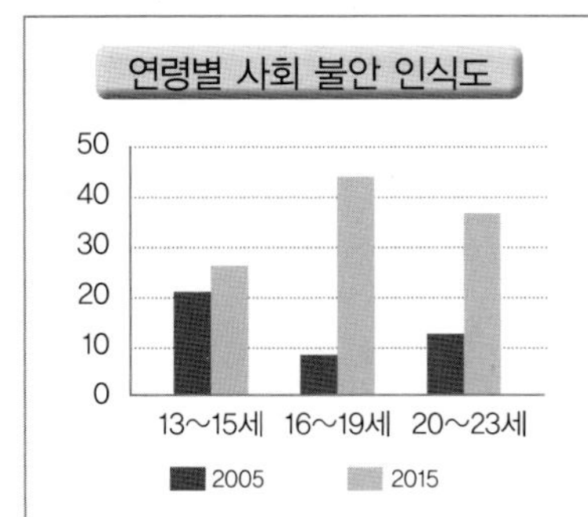

④ 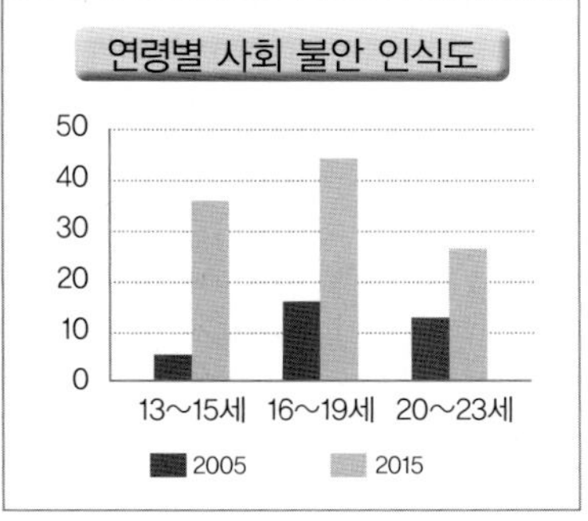

※ [4~8] 다음 대화를 잘 듣고 이어질 수 있는 말을 고르십시오. (각 2점)

4. ① 내일 학교에서 보자.
  ② 숙제 도와줘서 고마웠어.
  ③ 미안해. 다음에 같이 가자.
  ④ 알았어. 나중에 내가 저녁 살게.

5. ① 그럼 내일 공항에서 만나요.
  ② 정말 부럽네요. 잘 다녀와요.
  ③ 좋아요. 저도 가고 싶었어요.
  ④ 여행 다녀오니까 많이 바쁘네요.

6. ① 다음에는 일찍 나와야겠어요.
  ② 약국이 없으니까 불편하네요.
  ③ 편의점이 여러모로 편리하군요.
  ④ 약국이 너무 멀어서 힘들겠어요.

7. ① 오늘 식사 정말 맛있었어요.
  ② 30분 정도 늦을 것 같아요.
  ③ 일찍 출발하니까 여유가 있네요.
  ④ 나중에 꼭 갈 거라고 전해 주세요.

8. ① 건강이 나빠져서 힘드네요.
  ② 가장 멋진 곳으로 안내할게요.
  ③ 오늘은 제가 먼저 퇴근할게요.
  ④ 그럼 다음에는 꼭 같이 갑시다.

※ [9~12] 다음 대화를 잘 듣고 여자가 이어서 할 행동으로 알맞은 것을
고르십시오. (각 2점)

9. ① 책을 반납한다.
    ② 커피숍으로 간다.
    ③ 도서관으로 간다.
    ④ 학교 앞에서 기다린다.

10. ① 관리실에 간다.
    ② 의자를 내놓는다.
    ③ 이삿짐을 정리한다.
    ④ 재활용 쓰레기를 버린다.

11. ① 자료 출력을 한다.
    ② 기념품을 사러 간다.
    ③ 거래처에 전화를 한다.
    ④ 홍보 자료를 나눠준다.

12. ① 집에 가서 쉰다.
    ② 공원 벤치에 앉는다.
    ③ 혼자 약을 사러 간다.
    ④ 남자와 함께 약국에 간다.

※ [13~16] 다음을 듣고 내용과 일치하는 것을 고르십시오. (각 2점)

13. ① 여자는 동영상 프로그램을 가지고 있다.
    ② 남자는 여자에게 동영상을 만들어 주었다.
    ③ 동영상을 만들려면 프로그램이 필요하다.
    ④ 동영상에 글을 넣으려면 시간이 많이 걸린다.

14. ① 내일까지 수도관을 수리할 것이다.
    ② 수도관을 고치는 동안 물을 사용할 수 없다.
    ③ 따뜻한 물은 오후 3시 이후부터 나올 것이다.
    ④ 수리 시작 전에 관리실에서 물을 받아야 한다.

15. ① 클래식 연주는 대중들에게 인기가 있다.
    ② 관객들은 첼로 연주회를 조용히 감상하는 편이다.
    ③ 바흐나 베토벤은 대표적인 클래식 음악 연주자이다.
    ④ 첼로를 대중음악에 이용하려는 다양한 시도들이 있다.

16. ① 이 작품은 전통적인 방법으로 그렸다.
    ② 이 작품은 전통 물감을 다양하게 사용했다.
    ③ 이 작품은 동서양의 재료로 새로운 시도를 했다.
    ④ 이 작품은 동양의 도구로 서양의 아름다움을 표현했다.

※ [17~20] 다음을 듣고 남자의 중심 생각을 고르십시오. (각 2점)

17. ① 유명한 식당이 음식도 다양하고 맛있다.
　　② 사람들의 관심을 끌어야 성공할 수 있다.
　　③ 식당이 모여 있으면 경쟁이 심해서 좋지 않다.
　　④ 경쟁이 있어야 노력하고 발전할 수 있는 것이다.

18. ① 신맛이 있는 과일은 피하는 것이 좋다.
　　② 위가 약한 사람들에게는 사과가 도움이 된다.
　　③ 사과가 누구에게나 무조건 좋은 것은 아니다.
　　④ 사과는 금처럼 귀한 과일이므로 건강에 이롭다.

19. ① 침대나 침구를 신중하게 선택해야 한다.
　　② 허리가 아플 때는 잠자리가 원인일 수도 있다.
　　③ 오래 서 있거나 많이 걸으면 운동 효과가 크다.
　　④ 바닥에서 자는 것이 허리 통증을 일으키기도 한다.

20. ① 아이들에게 역사 교육이 필요하다.
　　② 문화유산을 지키고 보호해야 한다.
　　③ 가족이 함께 즐길 수 있는 공간이 부족하다.
　　④ 관광산업 발전을 위한 노력은 계속될 것이다.

※ [21~22] 다음을 듣고 물음에 답하십시오. (각 2점)

21. 남자의 중심 생각으로 맞는 것을 고르십시오.

　　① 겉모습을 보고 구입하면 실패하지 않는다.
　　② 여러 면을 고려해서 제품을 선택해야 한다.
　　③ 가전제품의 진화는 환경보호에도 영향을 준다.
　　④ 디자인과 성능이 모두 뛰어난 제품을 고르기 어렵다.

22. 들은 내용으로 알맞은 것을 고르십시오.

　　① 냉장고나 세탁기는 예쁠수록 잘 팔린다.
　　② 디자인이 훌륭하면 성능이 떨어지기 쉽다.
　　③ 환경오염을 일으키는 제품이 있을 수도 있다.
　　④ 디자인이 좋은 제품은 전기가 많이 소모될 수 있다.

※ [23~24] 다음을 듣고 물음에 답하십시오. (각 2점)

23. 남자는 무엇을 하고 있는지 고르십시오.

　　① 다음 학기 시간표를 조정하고 있다.
　　② 선배의 학교에 대하여 소개를 하고 있다.
　　③ 여러 가지 전공에 대한 체험을 하고 있다.
　　④ 전공 소개 프로그램에 참가를 권유하고 있다.

24. 들은 내용으로 맞는 것을 고르십시오.

　　① 남자는 이미 진로를 결정한 상태이다.
　　② 여자도 프로그램에 함께 참석할 것이다.
　　③ 전공을 소개할 사람은 이 학교 졸업생이다.
　　④ 전공별 설명회는 다음 달 초까지 진행된다.

※ [25~26] 다음을 듣고 물음에 답하십시오. (각 2점)

25. 남자의 중심 생각으로 맞는 것을 고르십시오.

① 팬이 많으면 성공했다고 할 수 있다.
② 목표를 자주 확인해야 실패하지 않는다.
③ 유명한 가수가 되려면 시간이 오래 걸린다.
④ 진정한 성공은 팬들과 오랫동안 함께 하는 것이다.

26. 들은 내용으로 맞는 것을 고르십시오.

① 남자는 오랫동안 팬들과 연락하지 않았다.
② 남자는 10여 년 전부터 음악 활동을 해 왔다.
③ 남자는 음악을 하면서 자신감을 키울 수 있었다.
④ 남자는 하던 일을 그만두고 음악 공부를 시작했다.

※ [27~28] 다음을 듣고 물음에 답하십시오. (각 2점)

27. 여자가 남자에게 말하는 의도를 고르십시오.

① 뉴스의 내용을 확인하기 위해
② 사건의 원인을 파악하기 위해
③ 이기적인 행동을 비판하기 위해
④ 층간 소음의 해결책을 듣기 위해

28. 들은 내용으로 맞는 것을 고르십시오.

① 밤에 청소를 하는 사람들이 많다.
② 아이들이 뛰는 바람에 어른들이 다퉜다.
③ 옆집과 분쟁이 생겼지만 잘 해결되었다.
④ 층간 소음 문제로 분쟁이 자주 발생한다.

※ [29~30] 다음을 듣고 물음에 답하십시오. (각 2점)

29. 남자는 누구인지 고르십시오.

　　① 약사　　　　　② 환자　　　　　③ 간호사　　　　　④ 병원 관계자

30. 들은 내용으로 맞는 것을 고르십시오.

　　① 건강에 도움이 되는 것은 많이 챙겨 먹을수록 좋다.
　　② 자신에게 맞는 의약품을 정확하게 알고 먹어야 한다.
　　③ 건강할 때는 약이나 건강 보조 식품을 먹을 필요가 없다.
　　④ 건강 보조 식품은 부작용이 많기 때문에 피하는 것이 좋다.

※ [31~32] 다음을 듣고 물음에 답하십시오. (각 2점)

31. 남자의 생각으로 맞는 것을 고르십시오.

　　① 반려동물을 키우는 사람들이 많아지고 있다.
　　② 반려동물도 가족처럼 여기고 책임을 져야 한다.
　　③ 인간의 이기심으로 인해 자연 파괴가 심화되고 있다.
　　④ 집에서 기르는 동물이 거리로 나가 문제가 되고 있다.

32. 남자의 태도로 맞는 것을 고르십시오.

　　① 구체적인 상황을 들어 강하게 비판하고 있다.
　　② 불확실한 내용에 대해 상대방에게 질문하고 있다.
　　③ 정확한 자료를 가지고 논리적으로 설명하고 있다.
　　④ 여러 비교를 통해 차이점을 확실하게 밝히고 있다.

※ [33~34] 다음을 듣고 물음에 답하십시오. (각 2점)

33. 무엇에 대한 내용인지 맞는 것을 고르십시오.

　① 스마트폰 사용의 위험성
　② 피로와 스트레스 해소법
　③ 정보와 인맥 관리의 중요성
　④ 스마트폰 중독에 대한 대처 방법

34. 들은 내용으로 맞는 것을 고르십시오.

　① 스마트폰이 사람의 감정을 대신할 수 없다.
　② 스마트폰으로 전문적인 치료를 받을 수 있다.
　③ 인맥이나 계정을 정리해 주는 사이트가 생겼다.
　④ 과다한 정보 공유로 인해 중독 현상이 나타나고 있다.

※ [35~36] 다음을 듣고 물음에 답하십시오. (각 2점)

35. 남자는 무엇을 하고 있는지 고르십시오.

　① 교류 사업의 성과를 보고하고 있다.
　② 교류 사업의 일정을 제안하고 있다.
　③ 교류 사업 프로그램을 분석하고 있다.
　④ 교류 사업의 목적에 관해 설명하고 있다.

36. 들은 내용으로 맞는 것을 고르십시오.

　① 세계 각국의 대학생들이 교류회에 참가한다.
　② 교류회는 토론을 시작으로 열흘간 진행된다.
　③ 교류회에서 다양한 토론 방법을 배울 수 있다.
　④ 참가자들은 문화 체험 보고서를 제출해야 한다.

※ [37~38] 다음은 교양 프로그램입니다. 잘 듣고 물음에 답하십시오. (각 2점)

37. 여자의 중심 생각으로 맞는 것을 고르십시오.

　　① 건망증을 예방하려면 뇌의 휴식이 가장 중요하다.
　　② 건망증에 대처하기 위한 노력과 훈련이 필요하다.
　　③ 뇌는 자극이 많을수록 더욱 활발하게 활동을 한다.
　　④ 출산과 육아는 여자에게 여러 질병을 일으킬 수 있다.

38. 들은 내용과 일치하는 것을 고르십시오.

　　① 꾸준히 일을 해서 뇌에 자극을 주는 것이 좋다.
　　② 건망증은 여자뿐만 아니라 남자도 많이 생긴다.
　　③ 아이를 낳고 나서 건망증이 심해지는 경우가 많다.
　　④ 기억력이 좋아지려면 메모하는 습관을 가져야 한다.

※ [39~40] 다음은 대담입니다. 잘 듣고 물음에 답하십시오. (각 2점)

39. 이 담화 앞의 내용으로 알맞은 것을 고르십시오.

　　① 대학의 수가 점점 줄어들고 있다.
　　② 대학은 그 존재의 이유가 분명하다.
　　③ 대학은 역할이 어느 때보다 중요해졌다.
　　④ 대학의 이전과 현재의 의미가 달라졌다.

40. 들은 내용과 일치하는 것을 고르십시오.

　　① 직업 훈련 기관을 확대해야 한다.
　　② 대학의 역할은 지식을 발전시키는 일이다.
　　③ 대학을 나오면 직장을 보장 받을 수 있다.
　　④ 손쉽게 지식을 습득하기 위해 대학에 진학한다.

※ [41~42] 다음은 강연입니다. 잘 듣고 물음에 답하십시오. (각 2점)

41. 들은 내용과 일치하는 것을 고르십시오.

① 개인적인 국제 교류 관계를 점점 확대해야 한다.
② 국제 교류는 각국의 협력보다 자율성이 우선이다.
③ 상대와 대등한 관계라야 교류가 이루어질 수 있다.
④ 과학의 발달로 국제 사회에 대한 이해가 복잡해졌다.

42. 남자의 중심 생각으로 맞는 것을 고르십시오.

① 국제적 협력이 과학 기술의 발달에 영향을 준다.
② 개인은 국가와 사회의 보호 없이는 살아갈 수 없다.
③ 국가와 사회는 내부적으로 긴밀한 관계를 유지하고 있다.
④ 국제 관계는 상대를 인정하고 이해하는 것에서 출발한다.

※ [43~44] 다음은 다큐멘터리입니다. 잘 듣고 물음에 답하십시오. (각 2점)

43. 드므에 물을 담아 두었던 이유로 맞는 것을 고르십시오.

① 국가 행사의 성공을 기원하려고
② 궁궐에 부족한 물을 대신하려고
③ 화재가 났을 때 방화수로 쓰려고
④ 물에 자신의 얼굴을 비춰 보려고

44. 이 이야기의 중심 내용으로 맞는 것을 고르십시오.

① 드므는 만드는 방법과 모양이 다양했다.
② 드므는 화재 진압에 필수적인 존재였다.
③ 드므는 계절에 따라 관리 방법이 달랐다.
④ 드므는 방화수 이외에도 다른 의미가 있다.

※ [45~46] 다음은 강연입니다. 잘 듣고 물음에 답하십시오. (각 2점)

45. 들은 내용과 일치하는 것을 고르십시오.

　① 병원들의 과도한 경쟁으로 피해를 입는 환자들이 많다.
　② 대중교통의 발달은 첨단 의료 시설의 발전을 가져왔다.
　③ 대형 병원들의 연구 기피로 인해 질병 치료가 늦어지고 있다.
　④ 수도권으로 환자가 몰리고 있어 지역 병원이 어려움을 겪고 있다.

46. 남자의 태도로 가장 알맞은 것을 고르십시오.

　① 문제점을 분석하여 해결 방안을 제시하고 있다.
　② 연구 결과를 들어 자신의 의견을 주장하고 있다.
　③ 여러 의견을 통합하여 합의점을 모색하고 있다.
　④ 구체적인 사례를 통해 객관적으로 설명하고 있다.

※ [47~48] 다음은 대담입니다. 잘 듣고 물음에 답하십시오. (각 2점)

47. 들은 내용과 일치하는 것을 고르십시오.

　① 대학 사이에 울타리가 높아 소통이 불가능하다.
　② 인접 학문의 교류는 필수가 아닌 선택의 문제이다.
　③ 다른 학문의 영역을 넘보는 것은 바람직하지 않다.
　④ 순수성과 정통성을 고집하면 학문적 소통은 어려워진다.

48. 남자의 태도로 가장 알맞은 것을 고르십시오.

　① 연구의 중요성을 문헌 제시를 통해 설명하고 있다.
　② 학문의 전문성을 키우기 위한 대책을 제안하고 있다.
　③ 학문적 오류에 빠지지 않기 위한 방법을 문의하고 있다.
　④ 학문 간의 명확한 경계가 주는 문제점을 지적하고 있다.

※ [49~50] 다음은 강연입니다. 잘 듣고 물음에 답하십시오. (각 2점)

49. 들은 내용과 일치하는 것을 고르십시오.

　① 유럽에서는 초소형 전기차가 각광 받고 있다.
　② 초소형 전기차 개발보다 법 제도의 개선이 우선이다.
　③ 가정에서도 초소형 전기차를 재충전하는 것이 가능하다.
　④ 이번에 출시한 초소형 전기차의 가격은 천만 원 이상이다.

50. 남자의 태도로 가장 알맞은 것을 고르십시오.

　① 초소형 전기차의 실효성과 경제성에 대해 비판하고 있다.
　② 초소형 전기차 개발에 정부의 비용 지원을 제안하고 있다.
　③ 초소형 전기차 운행을 위한 법 제도 마련을 요구하고 있다.
　④ 국산 초소형 전기차의 성능을 외국의 제품과 비교하고 있다.

[51~52] 다음을 읽고 ㉠과 ㉡에 들어갈 말을 각각 한 문장으로 쓰십시오. (각 10점)

51.

우산을 찾습니다

지난주 금요일에 식당에서 우산을 잃어버렸습니다.

제 우산은 (㉠   ).

저에게는 추억이 담긴 소중한 물건입니다.

이 우산을 보신 분은 (㉡   ).

연락처는 010-1234-5678입니다.

52.

　　과거에는 일부 사람들만이 문화생활을 즐길 수 있었지만 현대 사회의 대중문화는 (　　㉠　　). 그러나 넘쳐나는 정보와 문화 콘텐츠로 인해 생산에는 참여하지 않고 소비만 하는 형태가 되고 있다. 바람직한 대중문화의 발전을 위해서는 문화를 소비만 하기보다는 (　　㉡　　).

※ [53] 다음 자료를 참고하여 광고의 종류와 전달 매체를 설명하는 글을
　　200~300자로 쓰십시오. (30점)

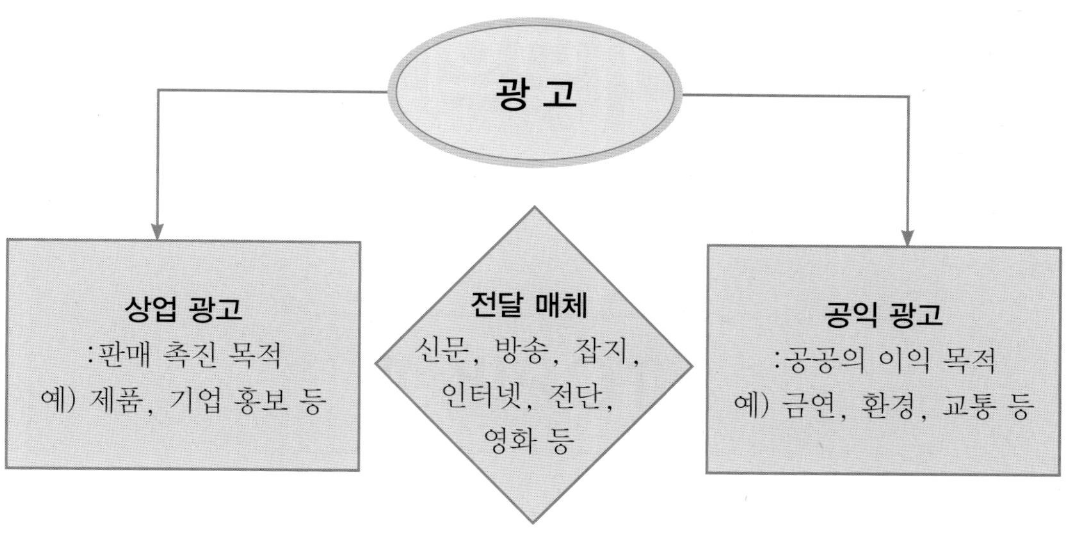

※ [54] 다음을 주제로 하여 자신의 생각을 600~700자로 글을 쓰십시오. (50점)

> 　문화는 사회 집단의 생활양식으로 사회에 따라 다양하게 나타납니다. 각각의 문화
> 는 다양성과 그 사회 구성원들에게 가치가 있는 특수성을 가지고 있기 때문에 문화
> 라는 이름의 보편성과 일반성의 기준에 의해 함부로 평가될 수 없습니다. 문화를 이해
> 하는 올바른 태도에 대해 아래 내용을 중심으로 자신의 생각을 쓰십시오.
>
> • 문화적인 편견에는 어떤 문제점이 있습니까?
> • 문화를 이해하는 올바른 태도는 무엇입니까?

＊원고지 쓰기의 예

		어	려	운		일	이		생	겼	을		때		그		일	을		대
하	는		우	리	의		태	도	는		크	게		두		가	지	이	다	

실전 모의고사

TOPIK II

2교시　　　**읽기**

수험번호(Registration No.)		
이 름 (Name)	한국어(Korean)	
	영 어(English)	

유 의 사 항

Information

1. 시험 시작 지시가 있을 때까지 문제를 풀지 마십시오.

   Do not open the booklet until you are allowed to start.

2. 수험번호와 이름을 정확하게 적어 주십시오.

   Write your name and registration number on the answer sheet.

3. 답안지를 구기거나 훼손하지 마십시오.

   Do not fold the answer sheet; keep it clean.

4. 답안지의 이름, 수험번호 및 정답의 기입은 배부된 펜을 사용하여 주십시오.

   Use the given pen only.

5. 정답은 답안지에 정확하게 표시하여 주십시오.

   Mark your answer accurately and clearly on the answer sheet.

   marking example   ① ● ③ ④

6. 문제를 읽을 때에는 소리가 나지 않도록 하십시오.

   Keep quiet while answering the questions.

7. 질문이 있을 때에는 손을 들고 감독관이 올 때까지 기다려 주십시오.

   When you have any questions, please raise your hand.

TOPIK Ⅱ 읽기 (1번~50번)

※ [1~2] (　　　)에 들어갈 가장 알맞은 것을 고르십시오. (각 2점)

1. 새 집이 조용해서 좋을 줄 알았는데 이사를 (　　　) 좀 시끄러워요.

　① 하고 보니까　　　　　② 하는 대신에
　③ 하기는 해도　　　　　④ 할 게 아니라

2. 길을 가다가 자전거와 부딪혀서 (　　　　　).

　① 넘어져야지요　　　　　② 넘어질 뻔했어요
　③ 넘어질 따름이에요　　　④ 넘어지는 편이에요

※ [3~4] 다음 밑줄 친 부분과 의미가 비슷한 것을 고르십시오. (각 2점)

3. 아침을 안 먹었더니 배가 고파서 <u>쓰러질 지경이다</u>.

　① 쓰러질 모양이다　　　　② 쓰러지기 마련이다
　③ 쓰러질 정도이다　　　　④ 쓰러질 수밖에 없다

4. 시간이 늦어서 지금 <u>출발하나 마나</u> 기차를 탈 수 없을 것이다.

　① 출발해 봤자　　　　　② 출발하기는커녕
　③ 출발하고 보니　　　　④ 출발한다고 치면

※ [5~8] 다음은 무엇에 대한 글인지 고르십시오. (각 2점)

5.

시원함과 따뜻함을 버튼 하나로!
물! 이제 안심하세요.

① 에어컨　　　② 세탁기　　　③ 냉장고　　　④ 정수기

6.

미래를 만나는 곳!
과거와 현재를 만나면 미래가 보입니다.

① 커피숍　　　② 미술관　　　③ 박물관　　　④ 미용실

7.

적당량을 손 전체에 골고루 바르십시오.
물기가 없어질 때까지 충분히 문지르십시오.
물 없이 언제 어디서나 가능합니다.

① 제품 설명　　　② 사용 방법　　　③ 선택 기준　　　④ 주의 사항

8.

엄마의 손맛, 집 밥
내 손으로 만들어 보아요!
시청문화센터 선착순 50명 / 회비: 1개월(매주 금) 2만 원

① 예약 방법　　　② 여행 상품　　　③ 행사 일정　　　④ 회원 모집

※ [9~12] 다음 글 또는 도표의 내용과 같은 것을 고르십시오. (각 2점)

9.

연극 〈내 손을 잡아 줘〉

지난 3년 간 관객 평가 1위를 놓치지 않은 화제의 연극! 더욱 새로워진 모습으로 여러분을 찾아갑니다.

★기 간: 2016년 12월 5일부터 ~ 종료 시까지
★시 간: 월~목 저녁 6시, 금~일 오후 4시/7시
★가 격: 성인 25,000원 / 학생 15,000원

※학생 할인은 인터넷 예매 시에만 적용됩니다.
※입장은 공연 시작 한 시간 전부터 가능합니다.

① 평일 공연은 저녁 6시에 관람할 수 있다.
② 공연 시작 한 시간 전까지 도착해야 한다.
③ 3년 전과 같은 내용으로 계속 공연하고 있다.
④ 학생 할인을 받으려면 인터넷을 이용해야 한다.

10.

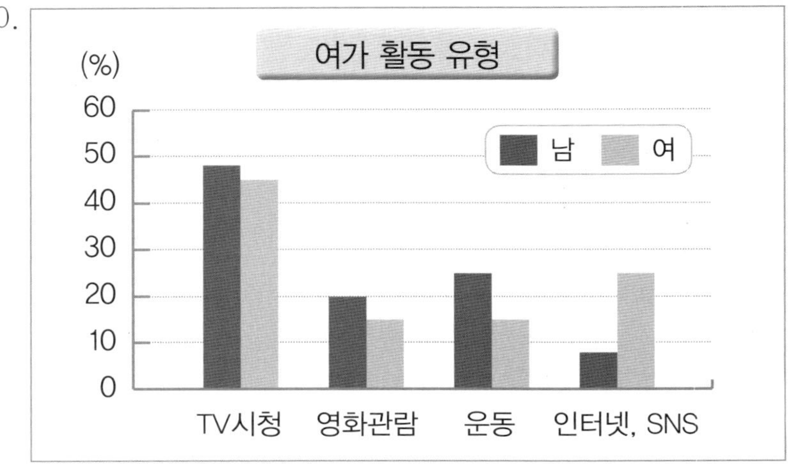

① 남녀 모두 절반 이상이 여가 시간에 TV를 본다.
② 남자보다 여자가 여가 시간에 영화를 많이 본다.
③ 남자는 여자보다 여가 시간에 운동을 하는 사람이 많다.
④ 여자는 여가 시간에 인터넷이나 SNS를 거의 하지 않는다.

11.

> 　여행자들은 처음 가는 곳에 대해 걱정이 많기 때문에 여행지에 관한
> 정보를 알고 싶어 한다. 그래서 제주도에서는 '여행도우미 제도'를
> 마련했다. 여행도우미들은 제주도 현지인으로서 제주의 역사적 배경과
> 문화, 풍습 등을 잘 알고 있기 때문에 여행자들이 보다 특별한 여행을
> 즐길 수 있게 도움을 준다.

① 여행도우미는 제주도 사람으로 구성되었다.

② 도우미는 친구가 되어 좋은 곳을 소개한다.

③ 여행도우미는 여러 호텔에서 일하는 직원이다.

④ 도우미는 여행자가 여행하는 동안 함께 여행한다.

12.

> 　요즘은 요리하는 방송이 많아졌고 인기도 있어서 많은 사람들이 요리와
> 사랑에 빠졌다. 예전처럼 단순히 맛있는 식당을 찾아가고 소개하는 것이
> 아니라 요리사나 전문가가 나와서 진짜 요리를 보여준다. 요리 경연이나
> 재료를 직접 키워 요리하는 프로그램 등 그 종류도 다양하다. 요리가
> 생활의 일부가 아니라 즐기는 문화가 되어 가고 있는 것이다.

① 현대인들은 재료를 직접 키워 요리한다.

② 요리를 문화로 즐기려는 움직임이 활발하다.

③ 다양한 요리 프로그램 때문에 외식이 많아졌다.

④ 전문가들이 식당을 소개하는 방송이 인기가 있다.

※ [13~15] 다음을 순서대로 맞게 배열한 것을 고르십시오. (각 2점)

13.

> (가) 이런 경우에는 청소용으로 활용하여 냉장고 등 가전제품을 닦으면 좋다.
> (나) 또한 남은 맥주와 물을 섞어 화분에 뿌려 주면 맥주의 영양소로 인해 꽃이 잘 자라게 된다.
> (다) 집에서 맥주를 마시다 보면 남기는 경우가 종종 있다.
> (라) 이때 남은 맥주를 버리기 아까워 보관하다 보면 김이 빠져 맛이 없어진다.

① (가) - (라) - (다) - (나) ② (다) - (라) - (가) - (나)
③ (가) - (다) - (나) - (라) ④ (다) - (나) - (라) - (가)

14.

> (가) 어떤 운동을 선택하든 본인의 상태와 목적에 맞게 하는 것이 효과적인 건강 관리가 될 것이다.
> (나) 자전거는 유산소 운동으로 혈액 순환을 도와주고 스트레스 해소에도 효과가 있다.
> (다) 반면, 달리기는 지구력을 강화하는 데 도움이 되지만 장시간 지속할 수가 없고 부상의 가능성이 높다.
> (라) 걷기 또한 안전하고 장소의 구애를 받지 않아 손쉽게 할 수 있는 운동이다.

① (나) - (다) - (라) - (가) ② (가) - (다) - (라) - (나)
③ (나) - (라) - (다) - (가) ④ (가) - (나) - (다) - (라)

15.

> (가) 남극은 대륙으로 이루어져 있는 반면, 북극은 바다이기 때문에 상대적으로 덜 추운 것이다.
> (나) 따라서 북극에는 사람이 살고 있지만 남극에는 원주민이 없고 각국에서 환경을 연구하는 기지가 자리 잡고 있다.
> (다) 그런데 양쪽을 비교하면 북극에 비하여 남극이 더 춥다.
> (라) 남극과 북극은 지구의 남쪽과 북쪽의 극지방에 위치한 추운 지역이다.

① (가) - (나) - (다) - (라) ② (가) - (라) - (나) - (다)
③ (라) - (나) - (다) - (가) ④ (라) - (다) - (가) - (나)

※ **[16~18] 다음을 읽고 (   )에 들어갈 내용으로 가장 알맞은 것을 고르십시오.**
 (각 2점)

16.

> 콜라나 사이다 등의 탄산음료는 흔들렸을 경우 뚜껑을 열었을 때 내용물이 쉽게 밖으로 넘친다. 이것은 탄산 성분이 물보다 가벼워 윗부분에 있기 때문이다. 따라서 먹고 남은 탄산음료를 보관할 경우에는 뚜껑을 닫은 후에 (   ) 탄산이 빠져나가는 것을 막을 수 있다.

① 거꾸로 세워 두면　　　　② 뚜껑을 종이로 싸면
③ 충분히 흔들어 주면　　　　④ 시원한 곳에 보관하면

17.

> 몸속의 혈액은 심장을 출발하여 여러 곳을 돌고 나서 다시 심장으로 돌아오게 된다. 오랫동안 서 있거나 앉아 있으면 다리가 붓거나 무거워지는 느낌이 드는데 이것은 혈액 순환이 잘 안 되어 (   ) 때문이다. 이럴 때에는 다리를 심장보다 높게 올려 주는 것이 좋다.

① 심장에 무리가 가기
② 몸 전체에서 힘이 빠지기
③ 혈액이 심장까지 미치지 못하기
④ 혈액 속에 안 좋은 것들이 쌓이기

18.

> 인간이 몸의 균형을 잡는 데에는 귓속에 있는 기관이 중요한 역할을 담당한다. 그밖에 (   ) 보통 사람에게 눈을 가리고 걸으라고 하면 평소보다 균형을 잡기가 어렵다. 눈을 감으면 한 발로 서서 균형을 잡기가 어려운 것 역시 이 때문이다.

① 방향을 구분해야 하는데
② 좋은 시력을 유지해야 하는데
③ 시각이 보조적으로 사용되는데
④ 타고난 균형 감각이 필요한데

※ [19~20] 다음을 읽고 물음에 답하십시오. (각 2점)

최근 극심한 가뭄이 계속되면서 곳곳에서 농업용수 부족은 물론 식수난까지 벌어지고 있다. 우리나라를 비롯해서 아시아의 여러 지역이 가뭄으로 몸살을 앓고 있는데 이는 엘니뇨 현상의 영향을 받고 있기 때문이다. 엘니뇨는 적도 부근에서 불어오는 무역풍이 세력이 약화되면서 해수면의 온도가 (   ) 상승하면서 나타나는 현상이다. 엘니뇨가 나타나면 중남미 지역에는 폭우나 홍수가 발생하지만 아시아 지역에는 무덥고 건조한 날씨가 찾아오게 된다.

19. (   )에 들어갈 알맞은 것을 고르십시오.

    ① 다행히   ② 급격히   ③ 완전히   ④ 충분히

20. 이 글의 내용과 같은 것을 고르십시오.

    ① 가뭄이나 지진과 같은 자연재해가 곳곳에서 이어지고 있다.
    ② 엘니뇨 현상으로 비가 오지 않아 전 세계가 몸살을 앓고 있다.
    ③ 비가 내리지 않아서 먹을 물도 부족한 상황이 벌어지고 있다.
    ④ 적도에서 부는 바람이 바닷물의 온도를 낮춰 피해가 발생했다.

※ [21~22] 다음을 읽고 물음에 답하십시오. (각 2점)

> 대출 금리가 떨어지면서 금융 기관에서 돈을 빌리는 사람들이 늘고 있다. 대출 금리가 낮으면 빌린 돈에 대한 이자를 적게 내기 때문이다. 이자에 대한 부담이 적다 보니 사람들은 대출 받은 돈으로 주식에 투자하기도 한다. 단기간에 주식으로 큰돈을 벌면 빌린 돈을 갚고도 남는다는 생각을 하는 것이다. 그러나 주식에 투자하여 손해를 볼 경우 오히려 빚은 (   ) 늘어나게 된다. 여기에 금리가 다시 오를 경우 갚아야 하는 이자도 늘어나는 만큼 무리한 욕심을 부리지 말아야 한다.

21. (   )에 들어갈 알맞은 것을 고르십시오.

    ① 눈 깜짝할 사이에
    ② 귀에 못이 박히게
    ③ 입이 귀에 걸리게
    ④ 발 디딜 틈도 없이

22. 이 글의 중심 생각을 고르십시오.

    ① 큰돈을 벌려면 위험해도 도전해 봐야 한다.
    ② 금리가 낮을 때에는 저축해도 소용이 없다.
    ③ 금리가 오르기 전에 대출한 돈을 갚아야 한다.
    ④ 대출한 돈으로 주식 투자를 하는 것은 위험하다.

※ [23~24] 다음을 읽고 물음에 답하십시오. (각 2점)

내일은 집으로 돌아가는 날이다. 여행이 끝나가는 것이 아쉬워 호텔에 짐을 풀자마자 거리로 나갔다. 언제나 그렇듯이 발길 닿는 대로 걷다가 어느 골목 끝에서 우연히 작고 아담한 커피숍을 발견했다. 고풍스러운 분위기에 이끌려 문을 연 순간 마치 타임머신을 타고 중세 시대로 돌아간 듯했다. 커피 한 잔을 주문하고 카메라 속에 담긴 사진들을 넘겨보면서 여행을 정리하고 있을 때 주인아저씨가 다가와 알아들을 수 없는 말과 함께 커피 한 잔을 내미셨다. 나는 <u>머리를 긁적이며</u> 손짓, 발짓으로 괜찮다는 표현을 했지만 아저씨의 표정과 손짓은 마셔 보라는 의미인 것 같았다. 자꾸 거절하는 것이 미안해서 커피를 한 모금 마시는 순간, 한마디로 표현할 수 없는 풍요롭고 깊은 맛을 느낄 수 있었다. 이것이야말로 이번 여행에서 만날 수 있었던 최고의 행복이었다.

23. 밑줄 친 부분에 나타난 나의 기분으로 알맞은 것을 고르십시오.

① 곤란하다   ② 안타깝다

③ 우울하다   ④ 서운하다

24. 이 글의 내용과 같은 것을 고르십시오.

① 마지막 날 여행 일정은 하루 종일 바빴다.
② 커피숍은 예전에도 와 본 적이 있는 곳이다.
③ 주인아저씨가 두 번째 커피를 무료로 주셨다.
④ 나는 여러 가지 커피를 주문해서 마셔 보았다.

※ [25~27] 다음은 신문 기사의 제목입니다. 가장 잘 설명한 것을 고르십시오.
  (각 2점)

25.

> 수출 비상등... 6개월 연속 내리막길

① 수출이 지속적으로 증가하고 있다.
② 수출이 계속 감소하여 문제가 심각하다.
③ 수출이 감소하다가 다시 증가로 돌아섰다.
④ 수출이 증가했지만 수익은 오히려 감소하고 있다.

26.

> '살아 있는 에어컨' 도시 속 공원, 찜통더위 해결사

① 도시 공원은 에어컨의 역할을 해 준다.
② 도시 더위는 에어컨으로 해결할 수 있다.
③ 도시 더위는 마치 찜통처럼 숨 막히게 한다.
④ 도시 공원은 여러 가지 문제를 해결할 수 있다.

27.

> 불법 현수막 홍수, 시민 안전도 위협 받아

① 홍수로 인해 시민들이 위험에 빠져 있다.
② 현수막이 넘쳐나서 거리를 오염시키고 있다.
③ 거리의 현수막들은 법적인 문제를 일으키고 있다.
④ 허락 없이 걸린 현수막으로 인해 사고의 위험이 많다.

※ [28~31] 다음을 읽고 (   )에 들어갈 내용으로 가장 알맞은 것을 고르십시오.
(각 2점)

28.

> 회사에 처음 입사한 신입사원들은 늘 긴장할 수밖에 없다. 회사 업무도 익혀야 하고 직장 상사나 직원들과의 관계도 신경을 써야 한다. 또한 누가 말해 주지 않아도 (   ) 하는 일들이 많다. 그러나 모든 것을 완벽하게 할 수 있는 사람은 많지 않다. 상사가 개인적인 감정이나 편견을 가진 사람이 아니라면 최선을 다하는 사람을 나무랄 수는 없다. 혼자 판단했을 때의 실수가 두려워 행동하지 않는 것보다는 실수를 하더라도 노력하는 모습이 더 아름답기 때문이다.

① 스트레스를 받아야
② 앞서 나가지 말아야
③ 스스로 알아서 행동해야
④ 자기 마음대로 결정해야

29.

> 우리가 사는 지구 환경을 보호해야 한다는 사실은 누구나 알고 있지만 (   ) 소극적인 경우가 많다. 그러나 우리의 아이들에게 깨끗한 자연 환경을 물려주기 위해서라도 사회적 구성원 간의 적극적인 참여와 실천이 필요하다. 대중교통을 이용한다거나 일회용품 사용을 줄이는 것 그리고 실내의 적정 온도를 유지하는 것 등 우리가 조금만 관심을 기울이면 생활 속에서 쉽게 실천할 수 있는 방법은 얼마든지 있다.

① 흔히 사용하는 것에는
② 마음 놓고 사는 것에는
③ 막상 행동으로 옮기는 것에는
④ 같은 입장으로 생각하는 것에는

30.

> 콘크리트 건물 옥상에 각종 채소나 식물을 키우는 것을 종종 볼 수 있다. 농작물을 재배할 땅이 부족한 도시에서 이처럼 옥상에 화초나 식물을 키우게 되면 수확의 기쁨을 얻을 수 있다. 또한 여름에는 건물의 온도를 낮춰 주기 때문에 시원하고 겨울에는 온도를 높여 난방에도 도움을 준다. 건물 옥상에 정원이나 텃밭을 가꾸는 것은 (   ) 경제적으로도 냉난방비를 절감할 수 있다는 일석이조의 효과를 거둘 수 있다.

① 번거롭게 손이 많이 가지만
② 누구나 쉽게 하긴 어렵지만
③ 반대하는 사람들을 설득하여
④ 손쉽게 자연을 접할 수 있고

31.

> 뼈가 약해서 구멍이 생기는 질병인 골다공증은 흔히 중년 여성에게 (   ) 알려져 있다. 골다공증 초기에는 증상이 별로 없으나 점점 허리에 통증이 오고 쉽게 피곤을 느끼게 된다. 그러나 남성들도 이런 골다공증에서 자유롭지 않다. 물론 여성에 비해 적긴 하지만 남성 환자 수도 지속적으로 증가하고 있다. 이는 과도한 흡연이나 음주, 운동 부족 또는 영양 불균형 등이 원인이 되므로 평소 건강관리에 신경을 써야 한다.

① 특히 강한 것으로
② 많이 나타나는 것으로
③ 발생 가능성이 낮은 것으로
④ 필요한 조건을 갖춘 것으로

32.

> 공상과학영화에서나 나오던 로봇이 현실화되고 있다. 최근에는 사람과 감정을 공유하며 대화를 나눌 수 있는 로봇이 판매에 성공하여 화제가 되었다. 또한 식당에서 주문을 받거나 가수로서 실제 공연을 가진 로봇도 있다. 이와 더불어 아픈 환자를 간호하는 로봇, 재난 현장에서 구조 활동을 펴는 로봇 등 앞으로 일상생활에서 로봇의 활동 범위는 무궁무진할 것으로 보인다.

① 로봇이 가수처럼 공연을 하는 것은 불가능하다.
② 공상과학영화에 출연한 로봇이 화제가 되고 있다.
③ 로봇이 재난 현장에서 사람들을 구조할 수도 있다.
④ 환자와 대화를 나누는 로봇이 많이 판매되고 있다.

33.

> 대학의 기숙사가 턱없이 부족한 상황에서 독거노인과 대학생을 연결해 주는 제도가 호응을 얻고 있다. 혼자 사는 노인이 빈방에 세를 놓으면 기숙사를 구하지 못한 대학생이 입주하는 것으로, 노인들은 월세를 받음으로써 생활비에 보탬이 되는 데다 젊은 학생들 덕분에 활기를 찾아서 좋다는 반응이다. 대학생들 역시 상대적으로 저렴한 비용에 방을 구할 수 있고 어르신들의 따뜻한 정을 느낄 수 있어 호응도가 매우 높은 편이다.

① 대학의 기숙사가 부족하여 문제가 되고 있다.
② 학생들이 매월 독거노인들에게 생활비를 드린다.
③ 노인들과 학생들 모두 같이 사는 것에 만족하고 있다.
④ 독거노인들은 대학생들에게 무료로 방을 제공하고 있다.

34.

음성 인식과 인공지능 기술을 통한 스마트폰의 개인 비서 서비스가 앞다투어 개발되고 있다. 사용자의 위치 정보나 동선, 일정 등을 파악하여 개인에게 최적화된 서비스를 제공하는 것이다. 예를 들어 스마트폰으로 기사를 검색하던 사용자가 버튼을 누르면 기사 속 장소의 정보와 연락처를 알려 준다. 음성으로 다양한 언어를 인식하는 것이 가능하며 간단한 대화를 나눌 수도 있다. 특정 정보를 요구하면 바로 검색하여 제공하기도 한다.

① 스마트폰을 사용하는 개인 비서들이 빠르게 늘어나고 있다.
② 스마트폰이 여러 언어를 인식하는 것은 현재로서 불가능하다.
③ 특수한 정보를 검색하려면 위치 정보나 일정을 입력해야 한다.
④ 스마트폰 사용자에 맞추어 개별 서비스를 제공할 수 있게 되었다.

※ [35~38] 다음 글의 주제로 가장 알맞은 것을 고르십시오. (각 2점)

35.

청년 실업률이 점점 증가하고 있어 그 심각성이 날로 커지고 있다. 이에 정부 및 관련 기관에서 청년 실업 문제를 해결하기 위한 여러 대책을 내놓고 있다. 그러나 대기업만을 선호하는 고질적인 사회 인식이 개선되지 않는 한 청년 실업 문제가 쉽게 해결되기는 어려울 것으로 보인다. 이와 더불어 규모가 작아도 믿을 수 있는 중소기업을 적극 홍보하여 실질적인 일자리 창출과 고용 환경 개선에 힘을 기울여야 할 것이다.

① 심각한 청년 실업률을 감소시키기 위한 국민적 지원이 따라야 한다.
② 대기업보다 중소기업을 많이 발전시켜야 일자리가 많이 생기게 된다.
③ 일자리 부족으로 실업 문제가 가중되고 있어 정부의 대책 마련이 시급하다.
④ 청년 실업 문제를 해결하기 위해서는 사회 인식의 변화가 우선되어야 한다.

36.

> 자동차의 연료를 줄이기 위해서는 운전자의 지혜가 필요하다. 교통 정보 확인의 생활화나 운전 습관 그리고 적절한 자동차 관리가 연료를 대폭 절감할 수 있는 비결이 된다. 급출발, 급제동을 비롯하여 과속을 한다든지 시동을 켠 후 너무 오래 지체하는 것은 연료를 낭비하는 안 좋은 행동들이다. 운전자 개개인이 조금만 주의를 기울이면 얼마든지 연료 절약과 함께 교통사고 예방까지 일석이조의 효과를 거둘 수 있다.

① 사고를 줄이려면 늘 교통 정보에 귀를 기울여야 한다.
② 적절한 자동차 관리는 자동차의 수명을 연장시킬 수 있다.
③ 운전자 부주의로 인해 다른 사람들이 피해를 입는 경우가 많다.
④ 운전자의 지혜와 습관이 연료 절약과 교통사고를 예방할 수 있다.

37.

> 광고는 판매를 위해 상품에 대한 정보를 사람들에게 널리 알린다는 의미를 가진다. 그러나 간혹 과하게 포장한다거나 허위 사실을 광고하여 소비자들의 판단을 흐리는 경우가 있다. 이러한 과대 과장 광고는 소비자의 눈을 속여 부당한 이익을 취하려는 의도를 가지고 있으므로 광고를 무조건 믿어서는 안 된다. 동일 종목의 상품이라면 여러 회사의 제품을 비교하여 성능이나 가격 등에 대한 정보를 정확히 파악한 후에 선택하는 것이 안전하다.

① 광고는 소비자에게 솔직하게 다가가기 위해 노력해야 한다.
② 여러 회사의 광고와 제품을 비교 선별하는 능력이 필요하다.
③ 소비자들의 정확한 판단과 평가가 좋은 광고를 만들게 한다.
④ 과장 광고에 속지 않으려면 다양한 제품의 광고를 접해야 한다.

38.

최근 노래 부르는 사람의 얼굴을 가린 채 가창력만으로 관중들을 사로잡는 프로그램이 사람들의 시선을 모으고 있다. 외모나 기존에 가지고 있는 이미지로 인해 노래에 대한 평가를 제대로 받지 못했던 가수들에게 새로운 기회가 주어진 것이다. 이런 인기에 힘입어 노래를 잘하는 실력파 가수나 배우들의 출연 요청도 이어지고 있다고 한다. 편견 없는 진정한 음악을 들려주고 싶었다는 제작 의도에서도 알 수 있듯이 남다른 시도로 다양한 음악 프로그램의 가능성을 보여준 좋은 사례가 될 것으로 보인다.

① 남들과는 다른 특별한 시도가 새로운 가능성과 기회를 가져 온다.
② 외모보다는 가창력으로 평가를 받아야 진정한 가수라고 할 수 있다.
③ 음악 프로그램은 특별한 가수들이 출연을 해야 인기를 얻을 수 있다.
④ 다양한 음악 프로그램을 만들기 위해 더 많은 가수를 발굴해야 한다.

※ [39~41] 다음 글에서 〈보기〉의 문장이 들어가기에 가장 알맞은 곳을 고르십시오. (각 2점)

39.

지구는 태양의 주위를 돌고 있으며 달은 지구의 주위를 돌고 있다. (㉠) 지구와 달이 서로 다른 속도로 돌다 보면 달이 지구와 태양의 사이에 위치할 때가 생긴다. (㉡) 이 그림자 안에서 보면 달에 가려져 태양이 보이지 않는 것을 '일식'이라고 한다. (㉢) 고대 사람들은 일식의 원인을 몰랐기 때문에 이러한 현상을 보고 불길하다고 생각하기도 했다. (㉣)

―――〈보 기〉―――

이때 달이 태양을 가리게 되어 지구상에 달의 그림자가 생기게 된다.

① ㉠   ② ㉡   ③ ㉢   ④ ㉣

40.

> 현대인들에게 가장 무서운 질병 중 하나인 암은 흔히 불치병으로 알려져 있다. (㉠) 정상적인 세포는 어느 정도 분열을 한 후에는 더 이상 수가 늘지 않고 다른 부위로 이동하는 일도 없다. (㉡) 하지만 암세포는 계속해서 새로운 암세포를 만들어 내며 혈관을 타고 신체 각 부위에 퍼지는 것이 특징이다. (㉢) 수술 및 화학 치료로 일단 암세포를 죽인다고 해도 전이 여부를 확인해야 하기 때문에 완치 판정을 내릴 때까지 시간이 걸린다. (㉣)

─────〈보 기〉─────

> 이는 암세포가 생긴 후 끊임없이 여러 곳으로 전이되어 치료가 어렵기 때문이다.

① ㉠　　　② ㉡　　　③ ㉢　　　④ ㉣

41.

> 김민석 교수가 쓴 『청춘에게 바치는 노래』가 출판되자마자 뜨거운 관심을 모으고 있다. (㉠) 이 책은 인생의 방향을 잃고 헤매는 20대에게 들려주는 따뜻한 메시지를 담고 있다. (㉡) 청년들은 좁은 취업문을 통과하기 위해 각종 자격증과 경력을 쌓으며 노력하고 있지만 제대로 하고 있는 것인지 확인할 길이 없다. (㉢) 이 책을 많은 젊은이들이 찾고 있다는 것이야말로 그들에게 조언해 줄 존재가 필요함을 보여 주는 반증이기도 하다. (㉣)

─────〈보 기〉─────

> 또한 주변에 인생의 고민을 들어주고 격려해 줄 사람이 없다는 것도 문제이다.

① ㉠　　　② ㉡　　　③ ㉢　　　④ ㉣

※ [42~43] 다음을 읽고 물음에 답하십시오. (각 2점)

> 나는 9시 보통 급행 좌석표를 사 놓고 나서 역전 거리의 음식집을 골라 들어갔다. 줄곧 마시기만 하고 먹은 게 없어 속이 몹시 쓰렸던 것이다.
>
> 꽤나 너른 음식점인데도 아침을 못 들고 나온 여행자들로 빈자리가 드물었다. 나는 겨우 한구석을 찾아 앉아 설렁탕을 주문한 다음 탁자 위에 접혀 있던 신문을 펼쳐 놓았다. 석간이 이튿날 식전에나 나오고 조간이 오후에 배달되는 곳이라 새로운 것이 없어 건성으로 들여다보고 있었다. 그러던 중 나는 듣던 목소리가 있어 얼핏 고개를 들었는데 계산석 앞에서 돈을 치르고 있던 사내는 뜻밖에도 수찬이었다.
>
> 나들이옷으로 말쑥하게 차려입은 수찬이 곁에는 스무남은이 될락말락한 가무잡잡한 긴 머리 처녀가 붙어 있었다. 내가 알은체를 할 사이도 없이 수찬은 큼직한 여행가방을 들고 나갔다. 여자도 배부른 여행가방과 핸드백을 두 손에 나눠들고 뒤따라나갔다.
>
> <u>마침 내 자리에도 음식이 놓이고 있어 나가볼 수는 없었다.</u> 그러나 그들이 정거장으로 가는 것은 유리문 밖으로 내다볼 수는 있었다.

출처: 이문구(1996), 『관촌수필』, 문학과지성사, 377-378쪽.

42. 밑줄 친 부분에 나타난 나의 심정으로 알맞은 것을 고르십시오.

① 허탈하다 ② 궁금하다
③ 원망스럽다 ④ 만족스럽다

43. 이 글의 내용과 같은 것을 고르십시오.

① 나는 며칠 동안 굶은 탓에 매우 배가 고팠다.
② 음식점 안에는 손님이 별로 없어 매우 한산했다.
③ 수찬은 여자의 가방까지 모두 들고 밖으로 나갔다.
④ 나는 기차를 기다리며 근처의 음식점으로 들어갔다.

※ [44~45] 다음을 읽고 물음에 답하십시오. (각 2점)

일반적으로 약은 식후에 먹는 것이 좋다고 생각하는 경향이 있지만 약의 특성에 따라 복용 시간도 달라진다. 호르몬 분비를 돕는 약이라면 몸속의 호르몬이 기상 시간 전후로 분비되므로 아침에 먹는 것이 좋다. 혈압약 역시 잠자리에서 일어난 후에 혈압이 가장 높으므로 아침에 먹는 것이 효과적이다. 위에서 위산이 많이 분비되면 속이 쓰린 증상이 나타나는데 위산 분비를 억제하는 약은 식사 전에 먹는 것이 좋다. 식후에는 음식물을 소화하기 위해 위산이 많이 나오기 때문에 미리 약을 먹어야 (   ) 있다. 한편 감기약 중에서 졸음이 오거나 집중력을 떨어지게 하는 성분이 있는 경우에는 하루일과를 마친 후에 먹을 것을 권한다.

44. 이 글의 주제로 알맞은 것을 고르십시오.

① 식후에 먹는 약의 종류는 생각보다 많지 않다.
② 약의 특성에 따라 복용 시간을 조절해야 한다.
③ 복용 시간을 지켜야 약의 부작용을 줄일 수 있다.
④ 약 먹는 시간을 지키지 못하면 다음 날 먹는 것이 좋다.

45. (   )에 들어갈 내용으로 가장 알맞은 것을 고르십시오.

① 속이 쓰린 부작용을 막을 수
② 음식물의 소화를 촉진시킬 수
③ 위산이 분비되는 것을 줄일 수
④ 음식을 먹고 싶은 욕구를 누를 수

※ [46~47] 다음을 읽고 물음에 답하십시오. (각 2점)

조직에서 업무를 수행할 때 친한 사람과 친하지 않은 사람 중 어느 쪽이 더 좋은 결과를 낼 수 있을까? 인간관계의 친밀도가 조직에 미치는 성과를 알아내기 위한 실험을 했다. (㉠) 친밀도가 높은 사람들과 상대적으로 친밀도가 낮은 사람들을 각각의 그룹으로 만들어 같은 과제를 주었다. (㉡) 결과는 친밀도가 높은 그룹이 훨씬 더 완성도가 높은 것으로 나왔다. (㉢) 그렇기 때문에 직장 동료를 친구로 생각하지 말고 사무적으로 대하라는 충고를 받기도 한다. (㉣) 하지만 직장에 친한 사람들이 많다면 서로 실망시키지 않기 위해 노력할 것이고 업무에도 집중하게 될 것이다.

46. 다음 문장이 들어가기에 가장 알맞은 곳을 고르십시오.

그러나 우리는 흔히 직장의 경우 친밀한 관계보다는 전문성을 더 강조한다.

① ㉠　　　　② ㉡　　　　③ ㉢　　　　④ ㉣

47. 이 글의 내용과 같은 것을 고르십시오.

① 직장에서는 전문성보다 친밀성을 강조한다.
② 직장 동료와 친하면 친할수록 일을 더 잘한다.
③ 직장 동료에게는 사무적으로 대하는 것이 좋다.
④ 직장에 친구가 많으면 업무에 집중하기 힘들다.

※ [48~50] 다음을 읽고 물음에 답하십시오. (각 2점)

　영재교육에 대한 부모들이나 사회적 관심이 뜨겁다. 영재교육이란 능력이 뛰어난 아이들을 발굴하여 국가나 사회에 이바지할 수 있는 우수한 인재를 양성하는 교육이다. 그런데 이러한 영재교육을 받는 학생들 가운데 대부분이 수학이나 과학 분야에 집중되는 영역 편중 현상이 심화되고 있다. 이러한 편중 현상은 공교육에 대한 불신과 함께 사교육 시장을 과열시켜 또 다른 경쟁을 부추긴다는 지적도 있다. 이는 영재교육의 본래 취지인 (　　　　　　) 명문대나 일류 대학을 목표로 하는 입시 위주의 영재교육이 강조되고 있기 때문이다. 또한 영재교육 대상자를 선발할 때의 문제점도 대두되고 있다. 한두 번의 시험이나 검사를 통해 대상자를 선발하다 보니 여기에 맞추기 위해 다시 <u>사교육 시장으로 내몰리게 되는 악순환이 거듭되고 있는 것이다.</u> 따라서 바람직한 영재교육을 위해서는 특정 분야를 넘어 인문 사회나 예술 영역 등으로 폭넓게 확대되어야 하며 영재를 선발할 때에도 다양하고 새로운 판별 방법이 강구되어야 할 것으로 보인다.

48. 필자가 이 글을 쓴 목적을 고르십시오.

　　① 영재교육을 통한 인재 양성의 필요성을 주장하기 위하여
　　② 공교육의 신뢰를 회복하기 위한 방법을 제시하기 위하여
　　③ 바람직한 영재교육을 위한 방법 개선을 촉구하기 위하여
　　④ 국가 경쟁력을 갖추기 위한 교육 방법을 설명하기 위하여

49. (　　　　)에 들어갈 내용으로 알맞은 것을 고르십시오.

　　① 경쟁력을 강화하기보다는
　　② 뛰어난 능력을 갖춤으로써
　　③ 최고의 인재를 기르기 위해
　　④ 창의적인 인재 양성이 아닌

50. 밑줄 친 부분에 나타난 필자의 태도로 알맞은 것을 고르십시오.

　　① 영재교육이 사교육 열풍으로 이어지는 상황을 우려하고 있다.
　　② 지나친 사교육으로 인해 낭비되고 있는 예산을 점검하고 있다.
　　③ 교육의 불균형이 가져올 수 있는 사회적 불안을 지적하고 있다.
　　④ 사교육 시장의 지속적인 발전에 따른 미래 상황을 예측하고 있다.

실전 모의고사

TOPIK II

1교시	듣기, 쓰기

수험번호(Registration No.)		
이 름 (Name)	한국어(Korean)	
	영 어(English)	

유 의 사 항

Information

1. 시험 시작 지시가 있을 때까지 문제를 풀지 마십시오.

   Do not open the booklet until you are allowed to start.

2. 수험번호와 이름을 정확하게 적어 주십시오.

   Write your name and registration number on the answer sheet.

3. 답안지를 구기거나 훼손하지 마십시오.

   Do not fold the answer sheet; keep it clean.

4. 답안지의 이름, 수험번호 및 정답의 기입은 배부된 펜을 사용하여 주십시오.

   Use the given pen only.

5. 정답은 답안지에 정확하게 표시하여 주십시오.

   Mark your answer accurately and clearly on the answer sheet.

   marking example   ① ● ③ ④

6. 문제를 읽을 때에는 소리가 나지 않도록 하십시오.

   Keep quiet while answering the questions.

7. 질문이 있을 때에는 손을 들고 감독관이 올 때까지 기다려 주십시오.

   When you have any questions, please raise your hand.

TOPIK Ⅱ 듣기 (1번~50번)

※ [1~3] 다음을 듣고 알맞은 그림을 고르십시오. (각 2점)

1.
①  ② 

③  ④ 

2.
①  ② 

③  ④ 

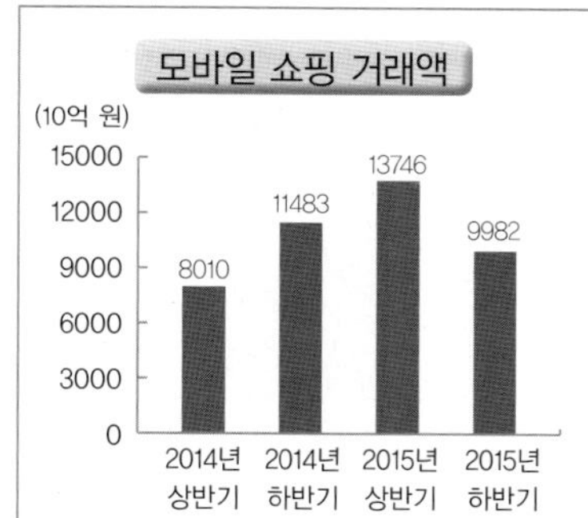

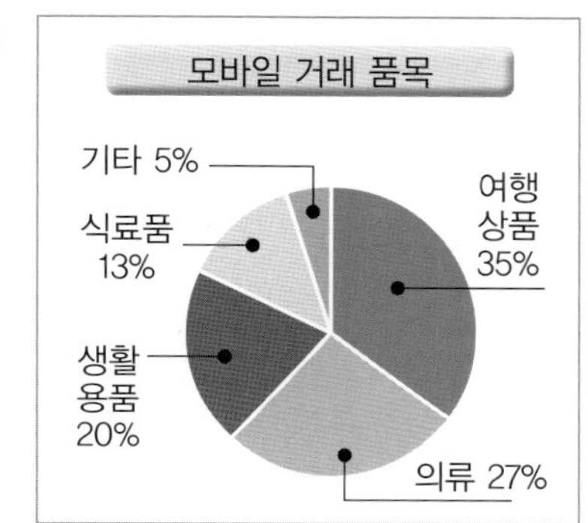

3. ①

모바일 쇼핑 거래액
(10억 원)
15000
12000
9000
6000
3000
0
13746
11483
9982
8010
2014년 상반기
2014년 하반기
2015년 상반기
2015년 하반기

②

모바일 쇼핑 거래액
(10억 원)
15000
12000
9000
6000
3000
0
13746
11483
9982
8010
2014년 상반기
2014년 하반기
2015년 상반기
2015년 하반기

③

기타 5%
식료품 13%
생활 용품 20%
여행 상품 35%
의류 27%

④

모바일 거래 품목
기타 5%
의류 13%
생활 용품 20%
여행 상품 35%
식료품 27%

모바일 거래 품목

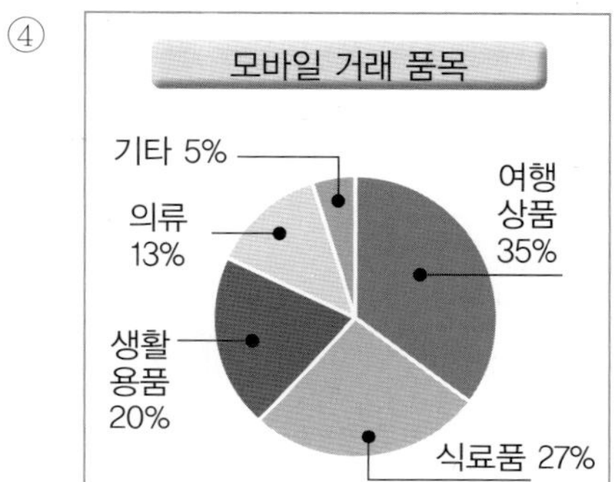

※ [4~8] 다음 대화를 잘 듣고 이어질 수 있는 말을 고르십시오. (각 2점)

4. ① 예매는 사이트에서 하세요.
   ② 학생 때부터 하던 취미예요.
   ③ 야구 경기 규칙이 어렵거든요.
   ④ 그 경기가 정말 재미있었어요.

5. ① 빨리 먹으러 갑시다.
   ② 약을 먹었더니 좋아졌어요.
   ③ 하루 세 번 식후에 드세요.
   ④ 두통에는 이 약이 최고예요.

6. ① 짜게 먹으면 건강에 안 좋아요.
   ② 채소는 피부에 좋기 때문이에요.
   ③ 색도 예뻐지고 영양소도 지킬 수 있어요.
   ④ 올해 채소 농사가 아주 잘 되었다고 해요.

7. ① 거리가 멀수록 요금이 더 많이 나온대.
   ② 그래도 한 번에 너무 많이 오른 것 같다.
   ③ 오를 때 오르더라도 좀 갑작스러운 발표인걸.
   ④ 오전 6시 반 전에 타면 교통비를 아낄 수 있어.

8. ① 빨리 비가 내려야 할 텐데.
   ② 그럼 올해 농사는 잘 되겠네.
   ③ 장마 때는 비가 많이 오잖아.
   ④ 태풍이 온다고 해서 걱정이야.

※ [9~12] 다음 대화를 잘 듣고 여자가 이어서 할 행동으로 알맞은 것을
　　고르십시오. (각 2점)

9. ① 연체료를 낸다.
　② 책을 반납한다.
　③ 반납 기간을 연장한다.
　④ 1층에서 카드를 구입한다.

10.① 사진을 찍으러 간다.
　② 재발급 신청서를 쓴다.
　③ 학생증 분실 신고를 한다.
　④ 신청서 작성 방법을 물어본다.

11.① 책의 무게를 재 본다.
　② 우체국에서 택배를 보낸다.
　③ 책을 넣을 상자를 구입한다.
　④ 남자와 함께 편의점에 간다.

12.① 행사 장소를 결정한다.
　② 고객만족팀에 연락한다.
　③ 고객의 명단을 제출한다.
　④ 행사를 진행할 사람을 찾아본다.

※ [13~16] 다음을 듣고 내용과 일치하는 것을 고르십시오. (각 2점)

13. ① 코미디 공연은 다음 달에도 볼 수 있다.
　　② 남자는 코미디 공연을 직접 가서 보았다.
　　③ 코미디 공연을 텔레비전에서 방송해 준다.
　　④ 여자는 마지막 주 수요일 공연을 예매했다.

14. ① 중요한 물건은 사무실에 맡겨야 한다.
　　② 오늘 퇴근 후에 건물을 소독할 것이다.
　　③ 주말에는 사무실 문이 열려 있을 것이다.
　　④ 퇴근할 때 문이 잘 잠겼는지 확인해야 한다.

15. ① 여름에는 매일 빨래를 해야 한다.
　　② 세탁기의 오염도는 변기와 비슷하다.
　　③ 세탁기의 물기를 말려야 깨끗하게 유지된다.
　　④ 세탁을 자주 하지 않으면 피부병을 일으킨다.

16. ① 친환경 에너지는 환경을 보호한다.
　　② 미래를 위해 에너지를 아껴 써야 한다.
　　③ 자연현상에서 얻는 에너지는 효과가 적다.
　　④ 인구의 증가 때문에 환경이 파괴되고 있다.

※ [17~20] 다음을 듣고 남자의 중심 생각을 고르십시오. (각 2점)

17. ① 동아리 활동은 흥미를 느낄 수 있어야 한다.
    ② 성격이 조용한 사람은 친구를 사귀기 어렵다.
    ③ 사람들과 친해지려면 지속적인 노력이 필요하다.
    ④ 바쁜 일이 있으면 모임에 나가지 못할 수도 있다.

18. ① 버려진 물건으로 만든 가구는 많지 않다.
    ② 버려진 물건 중에서도 쓸 만한 것이 있다.
    ③ 버려진 물건으로 멋진 작품을 만드는 것은 어렵다.
    ④ 버려진 물건을 활용하는 것은 환경보호에 도움이 된다.

19. ① 강아지는 털이 있어서 추위를 잘 견딘다.
    ② 강아지를 가족으로 생각하는 사람들이 많다.
    ③ 강아지는 아이들처럼 잘 보살펴 주어야 한다.
    ④ 강아지를 지나치게 꾸미는 것은 바람직하지 않다.

20. ① 경제학은 어렵고 거리감이 있다.
    ② 경제를 알면 삶에 큰 도움이 된다.
    ③ 취업은 경제적인 것과 거리가 멀다.
    ④ 사고방식이 경제 문제에 영향을 준다.

※ [21~22] 다음을 듣고 물음에 답하십시오. (각 2점)

21. 남자의 중심 생각으로 맞는 것을 고르십시오.

　① 표절에 관대한 사회적 분위기를 개선해야 한다.
　② 다양한 분야에서 일어나는 표절을 막기는 어렵다.
　③ 표절 작품도 처음에는 불편하지만 점차 익숙해진다.
　④ 남의 것을 가지고 더 좋은 결과를 만들어 내면 된다.

22. 들은 내용으로 알맞은 것을 고르십시오.

　① 예술 분야에서의 표절이 가장 많이 일어난다.
　② 표절 시비는 여러 분야에서 일어날 수밖에 없다.
　③ 원작보다 더 인기가 많으면 표절을 해도 문제가 없다.
　④ 방송사들의 프로그램도 비슷하게 따라 하는 경우가 있다.

※ [23~24] 다음을 듣고 물음에 답하십시오. (각 2점)

23. 남자는 무엇을 하고 있는지 고르십시오.

　① 주말 체험 신청을 문의하고 있다.
　② 체험을 위해 화분을 주문하고 있다.
　③ 체험을 원하는 학생을 모집하고 있다.
　④ 체험 학생들의 관리를 요청하고 있다.

24. 들은 내용으로 맞는 것을 고르십시오.

　① 논에 벼를 심는 체험을 하게 된다.
　② 체험 신청은 인터넷으로 가능하다.
　③ 체험 이후 관리는 구청에서 해 준다.
　④ 체험의 목적은 쌀을 수확하는 것이다.

※ [25~26] 다음을 듣고 물음에 답하십시오. (각 2점)

25. 남자의 중심 생각으로 맞는 것을 고르십시오.

  ① 입양에 대해 관심을 가질 필요가 있다.
  ② 입양된 아이에게 입양 사실을 알려야 한다.
  ③ 친자녀가 있을 경우 입양하지 않는 것이 좋다.
  ④ 입양 가정의 모임이 활발하지 않아서 문제이다.

26. 들은 내용으로 맞는 것을 고르십시오.

  ① 남자는 자녀가 없어서 아이를 입양했다.
  ② 어렸을 때에는 입양에 대해 이해하지 못한다.
  ③ 드라마를 본 사람들은 입양에 대해 긍정적이다.
  ④ 입양한 사람들끼리 경험을 나누면 도움이 된다.

※ [27~28] 다음을 듣고 물음에 답하십시오. (각 2점)

27. 여자가 남자에게 말하는 의도를 고르십시오.

  ① 사생활 촬영을 비판하기 위해
  ② 연예인의 특성을 강조하기 위해
  ③ 연예인과 일반인과의 차이를 확인하기 위해
  ④ 연예인의 방송 출연의 의도를 설명하기 위해

28. 들은 내용으로 맞는 것을 고르십시오.

  ① 연예인들은 사생활을 공개하지 않는다.
  ② 연예인의 일상생활은 일반인들과 비슷하다.
  ③ 시청자들은 연예인의 화려한 모습을 좋아한다.
  ④ 대중의 관심을 끌어야 방송에 출연할 수 있다.

※ [29~30] 다음을 듣고 물음에 답하십시오. (각 2점)

29. 남자는 누구인지 고르십시오.

    ① 화가   ② 건축가   ③ 환경 전문가   ④ 여행 전문가

30. 들은 내용으로 맞는 것을 고르십시오.

    ① 처음에는 주민들의 반대로 벽화를 그릴 수 없었다.
    ② 세계의 유명한 관광지는 거의 평지에 위치하고 있다.
    ③ 많은 사람들이 함께 해 아름다운 건축물이 만들어졌다.
    ④ 벽화 그리기 사업은 마을 환경 개선에 크게 도움이 된다.

※ [31~32] 다음을 듣고 물음에 답하십시오. (각 2점)

31. 남자의 생각으로 맞는 것을 고르십시오.

    ① 기업에서 정규직을 줄이기 위한 노력이 절실하다.
    ② 근로 현장의 불평등을 해소하기 위한 대책이 필요하다.
    ③ 계약직을 많이 채용할 수 있도록 일자리를 늘려야 한다.
    ④ 급여 차이를 줄이기 위해 비정규직의 임금을 올려야 한다.

32. 남자의 태도로 맞는 것을 고르십시오.

    ① 근거를 들어 상대방의 질문에 대답하고 있다.
    ② 자신의 경험을 가지고 상대방을 설득하고 있다.
    ③ 구체적인 사례로 상대방의 의견에 반박하고 있다.
    ④ 객관적 자료를 통해 자신의 의견을 주장하고 있다.

※ [33~34] 다음을 듣고 물음에 답하십시오. (각 2점)

33. 무엇에 대한 내용인지 맞는 것을 고르십시오.

    ① 기업이 홍보를 통하여 얻는 결과
    ② 상품을 구입한 후에 생기는 피해
    ③ 다양한 광고의 문제점과 대응 방법
    ④ 광고의 홍수가 소비자에게 미치는 영향

34. 들은 내용으로 맞는 것을 고르십시오.

    ① 광고가 늘어날수록 좋은 제품도 많아진다.
    ② 광고의 목적은 상품을 많이 팔기 위한 것이다.
    ③ 과장된 광고를 접할 수 있는 곳은 한정되어 있다.
    ④ 소비자는 다양한 광고를 통해서 안목을 기를 수 있다.

※ [35~36] 다음을 듣고 물음에 답하십시오. (각 2점)

35. 남자는 무엇을 하고 있는지 고르십시오.

    ① 장학회의 후원을 요청하고 있다.
    ② 장학 사업의 역사를 요약하고 있다.
    ③ 장학금 신청 자격에 대해 설명하고 있다.
    ④ 장학생들에게 앞으로의 역할을 당부하고 있다.

36. 들은 내용으로 맞는 것을 고르십시오.

    ① 매년 500명에 가까운 학생들에게 장학금을 준다.
    ② 장학생으로 선발되면 학비의 절반을 지원 받는다.
    ③ 성적이 우수하면 누구나 장학금을 신청할 수 있다.
    ④ 후원회를 통해 형편이 어려운 학생을 지원하고 있다.

※ [37~38] 다음은 교양 프로그램입니다. 잘 듣고 물음에 답하십시오. (각 2점)

37. 여자의 중심 생각으로 맞는 것을 고르십시오.

　① 소매업자가 이익을 얻으면 소비자는 피해를 입게 된다.
　② 사업자와 소비자가 모두 행복해지는 방법을 찾아야 한다.
　③ 공정 무역은 다함께 공평하고 행복한 세상을 만드는 일이다.
　④ 무역의 불균형 문제는 어느 한쪽의 노력만으로 불가능하다.

38. 들은 내용과 일치하는 것을 고르십시오.

　① 석유를 생산하는 나라의 이익이 더욱 증가하고 있다.
　② 커피는 초콜릿 다음으로 거래량이 많은 무역 상품이다.
　③ 공정 무역은 생산자와 소비자의 공동 생산으로 이루어진다.
　④ 커피 생산자들은 노동의 대가를 제대로 받지 못하고 있다.

※ [39~40] 다음은 대담입니다. 잘 듣고 물음에 답하십시오. (각 2점)

39. 이 담화 앞의 내용으로 알맞은 것을 고르십시오.

　① 감독은 독립 야구단을 창단하였다.
　② 독립 야구단은 사람들에게 인기가 많다.
　③ 감독의 선수 시절 경력은 아주 화려했다.
　④ 선수들은 이번 대회에 대해 매우 희망적이다.

40. 들은 내용과 일치하는 것을 고르십시오.

　① 남자는 힘든 선수 시절을 보냈다.
　② 남자는 선수와 감독을 모두 거쳤다.
　③ 독립 구단들의 대회를 개최할 예정이다.
　④ 우리나라도 독립 구단이 활성화되어 있다.

※ [41~42] 다음은 강연입니다. 잘 듣고 물음에 답하십시오. (각 2점)

41. 들은 내용과 일치하는 것을 고르십시오.

    ① 노인 문제의 해답은 처음부터 이미 정해져 있다.
    ② 경제력이 없는 노인들은 공원에서 시간을 보낸다.
    ③ 대부분의 사람은 노인 문제를 제대로 인식하고 있다.
    ④ 노인들을 어떻게 대하면 좋을지 모르는 젊은이들이 많다.

42. 남자의 중심 생각으로 맞는 것을 고르십시오.

    ① 노인들을 존경할 수 있는 방법을 찾아야 한다.
    ② 노인이 된 후에도 인생을 즐기며 살아야 한다.
    ③ 노인 문제는 개인과 사회가 함께 해결해야 한다.
    ④ 노인들이 경제력을 되찾을 수 있는 대책이 필요하다.

※ [43~44] 다음은 다큐멘터리입니다. 잘 듣고 물음에 답하십시오. (각 2점)

43. 돌고래가 학습 능력이 뛰어난 이유로 맞는 것을 고르십시오.

    ① 의사소통이 가능하기 때문에
    ② 음파로 사물을 인식하기 때문에
    ③ 다른 동물에 비해 머리가 좋기 때문에
    ④ 감정을 자유롭게 표현할 수 있기 때문에

44. 이 이야기의 중심 내용으로 맞는 것을 고르십시오.

    ① 돌고래는 무리들과 함께 사냥을 즐긴다.
    ② 돌고래는 시력이 나빠 음파를 사용한다.
    ③ 돌고래는 동물 중에서 가장 지능이 높다.
    ④ 돌고래는 사람처럼 감정을 표현할 줄 안다.

※ [45~46] 다음은 강연입니다. 잘 듣고 물음에 답하십시오. (각 2점)

45. 들은 내용과 일치하는 것을 고르십시오.

① 예절 교육이나 인성 교육의 부작용이 나타나고 있다.
② 명문대 입시를 위한 교육은 어릴 때 시작하는 것이 좋다.
③ 최고를 만들기 위한 교육이 안정적으로 이루어지고 있다.
④ 일류를 목표로 하는 교육이 경쟁을 더욱 심화시키고 있다.

46. 여자의 태도로 가장 알맞은 것을 고르십시오.

① 사회적 구조의 불평등을 강하게 주장하고 있다.
② 공교육과 사교육의 필요성에 대해 설명하고 있다.
③ 입시 위주의 경쟁적인 교육 환경을 비판하고 있다.
④ 경쟁에서 이기는 방법을 구체적으로 제안하고 있다.

※ [47~48] 다음은 대담입니다. 잘 듣고 물음에 답하십시오. (각 2점)

47. 들은 내용과 일치하는 것을 고르십시오.

① 플라스틱은 주로 생활용품으로 많이 사용된다.
② 버려지는 일회용품 때문에 환경오염이 심각하다.
③ 현장 고발 프로그램으로 인해 일회용품 사용이 줄었다.
④ 후대의 환경오염은 상상보다 심각하지 않다고 예측된다.

48. 남자의 태도로 가장 알맞은 것을 고르십시오.

① 일회용품 사용의 장점을 강조하고 있다.
② 일회용품의 사용 억제를 촉구하고 있다.
③ 쓰레기 분리 배출의 방법을 소개하고 있다.
④ 플라스틱의 적극적인 활용을 지지하고 있다.

※ [49~50] 다음은 강연입니다. 잘 듣고 물음에 답하십시오. (각 2점)

49. 들은 내용과 일치하는 것을 고르십시오.

   ① 종로의 재개발 사업은 역사적인 의미가 있다.
   ② 역사와 문화를 간직한 도시는 차별성을 갖는다.
   ③ 지역 주민들이 직접 도시 재생에 참여해야 한다.
   ④ 도시 재생은 낡은 지역의 외관을 개선하는 것이다.

50. 여자의 태도로 가장 알맞은 것을 고르십시오.

   ① 도시 재생에 따른 효과를 강조하고 있다.
   ② 도시 재개발 사업의 경제성을 분석하고 있다.
   ③ 바람직한 도시 재생의 의미를 설명하고 있다.
   ④ 재개발 지역 주민에 대한 보상을 요구하고 있다.

TOPIK Ⅱ 쓰기 (51번~54번)

[51~52] 다음을 읽고 ㉠과 ㉡에 들어갈 말을 각각 한 문장으로 쓰십시오. (각 10점)

51.

> 안녕하십니까? 한국대학교 동창회입니다.
>
> 다음 달에 (㉠   ).
>
> 오랜만에 동창들과 만나는 좋은 시간이 될 것입니다.
>
> 장소 예약을 위해 (㉡   ).
>
> 참석하실 분은 동창회 사무실로 연락 주세요.
>
> 감사합니다.
>
> 동창회 사무실: 02-1234-5678

52.

> 　바람직한 경쟁은 결과보다 과정을 중요하게 생각해야 한다. 하지만 대부분의 사람들은 (㉠   ). 또한 사람들이 공정한 방법으로 경쟁을 하는 것이 아니라 수단과 방법을 가리지 않고 (㉡   ). 결과보다는 과정에 박수를 보내는 태도야말로 우리 사회가 발전하는 길이다.

※ [53] 다음 자료를 참고하여 자원봉사 활동의 종류와 하는 일을 설명하는 글을
200~300자로 쓰십시오. (30점)

자원 봉사 활동		
사회 복지	지역 지원	문화 예술
보육원, 양로원 등	주민센터, 아동복지센터 등	문화재, 고궁, 박물관 등
청소 및 돌봄	교육 및 상담	문화 행사 지원

※ [54] 다음을 주제로 하여 자신의 생각을 600~700자로 글을 쓰십시오. (50점)

　직업을 선택할 때 여러 가지를 고려하지만 원하는 조건을 모두 충족하는 일을 찾는 것은 쉽지 않습니다. 바람직한 직업 선택 조건에 대해 아래의 내용을 중심으로 자신의 생각을 쓰십시오.

- 직업을 선택할 때 고려하는 조건에는 어떤 것들이 있습니까?
- 그러한 조건 중 무엇을 우선적으로 고려하는 것이 바람직합니까?

＊원고지 쓰기의 예

	어	려	운		일	이		생	겼	을		때		그		일	을		대
하	는		우	리	의		태	도	는		크	게		두		가	지	이	다

제2회 한국어능력시험
실전 모의고사

TOPIK Ⅱ

2교시	읽기

수험번호(Registration No.)	
이 름 (Name)	한국어(Korean)	
	영 어(English)	

유 의 사 항
Information

1. 시험 시작 지시가 있을 때까지 문제를 풀지 마십시오.

   Do not open the booklet until you are allowed to start.

2. 수험번호와 이름을 정확하게 적어 주십시오.

   Write your name and registration number on the answer sheet.

3. 답안지를 구기거나 훼손하지 마십시오.

   Do not fold the answer sheet; keep it clean.

4. 답안지의 이름, 수험번호 및 정답의 기입은 배부된 펜을 사용하여 주십시오.

   Use the given pen only.

5. 정답은 답안지에 정확하게 표시하여 주십시오.

   Mark your answer accurately and clearly on the answer sheet.

   marking example   ① ● ③ ④

6. 문제를 읽을 때에는 소리가 나지 않도록 하십시오.

   Keep quiet while answering the questions.

7. 질문이 있을 때에는 손을 들고 감독관이 올 때까지 기다려 주십시오.

   When you have any questions, please raise your hand.

TOPIK Ⅱ 읽기 (1번~50번)

※ [1~2] (   )에 들어갈 가장 알맞은 것을 고르십시오. (각 2점)

1. 음악을 (   ) 옆에서 부르는 소리를 듣지 못했어요.

　① 들으려면　　　　　　② 듣느라고
　③ 듣기보다는　　　　　④ 듣느니만큼

2. 내일이 시험인데 공부는 안 하고 (   ).

　① 놀도록 해요　　　　　② 노는 척했어요
　③ 놀기만 했어요　　　　④ 놀 걸 그랬어요

※ [3~4] 다음 밑줄 친 부분과 의미가 비슷한 것을 고르십시오. (각 2점)

3. 머리가 좋은 사람도 나이가 들면 기억력이 <u>떨어지기 마련이다</u>.

　① 떨어질 게 뻔하다　　　② 떨어지곤 한다
　③ 떨어질 리가 없다　　　④ 떨어지는 법이다

4. 그렇게 술을 자주 <u>마시다가 보면</u> 건강이 나빠질 것이다.

　① 마실 바에야　　　　　② 마시다가는
　③ 마실 지라도　　　　　④ 마시는 대로

※ [5~8] 다음은 무엇에 대한 글인지 고르십시오. (각 2점)

5.
작은 공간도 넓게 또 넓게!
이제 계절마다 정리하지 않으셔도 됩니다.

① 침대　　　② 소파　　　③ 식탁　　　④ 옷장

6.
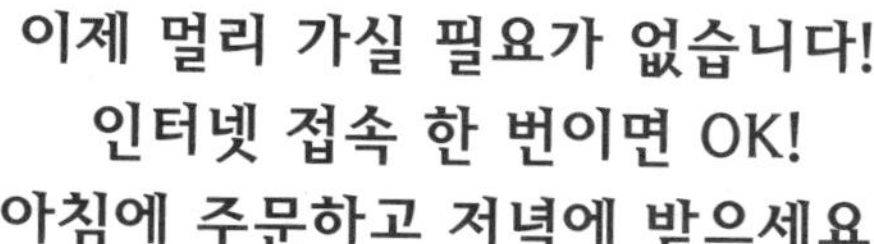
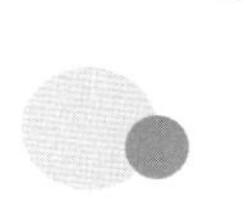
이제 멀리 가실 필요가 없습니다!
인터넷 접속 한 번이면 OK!
아침에 주문하고 저녁에 받으세요.

① 은행　　　② 서점　　　③ 극장　　　④ 공항

7.
전열기 가까이 두지 마십시오.
어린이의 손에 닿지 않게 하십시오.
사용한 후에는 휴지통에 버려 주십시오.

① 제품 설명　　　② 사용 방법　　　③ 주의 사항　　　④ 이용 안내

8.
손을 자주 씻읍시다.
양치를 자주 합시다.
개인 수건을 사용합시다.

① 건강 수칙　　　② 안전 관리　　　③ 공공 예절　　　④ 식사 예절

※ [9~12] 다음 글 또는 도표의 내용과 같은 것을 고르십시오. (각 2점)

9.

〈한국의 현대 미술 100선〉

한국의 현대 미술을 대표하는 작품 100점을 한 자리에 모았습니다.
작가들의 개성 넘치는 작품들을 감상하실 수 있습니다.

★전시 기간: 2017년 2월 5일 (일) ~ 5월 14일 (일)
★관람 시간: 오전 10시 ~ 오후 8시
★관람료: 10,000원 / 특별 요금: 6,000원(65세 이상, 20인 이상 단체)
※65세 이상일 경우 신분증을 제시해 주십시오.
※월요일은 휴관입니다.

① 현대 미술 작가 100명의 작품을 전시한다.
② 관람 인원이 20명을 넘으면 싸게 볼 수 있다.
③ 요일에 상관없이 오후 8시까지 관람할 수 있다.
④ 60세 이상일 경우 신분증이 있으면 할인이 가능하다.

10.

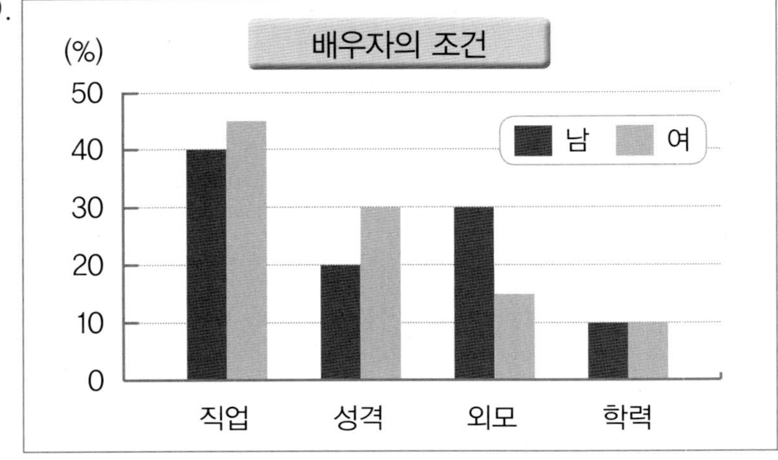

① 남녀 모두 학력이 높은 사람을 선호한다.
② 남성은 직업보다 성격을 우선으로 생각한다.
③ 여성은 직업을 가장 중요한 조건으로 여긴다.
④ 여성은 성격보다 외모를 더 중요하게 여긴다.

11.

> 　발레를 한국의 전통과 감정으로 다시 만든 '춘향전'이 해외에서 처음 공연된다. 지난 2005년부터 준비해 온 것으로 국내에서는 공연을 했지만 해외에서는 이번이 처음이다. 뉴욕의 한 극장에서 11월부터 시작되는 '춘향전'은 예술대학 교수들과 학생 40여 명이 함께한다. 표는 한 달 전부터 극장 홈페이지에서 예매가 가능하다.

① 공연 표는 10월부터 인터넷으로 살 수 있다.
② 예술대학 교수들이 발레를 재해석한 공연이다.
③ 춘향전을 발레로 공연하는 것은 이번이 처음이다.
④ 10년 동안 준비한 것을 국내에서 첫 공연하게 되었다.

12.

> 　전북 군산시 금강철새조망대는 매년 방학을 맞아 특별 프로그램을 운영한다. 금강철새조망대는 방학을 맞아 한 달간 새 모형 만들기, 새 퍼즐 맞추기, 알이 병아리로, 병아리가 닭이 되는 과정 관찰하기 등을 진행한다고 밝혔다. 이 프로그램은 매주 월·수·금요일 오후 2시부터 4시까지 무료로 운영된다. 인터넷으로 선착순 50가족까지 신청할 수 있다.

① 참가 신청은 전화로 하면 된다.
② 이 프로그램은 50명까지 신청할 수 있다.
③ 새를 직접 키우는 행사가 포함되어 있다.
④ 이 프로그램은 방학 동안 평일에 운영된다.

※ [13~15] 다음을 순서대로 맞게 배열한 것을 고르십시오. (각 2점)

13.

> (가) 매월 마지막 주 수요일은 '문화가 있는 날'로 지정되어 있다.
> (나) 따라서 이날은 사람들이 많이 몰릴 수 있기 때문에 시설 이용 전에 미리 알아보고 참여하는 것이 좋다.
> (다) 또한 전국의 국공립 도서관을 야간 개방하여 각종 문화 프로그램도 운영하고 있다.
> (라) 이날은 다양한 문화시설을 사람들이 보다 쉽게 즐길 수 있도록 박물관이나 미술관, 고궁 등이 무료로 개방된다.

① (가)-(다)-(나)-(라)   ② (가)-(라)-(다)-(나)
③ (라)-(나)-(다)-(가)   ④ (라)-(다)-(가)-(나)

14.

> (가) 그곳에는 화산과 바다, 사람의 이야기가 담겨 있고 수천 년의 시간을 그대로 품고 있는 보물과 같은 비경들이 숨어 있다.
> (나) 바쁜 일상을 내려놓고 천천히 즐기며 걸으면 자동차로 달리는 것과는 전혀 다른 여유와 경이로움을 느낄 수 있을 것이다.
> (다) 청정의 자연환경이 살아 있는 아름다운 섬 제주는 걷는 것만으로도 다채로운 풍경을 만날 수 있는 곳이다.
> (라) 가장 먼저 해가 뜨는 작은 마을과 독특한 지형적 특성을 가진 길들을 걷다 보면 제주의 색다른 모습을 발견하게 된다.

① (가)-(나)-(다)-(라)   ② (가)-(다)-(라)-(나)
③ (다)-(나)-(라)-(가)   ④ (다)-(가)-(라)-(나)

15.

> (가) 따라서 일하다가도 자주 일어나 걷거나 맨손체조 등 되도록 몸을 움직여
> 주는 것이 불안 장애를 예방하는 방법이다.
> (나) 앉아서 생활하는 시간이 많으면 서서 일하는 사람보다 걱정과 근심이
> 많아져서 불안 장애가 생기기 쉽다는 연구 결과가 나왔다.
> (다) 불안감 때문에 항상 긴장하게 되면서 신경이 날카로워져 업무나 공부에
> 집중이 어렵고 일상생활에 여러 문제가 발생하게 되는 것이다.
> (라) 불안 장애란 마음이 불안해지면 여러 가지 신체적, 정신적 질환이 나타나는
> 것을 말한다.

① (나)-(라)-(다)-(가) ② (나)-(다)-(라)-(가)
③ (라)-(가)-(다)-(나) ④ (라)-(다)-(가)-(나)

※ [16~18] 다음을 읽고 (   )에 들어갈 내용으로 가장 알맞은 것을 고르십시오. (각 2점)

16.

> 사과는 상온에서 보관하는 것보다 냉장고에서 보관했을 때 당도가 더 높아진다. 그런데 사과에서 나오는 특별한 가스로 인해 같이 있는 채소나 과일이 쉽게 변하게 된다. 따라서 사과를 냉장고에 넣을 때에는 봉지나 신문지를 사용해서 (   ) 것이 좋다.

① 당도를 높아지게 하는 ② 색이 변하는 것을 막는
③ 다른 과일과 분리해 두는 ④ 온도를 일정하게 유지하는

17.

> 우리가 무심코 듣거나 하는 말들은 행동에 큰 영향을 미친다. 긍정적인 단어를 사용하고 걸었을 때에는 부정적인 단어를 사용하고 걸었을 때보다 똑같은 거리를 가더라도 시간이 짧게 걸린다. 이런 이유로 같은 일을 할 경우에도 (   ) 아이들이 그렇지 않은 아이들보다 좋은 결과를 낸다.

① 다른 사람의 말을 잘 듣는 ② 칭찬이나 격려의 말을 들은
③ 부정적인 생각을 적게 하는 ④ 빨리 끝내야 한다고 생각하는

18.

> 기후는 (   ). 추운 북유럽에 사는 백인들은 부족한 자외선을 잘 흡수하기 위해서 피부색이 희지만 온대 지방에 사는 사람들은 피부색이 좀 더 진해진다. 열대 지방의 흑인들은 자외선으로부터 피부를 보호하기 위해 피부의 색소가 많아져 검은색을 띤다.

① 자외선의 양에 따라 나뉜다
② 사람들의 성격과 관련이 있다
③ 지역에 따라 차이가 많이 난다
④ 사람의 피부색에 영향을 미친다

※ [19~20] 다음을 읽고 물음에 답하십시오. (각 2점)

> 노화 현상을 가장 민감하게 느끼는 것 중의 하나가 (   ) 시력이다. 나이가 들면서 시력이 많이 떨어지기 때문이다. 따라서 평소에도 눈 건강을 위해 영양에 신경을 쓰고 시력을 관리하는 것이 필요하다. 시중에서 판매되는 눈 영양제를 복용하는 것도 좋지만 눈에 좋은 음식을 꾸준히 챙겨 먹는 것이 좋다. 시금치나 계란, 굴 등이 눈 건강에 좋으며 고구마나 살구도 시력 개선에 도움이 된다. 또한 견과류를 지속적으로 섭취하면 시력 감퇴를 줄일 수 있다.

19. (   )에 들어갈 알맞은 것을 고르십시오.

　① 바로　　　　② 과연　　　　③ 오히려　　　　④ 아무리

20. 이 글의 내용과 같은 것을 고르십시오.

① 노화 현상을 늦추기 위해서는 평소에 약을 잘 복용해야 한다.
② 눈 영양제는 떨어진 시력을 원래대로 회복시키는 효과가 있다.
③ 나이 들어 시력이 떨어지는 것을 예방하기 위해 운동이 필요하다.
④ 평소 시력 개선에 도움이 되는 여러 음식들을 챙겨 먹는 것이 좋다.

※ [21~22] 다음을 읽고 물음에 답하십시오. (각 2점)

　　정부가 개인 사업자를 위해 마련한 예산이 효율적으로 쓰이지 못하고 있다. 매출 감소로 인해 경제적으로 (　　　　) 상황을 해결하는 데에 예산의 대부분을 사용하고 있기 때문이다. 이로 인해 인기 있는 업종으로 몰리거나 비슷한 업종에서 경쟁이 심해지는 현상이 계속되고 결과적으로 사업에 실패하는 경우가 많다. 미래에 대한 가능성이 낮은 업종이라면 과감히 포기하고 새로운 사업을 찾을 수 있도록 지원함으로써 근본적인 해결책을 제시해야 할 것이다.

21.(　　　　)에 들어갈 알맞은 것을 고르십시오.

　　① 어깨가 무거운　　　　② 목에 힘을 주는
　　③ 눈코 뜰 새 없는　　　　④ 발등에 불이 떨어진

22.이 글의 중심 생각을 고르십시오.

　　① 사업 실패를 막으려면 경쟁력을 키워야 한다.
　　② 개인 사업자를 지원하는 예산을 더 늘려야 한다.
　　③ 개인 사업자를 위한 예산 지원 방향을 바꿔야 한다.
　　④ 경제적인 어려움을 해결해야 다른 방법을 찾을 수 있다.

※ [23~24] 다음을 읽고 물음에 답하십시오. (각 2점)

어렸을 때부터 나는 오빠의 물건을 가지고 노는 것을 좋아했다. 물론 오빠는 자신의 물건에 손을 대는 것을 아주 싫어했다. 어느 날 친구들이 집에 놀러 왔을 때 나는 오빠의 카메라로 사진을 찍으면서 시간을 보냈다. 카메라에 찍힌 한 친구의 모습이 웃겨서 우리는 장난을 치기 시작했다. 그 친구에게 사진을 보여주지 않으려고 이리저리 카메라를 던지다가 그만 카메라를 바닥에 떨어뜨리고 말았다. 오빠가 아끼던 비싼 카메라를 고장 냈으니 화가 잔뜩 난 오빠의 모습이 상상되면서 나는 아무것도 할 수가 없었다. 나는 끙끙 앓다가 열이 나기 시작했다. 하지만 집에 돌아온 오빠는 고장 난 카메라보다 아픈 나를 더 걱정해 주었다. 그 모습에 나는 그만 <u>울음을 터뜨리고 말았다.</u>

23. 밑줄 친 부분에 나타난 나의 기분으로 알맞은 것을 고르십시오.

   ① 실망하다   ② 서운하다

   ③ 미안하다   ④ 불안하다

24. 이 글의 내용과 같은 것을 고르십시오.

   ① 오빠는 나랑 노는 것을 좋아하지 않았다.

   ② 나는 오빠의 물건을 자주 고장 내곤 했다.

   ③ 나는 걱정을 많이 하다가 결국 아픈 척했다.

   ④ 오빠는 자기 물건을 건드리는 것을 싫어했다.

※ [25~27] 다음은 신문 기사의 제목입니다. 가장 잘 설명한 것을 고르십시오.
(각 2점)

25.

> 개도 안 걸리는 여름 감기, 냉방병에 큰코다쳐

① 코를 심하게 다치면 냉방병에 걸리기 쉽다.
② 동물들은 여름에 감기에 잘 걸리지 않는다.
③ 에어컨 때문에 여름에도 감기에 걸릴 수 있다.
④ 감기는 언제나 걸릴 수 있지만 여름에 잘 걸린다.

26.

> 유가 하락 이어져, 서민 경제에 파란불

① 기름 값이 떨어져 서민 경제에 도움이 되고 있다.
② 기름 값 상승으로 인해 물가도 함께 오르고 있다.
③ 기름 값이 계속 올라 서민 경제가 어려워지고 있다.
④ 기름 값은 하락했지만 물가는 여전히 내리지 않고 있다.

27.

> 소형 아파트 인기 상승세, 올해도 진행 중

① 아파트가 올해도 계속 건설되고 있다.
② 작은 아파트의 인기가 계속해서 증가하고 있다.
③ 아파트에서 사는 사람들이 점점 많아지고 있다.
④ 인기가 없던 작은 아파트가 올해부터 잘 팔린다.

※ [28~31] 다음을 읽고 (   )에 들어갈 내용으로 가장 알맞은 것을 고르십시오.
(각 2점)

28.

> 촉촉한 피부는 많은 여성들의 희망이다. 화장품을 많이 바르고 물을 많이 마셔도 수분이 부족하게 느껴진다면 팩을 해 보는 것이 어떨까. 이러한 팩은 보통 상태에서 사용해도 되지만, 요즘처럼 더운 날씨에는 (   ) 쓸 것을 추천한다. 시원한 팩을 얼굴에 올리면 수분과 영양을 줄 뿐만 아니라 얼굴이 바로 시원해지는 효과도 볼 수 있다.

① 온수에 담갔다가
② 밖에다 보관했다가
③ 냉장고에 넣었다가
④ 소금물에 넣었다가

29.

> 지난해 11월 완전한 형태의 공룡 화석이 발견되었다. 이 화석은 낚시를 하러 가던 사람이 우연히 발견했다고 한다. 그동안 공룡 몸의 일부나 이빨 등이 나온 적은 있었지만 (   ) 발견된 것은 이번이 처음이다. 이번 공룡은 몸의 길이가 50센티미터에 불과해 화석이 되기 어려운 조건을 가지고 있어 학계에서도 큰 관심을 모으고 있다고 한다.

① 공룡의 종류가 다양하게
② 낚시터에서 공룡 화석이
③ 여러 마리의 공룡이 함께
④ 머리를 포함한 몸 전체가

30.

　최근 한 대학 연구팀이 태양이 5개나 되는 '오성계'를 발견했다는 연구 결과를 발표했다. 이 별들은 이전에도 사람들에게 여러 차례 목격된 적이 있다. '오성계'의 태양들은 지구의 태양보다 온도가 낮고 크기도 작지만 (　　　　　) 만큼 충분히 밝다고 한다. 이처럼 우주에는 우리가 미처 발견하지 못했을 뿐 상상을 뛰어넘는 다양한 별들이 존재한다. 이런 외계 행성은 우주 전체의 50%에 달할 만큼 많다고 한다.

① 자주 발견할 수 있을
② 다른 별들이 안 보일
③ 전문적인 기구로 봐야 할
④ 일반인들도 확인할 수 있을

31.

　지금까지의 휴대폰 무선 충전 방식은 대부분 충전기에 배터리를 올려놓는 접촉식이었다. 비접촉식도 사용되었지만 이 경우에는 10cm 이상의 거리에서는 충전이 어려웠으며 특정 방향에서만 가능하다는 한계가 있었다. 이를 보완하기 위해 보다 편리하게 무선 충전을 할 수 있는 기술이 개발되었다. 충전기에서 50cm 이내에 위치할 경우 (　　　　　) 동시에 스마트폰 30대까지 전력을 공급할 수 있다.

① 배터리가 필요 없이
② 거리와 방향에 상관없이
③ 충전기의 종류와 상관없이
④ 충전 상태를 확인할 필요 없이

※ [32~34] 다음을 읽고 내용이 같은 것을 고르십시오. (각 2점)

32.

> 　한낮의 기온이 35도 이상으로 올라가는 무더운 여름날에는 야외 활동을 피해야 한다. 장시간 햇빛을 쐴 경우 어지럼증과 구토 등과 함께 체온이 40도 이상 오르게 되는 열사병에 걸릴 수 있다. 이때 적절한 조치를 하지 못하면 사망할 수도 있으므로 일단 그늘로 피하고 수분을 섭취하는 것이 중요하다. 특히 체온 조절 기능이 떨어지는 노인과 어린이일수록 각별한 주의가 요구된다.

① 야외 활동으로 사망하는 경우는 드문 편이다.
② 열사병은 노인과 아이들이 주로 걸리는 병이다.
③ 날씨가 더워지면 체온이 올라가서 어지러울 수가 있다.
④ 열사병 증상이 나타나면 그늘에서 물을 마시는 게 좋다.

33.

> 　아파트가 주거 공간뿐만 아니라 다양한 편의시설을 갖춘 복합 공간으로 변신하고 있다. 헬스클럽이나 골프 연습장과 같은 체육 시설이 대표적이며 최근에는 북 카페가 생긴 곳도 있다. 이들 시설은 집 근처에서 이용할 수 있는 데다가 비용도 저렴해서 입주자들 사이에 인기가 높다. 또한 수험생을 대상으로 독서실을 운영하는 곳도 있어 학부모들은 자녀가 가까운 곳에서 공부하기 때문에 안심할 수 있다는 반응을 보이고 있다.

① 아파트의 편의시설 이용료는 비싸지 않은 편이다.
② 독서실은 입주민 누구나 자유롭게 이용할 수 있다.
③ 학부모들은 자녀들이 집에서 공부하기를 원하고 있다.
④ 체육 시설보다 북 카페가 입주자들 사이에 인기가 높다.

34.

> 꿀벌은 야생 식물이나 농작물의 꽃에서 꽃가루를 옮겨 번식을 가능하게 해 준다. 그런데 최근 전 세계적으로 꿀벌의 개체 수가 줄어드는 현상이 심각한 문제로 대두되고 있다. 꿀벌의 수가 감소하면 농작물 재배가 어려워지며 이는 식량난으로 이어질 수밖에 없기 때문이다. 과학자들은 이러한 현상의 원인으로 지구온난화를 들고 있다. 기온 상승에 따라 꿀벌들이 살 수 있는 지역이 줄어들고 있다는 것이다.

① 기온이 올라가면 꿀벌들이 생존하기 어려워진다.
② 야생 식물이 줄어들어 꿀벌의 수도 줄어들고 있다.
③ 식량난을 해결하기 위해 농작물 재배 방법을 바꿨다.
④ 지구온난화로 인해 농작물 재배 지역이 감소하고 있다.

※ [35~38] 다음 글의 주제로 가장 알맞은 것을 고르십시오. (각 2점)

35.

> 음식에도 궁합이 있다. 궁합이 맞지 않는 음식을 먹을 경우 배탈이 날 수도 있다. 반면에 궁합이 맞는 음식을 함께 먹으면 맛은 물론 건강도 좋아지는 효과를 볼 수 있다. 시금치와 아보카도 오일을 샐러드로 먹는다면 배가 빨리 부르기 때문에 다이어트 효과도 있다. 또한 옥수수와 콩은 서로 부족한 영양을 채워 주기도 한다. 커피에 계피 가루를 넣어서 먹는다면 커피의 맛과 향을 풍부하게 하고 피곤함도 막아 준다고 한다.

① 건강에 좋은 음식은 다이어트에도 도움이 된다.
② 다이어트에 성공하려면 채소를 많이 먹어야 한다.
③ 음식의 궁합은 맛과 상관없이 건강에 영향을 미친다.
④ 궁합이 맞는 음식을 먹으면 다양한 효과를 볼 수 있다.

36.

갈색 피부는 매력적이고 건강하게 보일 수 있다. 따라서 노출이 많아지는 여름이 오면 피부를 태우고 싶어 하는 사람들이 많다. 하지만 피부를 자외선에 오랫동안 노출시키는 것은 좋지 않다. 부득이하게 해야 한다면 햇빛에 노출되기 30분 전에 자외선 차단제를 발라야 하며 외출 후에도 세 시간마다 다시 바르는 것이 좋다. 그렇지 않으면 겉보기에는 건강해 보일지라도 피부의 조직이 파괴되어 건조하고 민감한 피부가 되기 쉽다.

① 여름에는 피부 건강에 더욱 신경을 써야 한다.
② 피부를 장시간 햇빛에 태우는 것은 좋지 않다.
③ 자외선 차단제를 발라야 피부 노출을 막을 수 있다.
④ 차단제를 바르지 않으면 건조하고 민감한 피부가 된다.

37.

십여 년 전 한 시민 단체가 에스컬레이터 한 줄 서기 운동을 시작했다. 빨리 가려는 사람들을 위해 에스컬레이터 왼쪽을 비워 놓자는 취지였다. 그런데 5년 뒤 관계 기관에서 한 줄 서기를 반대하고 나섰다. 한 줄 서기를 하면 에스컬레이터 고장으로 인해 승객들이 넘어지는 사고가 자주 발생한다는 것이 그 이유였다. 그러나 한 줄 서기를 통해 바쁜 사람들이 먼저 이동할 수 있도록 하는 것도 타인을 위한 배려가 아닐까 싶다.

① 한 줄 서기는 배려심의 또 다른 표현이다.
② 사고를 막기 위해서 두 줄 서기를 해야 한다.
③ 안전사고 예방은 시민 단체가 주도해야 한다.
④ 평소에 에스컬레이터 상태를 점검할 필요가 있다.

38.

실전
모의
고사
2회

시대가 시대인 만큼 이제는 온라인과 오프라인에 책을 동시에 내야 한다. 양쪽의 결합 없이 한쪽만을 고집한다면 큰 손해를 볼 수 있다. 인구가 매년 줄어들고 있기 때문에 출판 시장은 구조적으로 위축될 수밖에 없다. 젊은 사람일수록 온라인 환경에 익숙하므로 종이책을 사지 않는다. 모바일 시대가 시작되면서 미디어 산업이나 엔터테인먼트, 유통 업계, 출판 시장 등 모든 영역에서 변화의 바람이 불고 있다. 따라서 맞춤 제작과 같은 다양하고 전문화된 방안을 모색할 필요가 있다.

① 시대에 맞추어 출판 방식도 변화해야 한다.
② 젊은 사람들이 책을 많이 읽도록 유도해야 한다.
③ 미디어 시대에는 모바일 산업의 변화가 필요하다.
④ 인구 감소에 따라 오프라인 책의 수량을 줄여야 한다.

※ [39~41] 다음 글에서 〈보기〉의 문장이 들어가기에 가장 알맞은 곳을 고르십시오. (각 2점)

39.

여성들 중에서는 하이힐을 즐겨 신는 사람이 많다. (㉠) 굽이 높은 구두를 신으면 키가 커 보이며 날씬해 보이는 효과도 있기 때문이다. (㉡) 걸을 때 체중이 앞으로 쏠리는 탓에 발은 물론 허리에도 무리가 갈 수 있고 발가락 모양이 변하기도 한다. (㉢) 따라서 굽이 낮은 신발과 바꿔가며 신는다거나 자주 발마사지를 하여 혈액 순환을 원활하게 해 주는 것이 좋다. (㉣)

―――〈보 기〉―――

그렇지만 오랜 기간 하이힐을 신을 경우 부작용이 생길 수 있다.

① ㉠　　　② ㉡　　　③ ㉢　　　④ ㉣

40.

> '조건반사'란 20세기 초에 러시아의 과학자 파블로프가 개에게 실험한 결과에서 만들어진 개념이다. (㉠) 반사는 몸이 어떤 자극에 대해서 무의식적으로 반응하는 것을 말한다. (㉡) 그런데 자극과 반응 사이에 아무런 관계가 없는데도 반복 학습을 한 결과로 반사작용이 일어나게 되면 조건반사라고 한다. (㉢) 예를 들어 종소리와 침 흘리기는 원래 관계가 없지만 개에게 종소리가 난 후에 먹이를 주는 일을 반복할 경우 나중에 개는 종소리만 듣고도 침을 흘리게 된다. (㉣)

―〈보 기〉―

개가 먹을 것을 보고 침을 흘리는 것은 바로 이와 같은 반사적인 행동인 것이다.

① ㉠　　　　② ㉡　　　　③ ㉢　　　　④ ㉣

41.

> 우리가 보는 사물의 모습은 3차원, 즉 입체이다. (㉠) 사람의 오른쪽 눈과 왼쪽 눈 사이의 거리가 있기 때문에 각각의 눈으로 보는 사물이 다르다. (㉡) 눈앞에 있는 물체를 볼 때 한쪽 눈을 가리고 보면 이 사실을 확실하게 느낄 수 있다. (㉢) 따라서 입체영화를 만들려면 먼저 두 대의 카메라로 좌우 차이가 있는 영상을 찍어야 한다. (㉣)

―〈보 기〉―

이렇게 차이가 있는 두 개의 영상을 뇌에서 하나로 합쳐서 입체적으로 인식하게 된다.

① ㉠　　　　② ㉡　　　　③ ㉢　　　　④ ㉣

※ [42~43] 다음을 읽고 물음에 답하십시오. (각 2점)

　　그날 오후 집으로 돌아오는 길에 나는 친구들하고 영천에서 헤어져서 그 동네의 예전 길을 더듬어 올라가기 시작했다. 길이 많이 변했지만 우리가 살 때 화산학교라고 부르던 붉은 벽돌집이 예전 그대로의 모습으로 남아 있어서 눈대중 삼기에 편했다. 틀림없었다. 괴불마당 집이 있던 근처에 연립주택이 병풍처럼 들어서서 인왕산을 쳐다보지도 못하게 가리고 있었다. <u>나는 가슴속을 소슬바람이 부는 것 같은 감상에 젖으며 그 근처를 헛되이 배회했다.</u>

　　엄마의 말뚝은 뽑힌 것이다.

　　나는 오래간만에 실로 오래간만에 나의 어린 시절의 통학로였던 길을 걷고 싶다고 생각했다. 나에겐 통학로였지만 어머니에겐 문안과 문밖을 가로막는 성벽도 되었던 등성이는 지금 도시 한가운데의 작은 녹지일 뿐이었다. 그러나 현저동 꼭대기가 끝나고 등성이를 넘어가는 길로 접어들려고 하자 성벽이 가로막는 게 아닌가. 신축된 성벽은 인왕산으로부터 흘러내려와 서대문 쪽까지 이어지고 있었는데 옛 길이 있던 곳엔 성벽의 문이 나 있었다. 어머니가 그토록 상상을 하시던 문안 문밖의 구체적인 모습을 지금 와서 볼 줄이야.

출처: 박완서(2012), 『엄마의 말뚝Ⅱ』, 세계사, 80~81쪽.

42. 밑줄 친 부분에 나타난 나의 심정으로 알맞은 것을 고르십시오.

　　① 원망하다　　　　　　② 안심하다
　　③ 기대하다　　　　　　④ 허전하다

43. 이 글의 내용과 같은 것을 고르십시오.

　　① 나는 어린 시절의 통학로를 자주 걷곤 한다.
　　② 옛 길이 있던 곳에는 새로운 성벽이 만들어졌다.
　　③ 나는 친구들과 함께 예전에 살던 곳을 가 보았다.
　　④ 예전에 있던 건물들이 다 없어져서 길을 찾기 힘들었다.

※ [44~45] 다음을 읽고 물음에 답하십시오. (각 2점)

정보 처리 기술의 발달에 힘입어 대량의 정보를 분석하여 그중에서 의미 있는 결과를 얻어 내는 일이 가능해졌다. 이른바 '빅데이터' 처리 및 활용 기술이다. '빅데이터'란 컴퓨터와 인터넷, 스마트폰 등을 사용하는 환경에서 생성되는 각종 데이터를 말하며 문자나 영상도 여기에 포함된다. 사용자의 위치 정보는 물론이고 관심사나 성향, 생각 등을 분석하고 예측해 낼 수 있다. 최근에는 이를 활용하여 범죄를 예방하는 프로그램까지 등장했다. 즉, 다량의 범죄 정보를 분석해 범죄의 종류, 발생 시간 및 장소, 날씨 등의 상관관계를 밝힘으로써 특정 장소에서 발생 가능한 범죄를 예측해 내는 것이다. 실제로 미국에서는 이러한 프로그램을 통해 (   ) 사례도 있다.

44. 이 글의 주제로 알맞은 것을 고르십시오.

① 빅데이터에서 가장 중요한 것은 문자와 영상이라고 할 수 있다.
② 빅데이터를 통해 예측할 수 있는 범죄 발생 가능성은 아직 낮다.
③ 빅테이터 안에서 의미 있는 정보를 찾아내는 것이 핵심 기술이다.
④ 빅데이터 처리 기술을 통해 인간의 행동과 생각을 예측할 수 있다.

45. (   )에 들어갈 내용으로 가장 알맞은 것을 고르십시오.

① 범인이 범죄를 저지르기 전에 검거한
② 범죄를 저지르는 범인의 심리를 파악한
③ 범인을 검거하여 관련된 정보를 분석한
④ 범인의 성향에 따른 범죄의 유형을 연구한

※ [46~47] 다음을 읽고 물음에 답하십시오. (각 2점)

원두커피 찌꺼기의 쓰임새 및 보관 방법이 화제이다. (㉠) 커피 찌꺼기를 비눗물에 섞어 싱크대 상판이나 타일의 더러운 표면을 닦으면 깨끗해진다. 또 커피 찌꺼기는 막힌 배수구 뚫기에도 유용하게 쓰인다. (㉡) 한편 원두커피 보관 방법으로 잘못된 상식 중 대표적인 것이 바로 커피를 냉동실에 보관하면 향이 오래간다는 것이다. (㉢) 그러나 커피 원두는 냉장고에 있다가 밖으로 나오면 수십 초 안에 산화가 급격히 진행되므로 커피의 풍미가 사라지게 된다. (㉣) 또한 냉동실에 보관되었던 원두는 상온에 오래 두면 세균이 번식하여 식중독을 일으킬 수 있으므로 주의가 필요하다.

46. 다음 문장이 들어가기에 가장 알맞은 곳을 고르십시오.

싱크대 배수구가 막혔다면 커피 찌꺼기를 한 주먹 넣고 액체 비누와 뜨거운 물을 부으면 쉽게 뚫린다.

① ㉠　　　　　② ㉡　　　　　③ ㉢　　　　　④ ㉣

47. 이 글의 내용과 같은 것을 고르십시오.

① 원두는 볶자마자 바로 먹는 것이 좋다.
② 원두커피 찌꺼기는 청소를 할 때 도움이 된다.
③ 원두커피를 냉동실에 보관하면 향과 맛이 좋아진다.
④ 원두는 산화가 점차 진행되면 식중독을 일으킬 수 있다.

※ [48~50] 다음을 읽고 물음에 답하십시오. (각 2점)

군주시대에는 모든 권력이 군주로부터 나오기 때문에 절대 권력이 가능했다. 따라서 모든 경제적 이해관계는 권력을 향해 집중될 수밖에 없었다. 자본주의 사회 역시 권력은 경제적인 이해관계와 분리하여 생각할 수 없기 때문에 정치와 경제의 유착 관계가 더욱 심화되고 있다. 자본주의에서 국가권력은 이처럼 (　　　　　) 권력이 될 수도 있고 보편적 다수를 위한 권력이 될 수도 있다. 그러나 자본주의에서의 권력은 자본가들과 밀접한 관계만을 유지할 것이 아니라 <u>국민 다수를 위해 일할 수 있어야 한다.</u> 이를 위해서는 국민들의 적극적인 정치 참여가 필요하다. 참여 방법은 선거나 정당 활동, 시민운동 등으로 다양하다. 권력의 성격을 결정하는 것은 주권을 가진 국민이 정치에 관심을 가질 때에 비로소 실현이 가능하다.

48. 필자가 이 글을 쓴 목적을 고르십시오.

① 군주주의 시대의 권력 사례를 제시하기 위해
② 자본주의 시대에 권력의 영향을 설명하기 위해
③ 국민들이 정치에 관심을 갖도록 요구하기 위해
④ 국가가 권력을 가지는 것에 대해 지지하기 위해

49. (　　　　)에 들어갈 내용으로 알맞은 것을 고르십시오.

① 이해관계와 분리된
② 시장 경제에 사로잡힌
③ 특정한 집단만을 위한
④ 경제적 이익을 배제하는

50. 밑줄 친 부분에 나타난 필자의 태도로 알맞은 것을 고르십시오.

① 권력의 바람직한 방향을 제안하고 있다.
② 여러 가지 정치 참여 방법을 설명하고 있다.
③ 경제 정책에 대한 새로운 방법을 소개하고 있다.
④ 권력이 이해관계에서 벗어나도록 요구하고 있다.

부록
Appendix

듣기 대본
정답표

연습용 OMR 카드

듣기 대본 (1번~50번)

※ [1~3] 다음을 듣고 알맞은 그림을 고르십시오. (각 2점)

1.
남자: 죄송하지만 가방을 가지고 매장 안으로 들어가실 수 없습니다.
여자: 어머, 그래요? 그럼 어떻게 하지요?
남자: 입구 쪽에 보관함이 있으니까 그곳에 보관하시면 됩니다.

2.
여자: 오후부터 비가 온다니까 이 우산을 가지고 가세요.
남자: 지금 하늘이 저렇게 맑은데 비가 올까요?
여자: 그래도 갑자기 올지 모르니까 챙기는 게 좋죠.

3.
남자: 13~23세 청소년들을 대상으로 사회 안전에 대한 인식을 조사한 결과 청소년들의 절반 정도는 사회가 안전하지 않다고 대답했습니다. 연령대가 높을수록 불안감을 더 느끼고 있었는데 불안감을 느끼는 정도는 10년 전과 비교하면 크게 높아진 것입니다.

※ [4~8] 다음 대화를 잘 듣고 이어질 수 있는 말을 고르십시오. (각 2점)

4.
여자: 영수야, 미안한데 내 과제 좀 도와줄 수 있어?
남자: 좋아, 오늘 수업 끝나고 도서관 앞에서 만나자.
여자: ___________________________________

5.

남자: 내일 배낭여행을 떠난다면서요?

여자: 네, 오래 전부터 계획했던 건데 이제야 가게 되었어요.

남자: ____

6.

남자: 휴일이라 그런지 문을 연 약국이 없네요.

여자: 요즘은 편의점에 가면 간단한 비상약은 살 수 있어요.

남자: ____

7.

여자: 길이 너무 막혀서 예약 시간에 못 맞출 것 같은데 어쩌죠?

남자: 식당에 전화를 해 놓아야겠어요. 얼마나 늦어질까요?

여자: ____

8.

남자: 이번 주말에 시간 괜찮으면 저랑 같이 미술관에 갈래요?

여자: 미안해요. 일이 많아서 주말에도 출근을 해야 해요.

남자: ____

※ [9~12] 다음 대화를 잘 듣고 여자가 이어서 할 행동으로 알맞은 것을 고르십시오. (각 2점)

9.

남자: 도서관에 자리가 없는데 어떻게 하지?

여자: 학교 앞 커피숍에 가서 공부하는 게 어때?

남자: 그게 좋겠다. 그럼 너 먼저 가서 자리 잡고 있어. 나는 이 책 좀 반납하고 바로 갈게.

여자: 알았어. 빨리 와.

10.

여자: 어제 이사를 온 사람인데요. 재활용 쓰레기 배출은 어떻게 하지요?

남자: 매주 수요일에 아파트 단지 뒤 쪽 수거 장소에 내놓으시면 됩니다.

여자: 이 의자도 버리고 싶은데 어떻게 하면 될까요?

남자: 관리실에서 배출 스티커를 구입해서 붙인 후에 버리셔야 합니다.

11.

남자: 김 대리, 고객 설명회 홍보 자료 다 됐어요?

여자: 네, 이제 출력만 하면 됩니다.

남자: 그럼 우선 고객들에게 나눠 줄 기념품이 언제 도착하는지 확인 좀 부탁할게요.

여자: 알겠습니다. 지금 거래처에 확인하도록 하겠습니다.

12.

남자: 어디 아파요? 얼굴색이 안 좋아요.

여자: 아까 점심 먹은 게 잘못됐는지 속이 안 좋네요.

남자: 그럼 제가 약을 사 올게요. 저쪽 벤치에 앉아서 좀 쉬고 있어요.

여자: 아니에요, 저도 같이 가요. 움직이는 게 더 나을 것 같아요.

※ **[13~16] 다음을 듣고 내용과 일치하는 것을 고르십시오. (각 2점)**

13.
여자: 혹시 컴퓨터로 동영상 만드는 방법을 알아?

남자: 인터넷에서 동영상 제작 프로그램을 내려 받아서 만들면 돼.

여자: 그래? 만드는 데 시간이 오래 걸리지 않아?

남자: 순서대로 사진과 노래를 넣기만 하면 되니까 금방 만들 수 있어. 사진에 원하는 글을 넣을 수도 있고.

14.
여자: 관리실에서 안내 말씀 드리겠습니다. 오늘 오전 10시부터 오후 3시까지 수도관을 수리할 예정입니다. 수리 중에는 물이 나오지 않으므로 사용할 물을 미리 받아 주시기 바랍니다. 온수는 내일부터 사용 가능하니 불편하시더라도 양해해 주시면 감사하겠습니다.

15.
남자: 첼로 연주라고 하면 바흐나 베토벤 같은 클래식 음악을 떠올리게 되는데요, 첼로로 록 음악을 연주하면 어떤 분위기일까요? 청바지에 가죽 재킷을 입은 청년들이 무대 위에 올라 연주를 시작합니다. 신나는 음악에 맞춰 관객들이 어깨춤을 춥니다. 클래식 악기인 첼로를 이용하여 대중들에게 익숙한 음악으로 다가가려는 연주자들의 다양한 노력이 이어지고 있습니다.

16.
여자: 그림 하나에 동서양을 모두 담고 있다고 하셨는데 이에 대한 설명을 좀 해 주시겠습니까?

남자: 이 그림을 보시면 전통 미술 작품처럼 보이지만 사실은 서양화용 물감으로 그린 것입니다. 그렇지만 도구는 동양화용 붓을 써서 작품에 따라 여러 가지 색과 느낌을 표현하고자 했습니다. 동서양의 재료와 도구를 함께 사용함으로써 관람자 입장에서는 색다른 작품을 감상할 수 있는 기회가 될 것입니다.

17.

남자: 여기가 떡볶이로 유명한 거리예요. 저도 떡볶이가 먹고 싶으면 이곳으로 와요. 다양한 떡볶이를 맛볼 수 있거든요.

여자: 여기저기 다 떡볶이집이네요. 이렇게 같은 업종들이 모여 있으면 서로 경쟁이 심해서 힘들지 않을까요?

남자: 저는 그런 경쟁이 오히려 이곳을 더 발전시키고 유명하게 만든다고 생각 해요. 더 잘하려고 노력하니까 사람들이 믿고 찾는 거죠.

18.

남자: 수진 씨는 사과를 정말 좋아하나 봐요?

여자: 네, 아침 사과는 금이라는 말도 있잖아요. 저는 아침에도 저녁에도 늘 사과를 먹어요.

남자: 사과가 몸에 좋은 건 사실이지만 위가 약한 사람들은 주의해야 돼요. 사 과의 신맛 때문에 아침 식전이나 늦은 밤에 사과를 먹으면 위에 자극을 주게 되니까 오히려 해로울 수도 있어요.

19.

남자: 허리 아프다고 하더니 병원에는 다녀왔어요?

여자: 아니요, 일이 바빠서 아직 못 가고 있어요. 자고 일어나면 아프다가도 걷거나 움직이면 괜찮은 것 같아서 참고 있거든요.

남자: 침대가 문제일 수도 있어요. 너무 푹신한 침대나 두꺼운 침구는 허리에 좋지 않아요. 딱딱한 바닥에서 자는 것도 하나의 방법이니까 한번 해 보 세요.

여자: 그래요? 오늘부터 바닥에서 자 봐야겠네요.

20.

> 여자: 휴가철이 시작되는 7월 한 달간 고궁과 왕릉을 무료로 개방한다고 하셨
> 는데요. 이런 행사를 하시게 된 이유는 무엇입니까?
>
> 남자: 국내 관광산업을 활성화시키기 위해 기획하게 되었습니다. 이번 무료 개
> 방은 방학을 맞이한 아이들에게는 역사를 배울 수 있는 좋은 기회가 되
> 고, 또한 온 가족이 함께 즐길 수 있는 시간이 될 수 있을 거라고 생각합
> 니다. 앞으로도 대표적인 문화유산인 고궁과 왕릉을 누구나 가깝게 다가
> 갈 수 있는 공간으로 만들기 위해 계속 노력할 계획입니다.

※ [21~22] 다음을 듣고 물음에 답하십시오. (각 2점)

> 여자: 이 냉장고 정말 예쁘지 않아요? 저 세탁기도 그렇고 가전제품 디자인이 점점
> 진화하고 있네요.
>
> 남자: 겉모양만 멋있다고 선택하면 안 돼요. 성능을 비교해 보고 전력 소모가 어떤
> 지도 잘 살펴봐야 해요.
>
> 여자: 그런 거야 기본이 아니겠어요? 이왕이면 다홍치마라고 예쁜 게 보기도 좋잖
> 아요.
>
> 남자: 그렇지 않아요. 환경에도 해가 없는지 여러모로 꼼꼼하게 따져 보고 구입하는
> 게 좋아요.

21. 남자의 중심 생각으로 맞는 것을 고르십시오.

22. 들은 내용으로 알맞은 것을 고르십시오.

※ [23~24] 다음을 듣고 물음에 답하십시오. (각 2점)

> 여자: 너는 대학에서 뭘 전공할 거야? 난 아직 배우고 싶은 것이 많아서 고민하고 있어.
>
> 남자: 그래? 다음 달 초에 졸업생 선배들이 우리 학교를 방문해서 대학의 여러 전공을 소개하고 진로에 대해서도 조언을 해 준다고 하던데.
>
> 여자: 나도 들었어. 전공을 체험하게 해 주는 프로그램이래. 하지만 나는 시간이 안 맞아서 참가하기 힘들 것 같아.
>
> 남자: 앞으로 이런 기회가 별로 없을 것 같은데……. 시간을 조정해서 같이 가 보자.

23. 남자는 무엇을 하고 있는지 고르십시오.

24. 들은 내용으로 맞는 것을 고르십시오.

※ [25~26] 다음을 듣고 물음에 답하십시오. (각 2점)

> 여자: 요즘 가장 주목 받고 있는 가수인 정민수 씨를 모셨습니다. 10여 년에 가까운 무명 생활 끝에 성공할 수 있었던 비결은 무엇인가요?
>
> 남자: 글쎄요. 이번에 낸 앨범을 예상 외로 많은 분들이 좋아해 주셨습니다만 이것이 성공이라고 할 수 있을지 모르겠습니다. 오랫동안 팬들 곁에서 활동할 수 있어야 진짜 성공이라고 생각하니까요. 음악에 대한 열정을 가지고 포기하지 않았던 것이 지금까지 계속 활동할 수 있었던 원동력이었던 것 같습니다. 생활이 힘들어 도중에 그만두고 싶었던 적도 많았지만 그때마다 제 꿈을 떠올리며 힘을 내곤 했습니다.

23. 남자의 중심 생각으로 맞는 것을 고르십시오.

24. 들은 내용으로 맞는 것을 고르십시오.

※ [27~28] 다음을 듣고 물음에 답하십시오. (각 2점)

여자: 어제 뉴스 봤어? 아파트에서 위층과 아래층 사이에 층간 소음 때문에 다투는 경우가 많다더라.

남자: 그러게. 요즘은 이웃 간의 분쟁이 자주 발생하는 것 같아.

여자: 예전에는 이웃사촌이라는 말도 있었지만 지금은 옆집에 누가 사는지도 모르니까 작은 불편함도 못 참고 부딪치게 되는 거지.

남자: 밤늦게 청소기를 돌린다든지 아이들이 뛴다든지 해서 이웃에게 피해를 주는 일이 없도록 조심해야 할 텐데.

여자: 맞아. 남을 배려하지 않고 자기만 좋으면 된다는 이기주의가 근본적인 원인이라고 생각해.

27. 여자가 남자에게 말하는 의도를 고르십시오.

28. 들은 내용으로 맞는 것을 고르십시오.

여자: 건강에 대한 관심이 높아지면서 사람들이 영양제나 건강 보조 식품 같은 것을 많이 챙겨 먹는데요. 문제는 없을까요?

남자: 건강은 건강할 때 지켜야 한다는 말이 있긴 하지만 지나치게 약이나 보조 식품에 의존하는 것은 바람직하지 않습니다. 또한 이런 것들을 같이 먹는 경우에는 부작용이 없는지 의사나 약사와 상의하는 것이 우선이지요. 저도 약을 다루는 사람이지만 몸에 좋으니까 무조건 많이 먹으라고 하는 것은 옳지 않습니다. 약은 약이고 보조 식품은 보조 식품일 뿐이니까요. 가장 좋은 것은 음식을 통해 영양을 골고루 섭취하고 자신에게 맞는 약품을 정확하게 처방 받은 후에 복용하는 것입니다.

29. 남자는 누구인지 고르십시오.

30. 들은 내용으로 맞는 것을 고르십시오.

※ [31~32] 다음을 듣고 물음에 답하십시오. (각 2점)

남자: 버려지는 반려동물의 수가 매년 급속하게 증가하고 있대요. 귀엽다고 키울 때는 언제고 병들었다고 그냥 버리는 건 너무 무책임한 것 같아요.

여자: 버려지는 동물들이 마구잡이로 개체 수를 늘려 가니 더 문제예요.

남자: 저도 강아지를 기르지만 가족과 같은 존재를 아프다고 버리는 사람들의 마음을 이해할 수가 없어요. 달면 삼키고 쓰면 뱉는 것과 뭐가 달라요?

여자: 그러게요. 점점 사람들이 이기적으로 변해가는 가는 것 같아 씁쓸하네요.

31. 남자의 생각으로 맞는 것을 고르십시오.

32. 남자의 태도로 맞는 것을 고르십시오.

※ [33~34] 다음을 듣고 물음에 답하십시오. (각 2점)

여자: 현대인들에게 휴대폰은 어떤 의미일까요? 최근에는 눈을 뜨면서부터 스마트폰을 찾고 한순간이라도 안 보면 불안감을 느끼는 중독 현상이 발생하고 있습니다. 또한 단순한 이용을 넘어서 과다한 정보 공유와 인맥 관리로 인해 스트레스에 시달리는 사람들도 증가하고 있습니다. 이런 이유로 전문적인 치료를 받는 경우도 많은데요. 그래서 최근에는 인맥이나 계정을 대신 관리해 주는 사이트까지 나타났습니다. 과도한 스마트폰 사용으로 인한 피로와 중독을 막으려면 온라인보다는 신문이나 책을 가까이하고 메신저보다는 사람을 직접 만나는 것이 바람직할 것입니다.

33. 무엇에 대한 내용인지 맞는 것을 고르십시오.

34. 들은 내용으로 맞는 것을 고르십시오.

※ [35~36] 다음을 듣고 물음에 답하십시오. (각 2점)

남자: 교류회에 참가해 주신 여러분, 진심으로 환영합니다. 본 교류회는 양국 대학생들의 친목을 도모하고 서로에 대한 이해를 넓히는 데 도움을 주고자 마련되었습니다. 여러분은 오늘부터 10일간 다양한 일정을 소화하게 될 것입니다. 먼저 경제, 정치, 사회 등 분야별 주제에 따라 양국 대표로서 토론을 진행한 다음 결과를 보고하는 시간이 있습니다. 또한 기업체 견학 및 문화 체험 프로그램도 준비되어 있습니다. 알찬 경험을 쌓은 여러분들이 앞으로 양국의 우호 관계가 지속될 수 있도록 큰 역할을 해 주기를 기대합니다.

35. 남자는 무엇을 하고 있는지 고르십시오.

36. 들은 내용으로 맞는 것을 고르십시오.

※ [37~38] 다음은 교양 프로그램입니다. 잘 듣고 물음에 답하십시오. (각 2점)

남자: 자꾸 깜빡깜빡 잊어버리는 건망증으로 고민하는 분들이 많은데요. 이런 건망증이 여성에게 더 많이 나타난다는 것이 사실입니까?

여자: 네, 특히 출산 후에 건망증으로 괴로워하는 여성들이 많습니다. 이는 출산 후에 오는 호르몬 불균형의 영향도 있고 갑자기 시작된 육아로 인해 챙길 것이 많아지기 때문입니다. 이러한 건망증을 예방하려면 우선 휴식이 필요합니다. 뇌는 자극이 많고 피곤할수록 정보를 잊어버리기 때문에 보통 1시간 일을 하면 5분 정도 쉬는 것이 좋습니다. 뇌에 산소를 공급하는 것이 기억력을 좋아지게 하므로 걷기와 같은 유산소 운동을 꾸준히 하는 것도 도움이 됩니다.

37. 여자의 중심 생각으로 맞는 것을 고르십시오.

38. 들은 내용과 일치하는 것을 고르십시오.

※ [39~40] 다음은 대담입니다. 잘 듣고 물음에 답하십시오. (각 2점)

남자: 대학이 예전과 달리 취업을 준비하는 곳으로 변했다는 생각이 드는데요. 이러한 상황에서 앞으로 대학이 나아가야 할 길은 무엇일까요?

여자: 앞에서 말씀드린 것처럼 대학의 역할이 많이 변질되었다고 할 수 있습니다. 그저 직업 훈련 기관이 되어 버렸다고 해도 과언이 아니지요. 그렇다고 해서 대학이 제대로 된 직장을 보장해 주지도 않습니다. 그럼에도 불구하고 수많은 대학이 왜 존재해야 하는가를 따져보는 것은 매우 시의적절하다고 봅니다. 단지 지식을 가르치는 것에 그치지 않고 배운 지식을 활용해서 발전시킬 수 있게 도와주고, 나아가 그것을 실천에 옮길 수 있도록 해 주는 것이 대학이 가진 참된 의미가 아닐까요?

39. 이 담화 앞의 내용으로 알맞은 것을 고르십시오.

40. 들은 내용과 일치하는 것을 고르십시오.

※ [41~42] 다음은 강연입니다. 잘 듣고 물음에 답하십시오.

남자: 개인이 사회 안에서 더불어 살아가는 것처럼 사회나 국가도 외부와 끊임없는 교류에 의해 유지됩니다. 과학 기술의 눈부신 발달로 국제 관계가 더욱 긴밀해진 오늘날 어떤 국가도 국제적 협력 없이는 존재하기 어렵습니다. 이러한 시점에서 진정한 국제적 협력 관계를 위해서 먼저 서로의 특수성을 인정해야 합니다. 아울러 성숙한 인식을 바탕으로 한 상호 이해만이 진정한 교류를 가능하게 합니다. 일방적인 관계가 아니라 서로 주고받을 수 있는 자율적이고 대등한 관계가 되어야 하는 것입니다. 그러기 위해서는 국제 사회에 대한 올바른 이해와 함께 독자적인 자율성을 지녀야 하겠습니다.

41. 들은 내용과 일치하는 것을 고르십시오.

42. 남자의 중심 생각으로 맞는 것을 고르십시오.

※ [43~44] 다음은 다큐멘터리입니다. 잘 듣고 물음에 답하십시오. (각 2점)

여자: 여기 보시는 넓고 둥그런 모양의 독은 '드므'라고 부릅니다. 드므는 무쇠로 만들어졌고 화재가 발생했을 때 불을 끄기 위한 방화수를 담아두는 용기였습니다. 주로 궁궐에 설치했는데, 경복궁의 경우 국가의 큰 행사가 거행되던 근정전의 서쪽 계단 옆에 있습니다. 날씨가 추울 때에는 드므에 담긴 물이 얼지 않도록 저어 주거나 밑에 불을 지폈다는 기록이 있습니다. 과거에는 물이 귀했기 때문에 궁궐 곳곳에 드므를 설치했지만 여기에 담긴 정도의 적은 양으로 화재를 진압하기에는 무리가 있었을 것으로 보입니다. 사람들은 화재를 일으키는 화마가 드므의 물에 비친 자신의 얼굴에 놀라 도망간다고 믿었으니만큼 드므는 화재 예방을 위한 상징적인 의미가 컸다고 할 수 있겠습니다.

43. 드므에 물을 담아 두었던 이유로 맞는 것을 고르십시오.

44. 이 이야기의 중심 내용으로 맞는 것을 고르십시오.

※ [45~46] 다음은 강연입니다. 잘 듣고 물음에 답하십시오. (각 2점)

남자: 수도권 의료 집중화 현상이 해가 갈수록 더욱 심화되고 있는 형편입니다. 이로
인해 대형 병원들은 전국에서 환자가 몰리는 통에 한번 진료를 받기 위해서는
몇 주 또는 몇 달씩 기다려야 하는 상황이 발생합니다. 이런 의료 집중화 현상
은 대중교통의 발달로 수도권 이동이 더욱 수월해진 것과 함께 지역 병원의 시
설 및 인력 부족이 원인으로 지적되고 있습니다. 또한 수도권의 쏠림 현상으
로 지역 병원의 환자 수가 줄면서 재정이 악화되어 질병 연구의 기회도 줄어드
는 악순환이 이어지고 있습니다. 이러한 문제를 극복하기 위해서는 지역 병원
의 육성 방안이 필요합니다. 각 분야를 특성화시켜 집중적으로 지원하고 협력
이 필요한 경우 긴밀하게 연계하여 병원의 경쟁력을 키워야 할 것입니다.

45. 들은 내용과 일치하는 것을 고르십시오.

46. 남자의 태도로 가장 알맞은 것을 고르십시오.

※ [47~48] 다음은 대담입니다. 잘 듣고 물음에 답하십시오. (각 2점)

여자: 요즘 대학에서는 학문 분과들 사이에 울타리가 높은 것 같습니다. 심지어 인접
학문끼리도 소통이 없습니다. 이러한 현상은 전공의 순수성과 정통성에 대한
집착 때문이 아닐까 합니다. 학문 사이에 소통은 불가능한 것일까요?
남자: 학문 사이에 경계를 없앤다는 것은 말처럼 쉬운 일이 아닙니다. 학문은 전문
성을 전제로 하기 때문에 그 경계가 명확하기 때문입니다. 그러나 누군가 자
신의 영역을 넘본다고 생각해서 학문의 전문성만을 강조하게 되면 치명적인
오류나 자기도취에 빠지게 됩니다. 그렇게 되면 더 이상의 학문적인 발전을
기대하기 어려울 것입니다. 자신만의 영역을 고집할 것이 아니라 자기 분야
연구를 좀 더 깊이 있게 만들기 위한 방편으로도 학문 사이의 소통은 이제 선
택의 문제를 넘어 필수라고 생각합니다.

47. 들은 내용과 일치하는 것을 고르십시오.

48. 남자의 태도로 가장 알맞은 것을 고르십시오.

※ [49~50] 다음은 강연입니다. 잘 듣고 물음에 답하십시오. (각 2점)

남자: 유럽에서는 초소형 전기차가 시험 주행을 마치고 현실화를 눈앞에 두고 있다고 합니다. 이와 발맞추어 우리나라에서도 정부가 중소기업에 개발 비용을 지원하여 3년 후에는 시제품을 출시할 계획이라고 밝혔습니다. 초소형 전기차의 가격은 대당 천만 원 미만이며 주행 속도는 시속 50km 정도입니다. 한 번 충전하면 60km까지 달릴 수 있으며 가정용 콘센트로 재충전이 가능합니다. 또한 조작이 간편하고 연간 전기료가 10만 원 선이기 때문에 근거리 이동 수단으로 적합합니다. 하지만 현재 도로에서는 일반 자동차와 이륜차만 주행이 가능하므로 다른 나라의 경우 전기차 운행에 차질이 없도록 제도를 보완하고 있습니다. 우리 역시 전기차 개발과 더불어 실효성을 살린 법 규정을 조속히 마련해야 할 것입니다.

49. 들은 내용과 일치하는 것을 고르십시오.

50. 남자의 태도로 가장 알맞은 것을 고르십시오.

듣기 대본 (1번~50번)

※ [1~3] 다음을 듣고 알맞은 그림을 고르십시오. (각 2점)

1.
남자: 안녕하세요, 텔레비전을 어디에 설치해 드릴까요?

여자: 소파 맞은편에 놓아 주세요. 지금 있는 텔레비전은 어떻게 하죠?

남자: 걱정 마십시오. 저희가 수거해 가겠습니다.

2.
여자: 오늘 날씨가 좋아서 그런지 공원에 사람이 많네요.

남자: 그렇죠? 조깅도 하고 자전거도 타고……. 요즘은 다들 건강에 관심이 많은 것 같아요.

여자: 우리도 앉아 있지 말고 좀 걸을까요?

3.
남자: 모바일 쇼핑 거래액을 조사한 결과 최근 2년간 급격히 증가한 것으로 나타났습니다. 모바일 거래의 품목으로는 여행 상품이 가장 많았고 그 다음으로는 의류, 생활용품, 식료품이 그 뒤를 이어 많이 이용하고 있는 것으로 조사되었습니다.

※ [4~8] 다음 대화를 잘 듣고 이어질 수 있는 말을 고르십시오. (각 2점)

4.
남자: 주말에 시간이 있어요? 야구 경기에 초대하려고요.

여자: 그래요? 야구를 하는 줄 몰랐어요.

남자: _______________________________________

5.

남자: 이 약을 먹으면 두통이 괜찮아질 거예요.

여자: 어떻게 먹으면 될까요?

남자: ________________________________

6.

여자: 먼저 소금을 넣고 물이 끓기 시작하면 채소를 넣습니다.

남자: 소금은 왜 넣는 거죠 선생님?

여자: ________________________________

7.

남자: 아침 일찍 대중교통을 이용하면 할인이 된대.

여자: 정말? 최근에 교통비가 올라서 걱정했는데 잘 됐다.

남자: ________________________________

8.

여자: 아이고, 덥다. 장마라고 하더니 비가 너무 안 오네.

남자: 그러게 큰일이야. 비의 양이 적어서 농작물의 피해가 심하다고 해.

여자: ________________________________

※ **[9~12] 다음 대화를 잘 듣고 여자가 이어서 할 행동으로 알맞은 것을 고르십시오. (각 2점)**

9.

> 여자: 여기 책 반납할게요.
>
> 남자: 네, 그런데 반납이 늦어서 연체료를 내셔야 되겠는데요?
>
> 여자: 여기에 내면 돼요?
>
> 남자: 카드를 구입해서 결제하셔야 합니다. 우선 책은 저에게 주시고요, 카드는 1층에서 사 오시면 됩니다.

10.

> 여자: 학생증을 분실했는데요. 재발급 받으려면 어떻게 해야 돼요?
>
> 남자: 여기 신청서를 쓰고 사진을 1장 내시면 됩니다.
>
> 여자: 사진이 지금 없는데 빨리 가서 찍고 올게요.
>
> 남자: 그럼, 사진을 가지고 오셔서 신청서를 써 주세요.

11.

> 여자: 편의점에서 택배를 보낼 수 있다던데, 이 책들도 가능할까?
>
> 남자: 응. 우체국이랑 비슷해. 물건의 무게를 잰 후에 주소를 쓰면 돼.
>
> 여자: 그럼 편의점에서 물건을 넣을 상자도 파는 거야?
>
> 남자: 아니, 네가 따로 상자를 사서 책을 넣어야 돼.

12.

> 남자: 이 대리님, 고객 초청 행사 장소가 결정되었나요?
>
> 여자: 네, 그런데 초청할 고객 연락처가 아직 정리되지 않았습니다. 행사 진행자도 정해야 하고요.
>
> 남자: 그건 고객만족팀에 요청하면 될 거예요. 진행할 사람은 제가 알아보도록 하지요.
>
> 여자: 알겠습니다. 명단을 완성하는 대로 제출하겠습니다.

※ [13~16] 다음을 듣고 내용과 일치하는 것을 고르십시오. (각 2점)

13.

여자: 텔레비전의 코미디 프로그램을 공연으로 만든 게 요즘 인기래요.

남자: 네, 저도 지난주에 가서 봤는데 정말 재미있더라고요.

여자: 저도 한번 보고 싶네요. 언제까지 하는지 아세요?

남자: 이번 달까지라고 하니까 서둘러야 할 거예요. 참, 마지막 주 수요일에는 할인을 해 준대요.

14.

여자: 안내 말씀 드리겠습니다. 주말 동안 건물 소독을 실시할 예정입니다. 금요일 업무가 끝난 후에 사무실 문을 잠그지 말고 퇴근해 주시기 바랍니다. 소독이 끝날 때까지 문이 열려 있으므로 중요한 물건은 따로 보관해 주십시오.

15.

남자: 땀을 많이 흘리는 여름철에는 매일 빨래를 하는 것도 쉬운 일은 아닙니다. 그런데 매일 사용하는 세탁기도 자주 청소를 해야 한다는 것을 아십니까? 세탁기의 오염도가 변기보다 250배 이상 높기 때문에 세탁기를 청소해 주지 않으면 피부병이나 호흡기 질환을 일으키기도 합니다. 세탁기를 깨끗하게 관리하기 위해서는 무엇보다 사용한 후 문을 열어 물기를 말리는 게 중요합니다.

16.

여자: 점점 오염되어 가는 지구를 지키기 위해 친환경 에너지에 대한 관심이 높아지고 있는데요. 친환경 에너지란 무엇입니까?

남자: 친환경 에너지란 태양열이나 바람과 같은 자연 현상을 이용하여 만들어 내는 에너지를 말합니다. 이것은 자연에서 에너지를 얻어 내는 것이기 때문에 환경을 보호하는 데에도 매우 효과적입니다. 인구가 점점 늘어남에 따라 자원이 부족해지는 현 상황에서 친환경 에너지의 개발은 미래를 위한 투자이기도 합니다.

※ [17~20] 다음을 듣고 남자의 중심 생각을 고르십시오. (각 2점)

17.

남자: 수미 씨, 요즘 왜 동아리 모임에 안 나와요?

여자: 학교 과제가 많기도 하고, 모르는 사람들과 어울리는 것이 낯설어서요. 제가 내성적인 편이라 그런지 처음 보는 사람들과 이야기하는 게 좀 불편해요.

남자: 그럴수록 열심히 나와야 서로 잘 알게 되지요. 친해지면 동아리 활동도 더 재미있게 할 수 있을 거예요.

18.

남자: 여기에 있는 가구들은 버려진 물건을 사용해서 만든 거래요.

여자: 네, 그러니까 세상에서 하나밖에 없는 작품이라고 할 수 있겠죠.

남자: 버려진 물건으로 뭘 만들 수 있을까 생각했는데 정말 훌륭하네요. 작품도 멋있지만 환경을 살린다는 점에서 더욱 의미가 있는 것 같아요.

19.
<table>
<tr><td>남자:</td><td>산책하다 보면 강아지에게 옷을 입히고 털도 염색한 경우가 많더라고. 그게 자연스러운 건지 모르겠어.</td></tr>
<tr><td>여자:</td><td>요즘 강아지 미용에 신경 쓰는 사람이 얼마나 많은데. 옷도 아이들 옷처럼 종류가 다양해.</td></tr>
<tr><td>남자:</td><td>아무리 귀여워도 강아지를 사람처럼 대하는 건 좀 지나친 것 같아. 추위에 견딜 수 있는 털을 깎고 다시 옷을 입히는 건 오히려 좋지 않대.</td></tr>
<tr><td>여자:</td><td>그 말도 맞기는 하지만, 가족처럼 생각하니까 잘해 주고 싶은 마음에서 그러는 거겠지.</td></tr>
</table>

20.
<table>
<tr><td>여자:</td><td>경제 문제는 현실과 매우 관련이 깊다고 주장하시는 경제학자 한 분을 모셨습니다. 흔히 경제학이라고 하면 거리감을 느끼게 되는데요, 이에 대해 어떻게 생각하십니까?</td></tr>
<tr><td>남자:</td><td>보통 경제를 어렵다고 생각하지만 실제로는 그렇지가 않습니다. 살아가는 데에 있어서 필요한 것들 대부분이 경제와 관련이 있습니다. 우리가 자주 접하는 이자나 환율뿐만 아니라 직장을 선택하는 것과 집을 구입하는 것도 경제적인 문제입니다. 경제에 관심을 가지면 살아가면서 많은 도움을 받을 수 있습니다.</td></tr>
</table>

※ **[21~22] 다음을 듣고 물음에 답하십시오. (각 2점)**

여자: 최근 한 소설가의 표절 문제가 시끄러웠는데요. 예술이나 논문 등 다양한 분야에서 표절 시비가 왜 끊이지 않고 일어나는 걸까요?

남자: 전 사회 분위기도 한몫을 하고 있다고 봐요. 예를 들면 타방송의 인기 프로그램을 따라 했는데 오히려 원래 프로그램보다 인기가 많은 경우도 있어요.

여자: 맞아요. 저도 처음엔 좀 불편했는데 프로그램이 재미있으니까 자꾸 보게 되더라고요.

남자: 남의 것을 그대로 따라했는데도 문제 삼지 않고 결과만 보고 그냥 넘어가는 잘못된 관행이 사회 전반적으로 표절을 봐 주고 있는 거나 마찬가지라고 생각해요.

---

21. 남자의 중심 생각으로 맞는 것을 고르십시오.

22. 들은 내용으로 알맞은 것을 고르십시오.

※ **[23~24] 다음을 듣고 물음에 답하십시오. (각 2점)**

남자: 다음 주말 체험에 학생들과 함께 참여하려고 하는데요. 어떻게 신청하나요?

여자: 신청은 구청 홈페이지에서 하시면 됩니다. 다음 주 행사에는 20명 이하로 신청 가능합니다.

남자: 아, 저희는 14명 정도 참여하려고 합니다. 행사 내용은 벼를 화분에 심는 것이 맞나요?

여자: 네, 맞습니다. 우리 쌀을 많이 소비하자는 취지로 만든 행사니까 화분에 심고 나서 수확 때까지 주기적으로 관리를 해 주셔야 합니다.

---

23. 남자는 무엇을 하고 있는지 고르십시오.

24. 들은 내용으로 맞는 것을 고르십시오.

※ [25~26] 다음을 듣고 물음에 답하십시오. (각 2점)

여자: 이진수 씨께서는 친자녀 이외에 4명의 아이들을 입양하셨다고 들었습니다. 입양에 관심 있는 분들께 조언을 좀 부탁드립니다.

남자: 우리나라에서는 아직까지 입양에 대해 부정적인 인식이 많습니다. 드라마나 영화에서 그런 영향을 받은 탓도 있는 것 같습니다. 그래서 입양 사실을 숨기는 경우도 많지요. 하지만 나중에 자녀가 알게 되었을 때 받는 충격은 실로 엄청납니다. 따라서 어렸을 때부터 입양되었다는 것을 자연스럽게 받아들일 수 있도록 하는 것이 좋습니다. 입양 가정 모임에 정기적으로 참석해서 정보를 공유하고 먼저 아이를 키운 분들의 경험담을 듣는 것도 필요합니다.

---

25. 남자의 중심 생각으로 맞는 것을 고르십시오.

26. 들은 내용으로 맞는 것을 고르십시오.

※ [27~28] 다음을 듣고 물음에 답하십시오. (각 2점)

여자: 요즘은 연예인들의 일상을 솔직하게 보여주는 방송 프로그램이 인기인 것 같아.

남자: 나도 본 적이 있어. 나와 비슷한 점도 느낄 수 있으니까 자꾸 보게 되던데.

여자: 보통 연예인이라고 하면 화려한 이미지가 있는데 일반인과 크게 다르지 않은 모습을 통해 친근함을 주려는 것 같아.

남자: 시청자들은 그런 모습이 재미있겠지만 본인들은 좀 피곤하지 않을까? 사적인 공간까지 모두 공개를 하게 되잖아.

여자: 그렇기는 하지만 어차피 연예인들은 대중의 관심을 필요로 하는 사람들이니까 그런 불편함이 있더라도 출연하는 게 아닐까.

---

27. 여자가 남자에게 말하는 의도를 고르십시오.

28. 들은 내용으로 맞는 것을 고르십시오.

※ [29~30] 다음을 듣고 물음에 답하십시오. (각 2점)

여자: 골목마다 아름다운 벽화가 그려져 있어 보기에도 좋고 정말 멋진데요. 이러한 벽화를 계획하신 목적에 대해 듣고 싶습니다.

남자: 이곳은 산동네로 형편이 어려운 분들이 많아 환경 개선이 쉽지 않은 지역이었습니다. 그러나 세계에서 아름다운 풍경으로 손꼽히는 마을들을 보면 대부분 평지보다는 언덕인 경우가 많습니다. 그래서 우리의 전통도 살릴 겸 낙후된 마을 환경도 개선할 겸 이런 기획을 했습니다. 처음에는 사람들의 관심이 많지 않았지만 저의 전공을 살려 벽에 그림을 그리기 시작하면서 차츰 많은 분들이 동참해 주셨습니다. 또한 동네 주민들의 적극적인 협조로 이렇게 아름다운 벽화 마을이 완성될 수 있었습니다.

29. 남자는 누구인지 고르십시오.

30. 들은 내용으로 맞는 것을 고르십시오.

※ [31~32] 다음을 듣고 물음에 답하십시오. (각 2점)

여자: 계약직이나 비정규직 근로자의 임금이 정규 직원의 절반 수준이라네요. 이렇게 차이가 클 줄은 몰랐는데 정말 그런가요?

남자: 급여는 물론 근로 시간이나 복지 등에서 전반적으로 차별이 심각합니다. 일은 비슷하게 하면서 혜택은 제대로 받지 못하는 이러한 불평등이 하루 빨리 개선되어야 합니다.

여자: 정식 직원으로 채용하면 더 열심히 일을 하게 되고 회사 입장에서도 그렇게 손해는 아닐 텐데요.

남자: 그렇지요. 모든 비정규직을 정규직으로 바꾸기는 어렵겠지만 이러한 차별이나 차이를 줄이려면 기업뿐만 아니라 정부 차원의 대책과 지원이 필요합니다.

31. 남자의 생각으로 맞는 것을 고르십시오.

32. 남자의 태도로 맞는 것을 고르십시오.

※ [33~34] 다음을 듣고 물음에 답하십시오. (각 2점)

남자: 현대 사회에서는 엄청난 양의 광고들이 쏟아져 나옵니다. 신문이나 잡지, 심지어 거리에서도 우리는 다양한 광고들을 봅니다. 광고는 상품을 널리 홍보하여 기업의 제품이나 서비스를 소비자에게 파는 데에 목적을 두고 있습니다. 그런데 광고가 늘어날수록 발견되는 문제점들도 늘고 있는데요. 사람들이 흔히 광고의 홍수 속에서 어떤 상품을 구입해야 하는지 혼동하기도 하고 잘못된 선택으로 후회하기도 합니다. 기업들은 대중을 상대로 진심을 담은 광고를 해야 하고 또한 소비자도 꼭 필요한 상품만을 구입할 수 있는 안목을 길러야 할 것입니다.

33. 무엇에 대한 내용인지 맞는 것을 고르십시오.

34. 들은 내용으로 맞는 것을 고르십시오.

※ [35~36] 다음을 듣고 물음에 답하십시오. (각 2점)

남자: 오늘 이렇게 여러분을 만나게 되어 기쁩니다. 올해로 우리 장학회가 설립된
지 10년이 되었습니다. 장학회에서는 우수한 실력을 가졌음에도 불구하고 어
려운 가정 형편으로 고생하는 학생들에게 대학 4년간의 학비를 전액 지원하
고 있습니다. 현재까지 장학금을 받은 학생 수는 500여 명에 이르며 사회 여
러 분야에서 훌륭히 역할을 수행하고 있습니다. 또한 자발적으로 후원회를 결
성하여 여러분과 같은 어려운 처지의 후배들을 위한 모금 활동도 하고 있습니
다. 여러분들도 이와 같이 자신이 받은 혜택을 사회에 돌려줄 수 있는 사람이
되기를 바랍니다.

35. 남자는 무엇을 하고 있는지 고르십시오.

36. 들은 내용으로 맞는 것을 고르십시오.

※ [37~38] 다음은 교양 프로그램입니다. 잘 듣고 물음에 답하십시오. (각 2점)

남자: 교수님, 공정 무역 커피를 마시면 좋을 일을 하는 거란 말을 들었는데 공정
무역 커피에 대해서 알기 쉽게 말씀해 주시겠습니까?
여자: 공정 무역이란 생산자와 사업자의 공동 발전을 목표로 하는 무역으로 그 대표
적 사례가 바로 커피와 초콜릿입니다. 커피는 석유 다음으로 거래량이 많은
무역 상품입니다. 그러나 여기에서 거두는 이윤은 대부분 무역업자와 소매업
자가 차지하고 정작 생산자에게는 아주 미미한 금액이 돌아갈 뿐이지요. 따라
서 부당한 노동 착취를 막고 일정한 금액이 생산자의 몫으로 돌아갈 수 있도
록 하는 것입니다. 즉, 공정 무역은 단순히 어느 한쪽만을 위한 것이 아니라
모두에게 이익이 골고루 분배될 수 있는 행복한 길이기도 합니다.

37. 여자의 중심 생각으로 맞는 것을 고르십시오.

38. 들은 내용과 일치하는 것을 고르십시오.

※ [39~40] 다음은 대담입니다. 잘 듣고 물음에 답하십시오. (각 2점)

여자: 선수들이라면 누구나 한 번쯤 감독님과 함께 야구를 하고 싶어 하는데요. 앞의 인터뷰에서 보면 선수들이 기대에 부풀어 있다는 느낌을 받았습니다. 이번에 독립 야구단 감독직을 맡게 되신 계기는 무엇인가요?

남자: 특별한 이유는 없습니다. 다만 저는 선수 시절부터 감독을 맡은 지금까지 변함없이 야구를 사랑하고 있습니다. 다른 나라의 경우는 독립 구단들의 대회가 따로 있을 정도로 활성화되어 있지만 우리나라는 그렇지 않습니다. 그래서 프로 무대에 진출을 바라는 선수들을 훈련시켜 프로 구단에 입단할 기회를 주고자 했습니다. 끝까지 꿈을 포기하지 않고 노력하면 언젠가는 꿈을 이룰 수 있다는 용기와 희망을 주고 싶었습니다.

39. 이 담화 앞의 내용으로 알맞은 것을 고르십시오.

40. 들은 내용과 일치하는 것을 고르십시오.

※ [41~42] 다음은 강연입니다. 잘 듣고 물음에 답하십시오. (각 2점)

남자: 모두가 출근한 시간, 공원에 삼삼오오 모여 있는 노인들을 볼 수 있습니다. 오랜 기간 가족을 위해 노력했지만 경제력을 잃는 순간 소외되는 것이 현실입니다. 나이 든 자신의 모습을 상상해 본 일이 있으십니까? 모두에게 존경 받고 여유 있는 생활을 즐기는 것이 우리가 원하는 모습일 텐데요. 그렇다면 우리가 노인들에게 어떻게 해 드려야 할지 그 답은 분명해집니다. 노인 문제를 근본적으로 해결하기 위해서는 우선 사랑과 존경이 전제되어야 한다고 생각합니다. 이와 더불어 경제적인 지원과 같은 정책이 마련되어야 할 것입니다. 노인 문제는 노인들만의 문제가 아니라 우리 모두의 문제이기 때문입니다.

41. 들은 내용과 일치하는 것을 고르십시오.

42. 남자의 중심 생각으로 맞는 것을 고르십시오.

※ [43~44] 다음은 다큐멘터리입니다. 잘 듣고 물음에 답하십시오. (각 2점)

여자: 돌고래는 인간에게 친숙한 동물입니다. 돌고래의 지능은 80 정도인데 이는 바다 동물 중에서 가장 높은 수치입니다. 이러한 높은 지능 덕분에 사람과 교감을 나눌 수 있고 다른 동물에 비해 학습 능력이 뛰어납니다. 지능을 사용할 줄 알기 때문에 자신에 비해 덩치가 크고 난폭한 상어를 집단으로 공격해서 잡아먹기도 합니다. 또한 돌고래는 청력이 발달하여 음파를 통해 물체를 인식하고 무리들과 의사소통을 합니다. 최근의 연구에 따르면 자신의 새끼가 죽었을 때 슬픔을 표현하는 행동을 하며 무리 중 죽은 돌고래에 대해 애도하는 장례 문화도 가지고 있다고 합니다. 이처럼 돌고래는 인간과 비슷한 감수성을 가졌다고 볼 수 있습니다.

43. 돌고래가 학습 능력이 뛰어난 이유로 맞는 것을 고르십시오.

44. 이 이야기의 중심 내용으로 맞는 것을 고르십시오.

※ [45~46] 다음은 강연입니다. 잘 듣고 물음에 답하십시오. (각 2점)

여자: 장차 미래를 책임질 우리 아이들을 위한 교육의 중요성은 누구나 인식하고 있습니다. 그러나 요즘은 교육 부재의 시대라는 말을 자주 합니다. 이는 일류만을 지향하여 치열한 경쟁 사회를 부추기고 있는 사회 구조의 모순이 그 원인이라고 할 수 있습니다. 현재 우리나라 교육의 본질을 들여다보면 한마디로 명문대 진학이 최우선 목표라고 해도 과언이 아닙니다. 또한 입시를 위해 어렸을 때부터 사교육 현장으로 내몰리는 아이들이 정서적으로 안정을 찾기란 어려운 일입니다. 그런데도 예절이나 인성 교육에 앞서 입시 위주의 교육이 가져올 수 있는 부작용에 대해서는 깊이 인식하고 있지 않습니다. 교육은 '백년대계'라는 말처럼 백 년 앞을 내다보고 미래지향적인 교육의 방향을 세우는 것이 무엇보다 중요합니다.

45. 들은 내용과 일치하는 것을 고르십시오.

46. 여자의 태도로 가장 알맞은 것을 고르십시오.

여자: 얼마 전 현장 고발 프로그램에서 사람들의 발길이 잦은 곳에 아무렇게나 버려진 쓰레기들을 보고 충격을 받았어요. 편리하다는 이유로 플라스틱과 일회용 컵 사용이 보편화되고 있어서 생기는 문제인 것 같습니다만, 여기에 대해 어떻게 생각하십니까?

남자: 말씀하셨다시피 우리가 하루에 사용하는 일회용품과 플라스틱의 양은 실로 엄청납니다. 단지 값이 싸고 튼튼하다는 장점으로 인해 생활용품이나 주방 용품 등에 광범위하게 사용되고 있기 때문입니다. 하지만 이것들이 분해되는 데에는 몇 백 년이나 소요된다고 합니다. 이런 상황이 지속된다면 후대의 환경 오염도는 상상할 수도 없을 것입니다. 그 심각성을 하루 속히 깨달아 일회용품과 플라스틱 사용을 자제하고 친환경 물질을 개발하는 데에 모든 노력을 기울여야 하겠습니다.

47. 들은 내용과 일치하는 것을 고르십시오.

48. 남자의 태도로 가장 알맞은 것을 고르십시오.

※ [49~50] 다음은 강연입니다. 잘 듣고 물음에 답하십시오. (각 2점)

여자: 몇 년 전까지만 해도 도시 재생이라고 하면 낙후된 지역에 고층 건물을 세우고
편의시설을 확보하는 등 외관을 정비하는 것을 떠올렸습니다. 그러나 진정한 도
시 재생이란 단순히 물리적 환경의 재생이 아니라 도시의 역사와 문화를 보전하
며 이루어 가는 단계적인 개선을 의미합니다. 최근 종로 일대의 재개발 사업으
로 대형 건물들이 들어서면서 조선시대부터 이어져 온 역사의 자취가 사라져 버
린 것은 아쉬운 일입니다. 또한 도시 재생에서 중요한 것은 그곳에 거주하던 사
람들이 밀려나서는 안 된다는 것입니다. 개발 논리에 따라 역사와 문화를 만들
어 낸 주역들을 배제하고 물리적 환경 개선만을 추진한다면 결국 도시 고유의 매
력과 차별화된 경쟁력을 잃어버릴 수 있습니다.

49. 들은 내용과 일치하는 것을 고르십시오.

50. 여자의 태도로 가장 알맞은 것을 고르십시오.

1회 듣기

문항 번호	정답 및 풀이	배점
1	③ 가방을 가지고 들어갈 수 없으니 입구 쪽 보관함에 맡기라고 했으므로 ③이 답이 된다.	2
2	② 여자가 남자에게 우산을 가지고 가라고 했으므로 ②가 답이 된다.	2
3	② 청소년의 절반 정도가 안전하지 않다고 했으므로 ②가 답이 된다.	2
4	④ 과제를 도와 달라는 여자의 부탁을 남자가 들어 주는 내용이므로 감사의 표시로 저녁을 사겠다는 ④가 자연스럽다.	2
5	② 오래 전부터 계획한 배낭여행을 떠나는 여자에게 하는 남자의 인사말로 ②가 자연스럽다.	2
6	③ 편의점에 가면 비상약을 판다는 여자의 말에 대한 대답이므로 ③이 자연스럽다.	2
7	② 얼마나 늦을 것 같냐고 묻는 남자에 대한 대답이므로 ②가 자연스럽다.	2
8	④ 주말에 미술관에 가자는 남자에게 여자는 일 때문에 못 가서 미안하다고 했으므로 남자의 대답은 ④가 자연스럽다.	2
9	② 남자가 여자에게 커피숍에 먼저 가서 자리 잡고 있으라고 했으므로 여자는 커피숍으로 갈 것이다.	2
10	① 배출 스티커를 구입해 의자에 붙인 후에 버리라고 했으므로 스티커를 구입하러 관리실로 갈 것이다.	2
11	③ 고객들에게 나눠 줄 기념품을 확인하라고 했으므로 거래처에 전화를 할 것이다.	2

12	④ 남자가 약을 사 온다며 여자에게 좀 쉬고 있으라고 했지만 여자는 같이 가겠다고 했으므로 남자와 함께 약국에 갈 것이다.	2
13	③ 남자가 인터넷에서 프로그램을 내려 받아서 동영상을 만들면 된다고 했으므로 ③이 답이 된다.	2
14	② 수리 중에는 물이 나오지 않는다고 했으므로 ②가 답이 된다.	2
15	④ 첼로를 이용하여 대중들에게 다가가려는 다양한 노력이 이어지고 있다고 했으므로 ④가 답이 된다.	2
16	③ 동서양의 재료와 도구를 함께 사용했다고 했으므로 ③이 답이 된다.	2
17	④ 남자는 서로 경쟁을 하게 되면 더 잘하기 위해 노력을 하기 때문에 발전할 수 있는 것이라고 했으므로 ④가 답이 된다.	2
18	③ 남자가 위가 약한 사람들은 사과가 위에 자극을 주게 되어 해로울 수도 있다고 했으므로 ③이 답이 된다.	2
19	② 허리가 아프다는 여자에게 침대나 침구가 문제일 수도 있으니 바닥에서 자 보라고 했으므로 ②가 답이 된다.	2
20	④ 남자는 관광산업의 활성화를 위해 계속 노력하겠다고 했으므로 ④가 답이 된다.	2
21	② 남자는 디자인만 좋다고 선택할 게 아니라 여러 가지를 비교해 봐야 한다고 했으므로 ②가 답이 된다.	2
22	③ 환경에도 해를 주지 않는지 꼼꼼하게 따져 보고 구입을 하는 게 좋다고 했으므로 ③이 답이 된다.	2
23	④ 전공을 체험하게 해 주는 프로그램에 같이 가자고 했으므로 ④가 답이 된다.	2
24	③ 졸업생 선배들이 전공을 소개하고 진로에 대해 조언해 준다고 했으므로 ③이 답이 된다.	2

25	④ 오랫동안 팬들 곁에서 활동할 수 있어야 성공이라고 했으므로 ④가 답이 된다.	2
26	② 남자는 가수이며 10여 년 가까이 무명 생활을 했다고 했으므로 ②가 답이 된다.	2
27	③ 여자는 자기만 생각하는 이기주의가 원인이라고 했으므로 ③이 답이 된다.	2
28	④ 층간 소음 때문에 다투는 경우가 많다고 했으므로 ④가 답이 된다.	2
29	① 남자가 약을 다루는 사람이라고 말했으므로 ①이 답이 된다.	2
30	② 자신에게 맞는 약품을 정확하게 처방 받은 후에 복용해야 한다고 했으므로 ②가 답이 된다.	2
31	② 반려동물을 키우다가 버리는 사람들의 무책임을 말하고 있으므로 ②가 답이 된다.	2
32	① 동물을 내다 버리는 사람들을 강하게 비판하고 있으므로 ①이 답이 된다.	2
33	④ 스마트폰 사용으로 인한 피로와 중독을 막는 방법을 말했으므로 ④가 답이 된다.	2
34	③ 인맥이나 계정을 대신 관리해 주는 사이트가 나타났다고 했으므로 ③이 답이 된다.	2
35	④ 남자는 교류회가 친목 도모와 서로에 대한 이해를 넓히는 데 도움을 주고자 마련되었다고 했으므로 ④가 답이 된다.	2
36	② 열흘간 다양한 일정을 소화해야 한다고 했으므로 ②가 답이 된다.	2
37	① 건망증을 예방하려면 뇌에 산소를 공급할 수 있는 휴식이 필요하다고 했으므로 ①이 답이 된다.	2
38	③ 출산 후에 건망증으로 괴로워하는 여성들이 많다고 했으므로 ③이 답이 된다.	2
39	④ 대학의 역할이 많이 변질되었다고 했으므로 ④가 답이 된다.	2

40	② 배운 지식을 활용해서 발전시킬 수 있게 도와주는 것이 대학이 가진 의미라고 했으므로 ②가 답이 된다.	2
41	③ 진정한 교류는 자율적이고 대등한 관계여야 한다고 했으므로 ③이 답이 된다.	2
42	④ 성숙한 인식을 바탕으로 한 상호 이해가 진정한 교류를 가능하게 한다고 했으므로 ④가 답이 된다.	2
43	③ 드므는 화재가 발생했을 때 불을 끄기 위한 방화수를 담아두는 용기였다고 했으므로 ③이 답이 된다.	2
44	④ 방화수의 용도이기도 했지만 화재 예방을 위한 상징적인 의미가 컸다고 했으므로 ④가 답이 된다.	2
45	④ 수도권 쏠림 현상으로 지역 병원의 재정이 악화되고 있다고 했으므로 ④가 답이 된다.	2
46	① 의료 집중화 현상의 원인을 분석하고 지역 병원을 육성해야 한다고 말하고 있으므로 ①이 답이 된다.	2
47	④ 인접 학문끼리 소통이 없는 것은 전공의 순수성과 정통성에 대한 집착 때문이라고 했으므로 ④가 답이 된다.	2
48	④ 학문이 가진 전문성 때문에 경계가 명확하다고 했으며 학문의 전문성만을 강조하게 되면 치명적인 오류나 자기도취에 빠진다고 했으므로 ④가 답이 된다.	2
49	③ 가정용 콘센트로 재충전이 가능하다고 했으므로 ③이 답이 된다.	2
50	③ 남자는 초소형 전기차 운행을 위해 실효성을 살린 법 규정을 마련해야 한다고 했으므로 ③이 답이 된다.	2

문항 번호	모범답안	배점
51	㉠ 파란색 긴 우산입니다. (우산의 특징을 설명하는 문장) ㉡ (아래 전화번호로) 연락 주시기 바랍니다.	10
52	㉠ 일반 대중까지도 누리는/즐기는 것이다. 　많은 사람들이 즐기는 것이다. ㉡ 생산할 수 있어야 한다. / 만들어 낼 수 있어야 한다.	10
53	광고는 어떤 목적을 위하여 사람들에게 널리 알리는 것으로 크게는 상업 광고와 공익 광고로 나눌 수 있다. 상업 광고는 판매를 촉진하기 위한 목적으로 제품 또는 기업 홍보를 하게 된다. 한편 공익 광고는 공공의 이익을 목적으로 하는 광고로서 금연이나 환경 보호, 교통사고 예방 등이 그 예이다. 이러한 광고를 전달하는 매체로는 신문, 방송, 잡지, 인터넷, 전단, 영화 등이 있다.	30
54	문화는 사회 집단의 생활양식이며 사회 집단에 따라 다양하게 나타난다. 사람들은 자기 문화에 친숙하기 때문에 그것이 가장 좋은 것이라고 생각하기 쉽다. 그러나 이런 태도는 다른 문화를 바르게 이해하는 데에 큰 걸림돌이 된다. 　모든 사회는 각각 그들에게 맞는 의식주 등의 생활양식, 즉 문화를 가지고 있다. 이것은 각 사회가 서로 다른 환경과 상황에 적응하면서 나름대로 독창적인 생활양식을 발전시켜 왔기 때문이다. 따라서 각 문화가 지니고 있는 특성과 가치는 우열을 가릴 수 없는 것이다. 문화는 그 구성원들에게 가치 있고 의미 있는 것이기 때문에 다른 사회의 기준에 의해 함부로 평가될 수 없다. 문화의 다양성과 특수성을 무시하고 자기 문화의 관점에서 이해하려고 하면 문화적인 편견에 빠지게 된다. 자기 문화만을 가장 우수한 것으로 믿거나 다른 문화를 부정적으로 평가하게 되는 자국 문화 우월주의에 사로잡히는 것이다. 문화의 상대성을 인정하지 않는 태도는 문화를 올바로 이해하는 데에 도움이 되지 못한다. 뿐만 아니라 이로 인해 국제적으로 고립될 수 있는 위험성을 지니고 있다. 따라서 타문화를 이해하려면 문화의 다양성과 타문화의 특수성을 인정해야 한다. 그리고 그 문화가 생겨난 역사적 배경을 이해하려는 태도를 가져야 한다.	50

1회 읽기

문항 번호	정답 및 풀이	배점
1	① 이사를 하고 난 후에 시끄러운 것을 알게 된 것이므로 어떤 행동을 하고 난 다음에 알게 되었다는 표현인 ①이 답이 된다.	2
2	② 자전거와 부딪혀서 넘어졌거나 넘어진 것과 같은 상황이 되어야 한다. 따라서 어떤 상황이 실제로 일어나지는 않았지만 그럴 가능성이 매우 높았다는 표현인 ②가 답이 된다.	2
3	③ 쓰러질 만큼의 상황이라는 의미이므로 ③이 답이 된다.	2
4	① 출발하든지 안 하든지 상관없이 기차를 탈 수 없을 거라는 내용이므로 어떤 행동을 하더라도 소용없다는 의미인 ①이 답이 된다.	2
5	④ 물을 안심하고 마실 수 있다는 내용이므로 물을 깨끗하게 만들어 주는 제품인 ④가 답이 된다.	2
6	③ 과거와 현재를 만날 수 있는 장소를 말하고 있으므로 ③이 답이 된다.	2
7	② 바른다거나 문지르라는 말은 사용 방법을 의미하므로 ②가 답이 된다.	2
8	④ '선착순 50명'은 먼저 신청하는 순서대로 50명이라는 의미이며 이는 문화센터의 회원을 모집한다는 말이므로 ④가 답이 된다.	2
9	④ 학생 할인은 인터넷 예매 시에만 적용된다고 했으므로 ④가 답이 된다.	2
10	③ 남자가 여자보다 운동을 많이 하므로 ③이 답이 된다.	2
11	① 여행도우미들은 제주 현지인이라고 했으므로 ①이 답이 된다.	2

12	② 요리가 생활의 일부가 아니라 즐기는 문화가 되어 가고 있다고 했으므로 ②가 답이 된다.	2
13	② 남은 맥주를 활용하는 방법을 설명하고 있으므로 (다)를 첫 문장으로 하는 ②가 자연스럽다.	2
14	③ 자전거와 걷기, 달리기 등의 유산소 운동에 대한 장단점과 건강관리법에 대해 말하고 있다. 따라서 (나)를 첫 문장, (가)를 마지막 문장으로 하는 ③이 자연스럽다.	2
15	④ 남극과 북극의 차이점을 말하고 있으므로 (라)를 첫 문장으로 하는 ④가 자연스럽다.	2
16	① 탄산이 물 위에 있다고 했으므로 뚜껑을 통해 빠져나가는 것을 막으려면 거꾸로 세워야 한다. 따라서 ①이 답이 된다.	2
17	③ 다리를 심장보다 높게 올려 준다는 것은 다리에 있는 피를 심장 쪽으로 보내 주어 혈액 순환을 돕는 것이므로 ③이 답이 된다.	2
18	③ 눈을 가리거나 감을 경우 균형을 잡기 어렵다는 것은 시각과 관련이 있다는 것이므로 ③이 답이 된다.	2
19	② 엘니뇨에 대한 설명으로 해수면이 온도가 갑자기 상승하면서 나타나는 현상이라는 의미이므로 ②가 들어가야 자연스럽다.	2
20	③ 식수난까지 벌어지고 있다고 했으므로 ③이 답이 된다.	2
21	① 빚이 빠른 시간 안에 늘어난다는 내용이 자연스러우므로 ①이 답이 된다.	2
22	④ 대출 받은 돈으로 주식에 투자했다가 손해를 보면 빚이 늘어난다고 했으므로 ④가 답이 된다.	2
23	① 주문하지 않은 커피를 한 잔 더 줘서 어떻게 해야 할지 몰랐으므로 ①이 답이 된다.	2
24	③ 두 번째 커피는 주인아저씨가 무료로 준 커피이므로 ③이 답이 된다.	2
25	② 6개월 동안 수출이 감소해 문제가 있다는 말이므로 ②가 답이 된다.	2

26	① 도시 안에 공원이 더위를 해결하는 에어컨 역할을 한다고 했으므로 ①이 답이 된다.	2
27	④ 허가 받지 않은 현수막들이 너무 많아 시민의 안전을 위협한다고 했으므로 ④가 답이 된다.	2
28	③ 누가 말해 주지 않아도 하는 일이 많다는 문장이므로 ③이 들어가야 자연스럽다.	2
29	③ 환경보호에 좀 더 관심을 갖고 실천해야 한다는 내용이므로 소극적인 경우의 앞에는 ③이 들어가야 자연스럽다.	2
30	④ 건물 옥상에 식물을 키우게 될 때의 장점을 말하고 있으므로 ④가 들어가야 자연스럽다.	2
31	② 골다공증은 중년 여성에 많이 나타나는 질병이지만 남성들에게도 나타난다는 내용이므로 ②가 들어가야 자연스럽다.	2
32	③ 앞으로 일상생활에서 활동할 로봇의 예로 재난 현장에서 구조 활동을 펴는 로봇을 들었으므로 ③이 답이 된다.	2
33	③ 노인들은 생활비에 보탬이 되고 학생들은 저렴한 방을 얻을 수 있어 호응도가 높다고 했으므로 ③이 답이 된다.	2
34	④ 사용자의 위치 정보나 동선, 일정 등을 파악하여 개인에게 최적화된 서비스를 제공한다고 했으므로 ④가 답이 된다.	2
35	④ 청년 실업 문제를 해결하기 위해서는 대기업만을 선호하는 인식부터 개선해야 한다는 내용이므로 ④가 답이 된다.	2
36	④ 운전자가 조금만 주의를 기울이면 연료 절약과 교통사고 예방까지 가능하다는 내용이므로 ④가 답이 된다.	2
37	② 여러 회사의 제품을 비교하여 정보를 정확하게 파악해야 한다고 했으므로 ②가 답이 된다.	2

38	① 남다른 시도로 음악 프로그램의 다양한 가능성을 보여주었다는 내용이므로 ①이 답이 된다.	2
39	② 보기의 문장은 달이 지구와 태양의 사이에 위치한 후에 이어지는 것이 자연스러우므로 ②가 답이 된다.	2
40	① 보기의 문장은 암이 불치병으로 알려진 이유를 말하고 있으므로 ①이 답이 된다.	2
41	③ 보기의 문장은 이 책을 많은 젊은이들이 찾고 있는 상황 앞에 와야 자연스러우므로 ③이 답이 된다.	2
42	② 수찬과 여자의 뒤를 따라 나가 보고 싶었으나 주문한 음식 때문에 그러지 못했다는 것이므로 ②가 답이 된다.	2
43	④ 급행 좌석표를 사고 나서 역전 근처 식당으로 들어갔다고 했으므로 ④가 답이 된다. 여기에서 역전이라는 것은 역앞을 의미하며 보통 기차역을 말한다.	2
44	② 약의 특성에 따라 복용 시간도 달라진다고 했으므로 ②가 답이 된다.	2
45	③ 위산 분비를 억제하는 약은 식사 전에 먹는 것이 좋다고 했으므로 ③이 답이 된다.	2
46	③ 보기의 문장은 친구로 생각하지 말고 사무적으로 대하라는 충고를 받기도 한다는 문장 앞에 들어가야 자연스러우므로 ③이 답이 된다.	2
47	② 친한 사람이 많다면 서로 실망시키지 않고 업무에 더 집중한다고 했으므로 ②가 답이 된다.	2
48	③ 영재교육의 문제점을 개선하기 위한 다양하고 새로운 방법이 강구되어야 할 것이라고 했으므로 ③이 답이 된다.	2
49	④ 현재는 입시 위주의 영재교육이 강조되지만 영재교육의 본래 취지를 담고 있는 ④가 들어가야 자연스럽다.	2
50	① 영재교육이 입시 위주의 교육으로 강조되어 사교육 시장을 과열시키는 문제점이 발생하고 있다는 내용이므로 ①이 답이 된다.	2

2회 듣기

문항 번호	정답 및 풀이	배점
1	③ 새 텔레비전을 설치할 위치를 묻는 남자에게 여자가 대답하고 있으므로 ③이 답이 된다.	2
2	② 두 사람이 공원에 앉아서 이야기하고 있으므로 ②가 답이 된다.	2
3	③ 여행 상품이 가장 많았고 그 다음으로 의류, 생활용품, 식료품이라고 했으므로 ③이 답이 된다.	2
4	② 야구를 하는 줄 몰랐다는 여자의 말에 대한 대답으로 ②가 자연스럽다.	2
5	③ 약을 어떻게 먹느냐고 물었으므로 ③이 자연스럽다.	2
6	③ 소금을 왜 넣느냐는 질문에 대한 대답으로 ③이 자연스럽다.	2
7	④ 교통비가 올라서 걱정이라는 여자의 말에 교통비 할인에 대해 말하고 있으므로 ④가 자연스럽다.	2
8	① 비가 안 와서 농작물 피해가 크다고 했으므로 ①이 자연스럽다.	2
9	② 남자가 우선 책을 달라고 했으므로 ②가 답이 된다.	2
10	① 여자가 가서 사진을 찍고 온다고 했으므로 ①이 답이 된다.	2
11	③ 남자가 택배를 보내려면 먼저 상자를 따로 사서 책을 넣어야 한다고 했으므로 ③이 답이 된다.	2
12	② 남자가 고객만족팀에 요청하라고 했으므로 ②가 답이 된다.	2

13	② 남자는 공연을 지난주에 가서 봤다고 했으므로 ②가 답이 된다.	2
14	③ 주말 동안 건물 소독을 위해 사무실 문을 잠그지 말고 퇴근하라고 했으므로 ③이 답이 된다.	2
15	③ 사용 후 문을 열어 물기를 말리는 게 중요하다고 했으므로 ③이 답이 된다.	2
16	① 친환경 에너지는 자연에서 에너지를 얻어 내는 것이기 때문에 환경보호에도 효과적이라고 했으므로 ①이 답이 된다.	2
17	③ 남자는 동아리에 열심히 나와야 서로 더 잘 알게 된다고 했으므로 ③이 답이 된다.	2
18	④ 남자는 버려진 물건으로 가구를 만드는 것이 환경을 살린다는 의미가 있다고 했으므로 ④가 답이 된다.	2
19	④ 남자는 강아지를 사람처럼 대하는 게 지나친 것 같다고 했으므로 ④가 답이 된다.	2
20	② 남자는 경제에 관심을 가지면 살아가면서 많은 도움을 받을 수 있다고 했으므로 ②가 답이 된다.	2
21	① 남자는 남의 것을 따라 했는데도 결과만 보고 그냥 넘어가는 잘못된 관행이 표절을 봐 주고 있는 거라고 말했으므로 ①이 답이 된다.	2
22	④ 타 방송의 프로그램을 따라 했다가 인기가 더 많아진 경우도 있다고 했으므로 ④가 답이 된다.	2
23	① 남자가 주말 체험을 어떻게 신청하냐고 했으므로 ①이 답이 된다.	2
24	② 구청 홈페이지에서 신청 가능하다고 했으므로 ②가 답이 된다.	2
25	② 남자는 어렸을 때부터 입양 사실을 자연스럽게 받아들일 수 있게 해야 한다고 했으므로 ②가 답이 된다.	2
26	④ 입양 가정 모임에 참석해서 정보를 공유하고 경험을 듣는 것이 필요하다고 했으므로 ④가 답이 된다.	2

27	④ 연예인들은 대중의 관심을 필요로 하기 때문에 불편함이 있더라도 출연하는 거라고 했으므로 ④가 답이 된다.	2
28	② 연예인들의 일상이 일반인과 다르지 않다고 했으므로 ②가 답이 된다.	2
29	① 남자가 자신의 전공을 살려 벽에 그림을 그리기 시작했다고 말했으므로 ①이 답이 된다.	2
30	④ 낙후된 마을 환경도 개선할 겸 기획을 했고 주민들의 협조로 아름다운 벽화 마을이 완성되었다고 했으므로 ④가 답이 된다.	2
31	② 정규직과 비정규직의 차이를 줄일 수 있는 정부의 대책과 지원이 필요하다고 했으므로 ②가 답이 된다.	2
32	① 여자의 질문에 근거를 가지고 대답하고 있으므로 ①이 답이 된다.	2
33	③ 광고가 늘어날수록 문제점도 늘고 있으며 소비자도 필요한 상품을 고를 수 있는 안목을 길러야 한다고 했으므로 ③이 답이 된다.	2
34	② 광고는 상품을 널리 홍보하여 기업이 제품이나 서비스를 소비자에게 파는 데에 목적이 있다고 했으므로 ②가 답이 된다.	2
35	④ 남자는 장학생들에게 자신이 받은 혜택을 사회에 돌려주는 사람이 되어 달라고 했으므로 ④가 답이 된다.	2
36	④ 후원회에서 장학생들과 같은 처지의 후배들을 위한 모금 활동을 하고 있다고 했으므로 ④가 답이 된다.	2
37	③ 공정 무역은 골고루 이익의 분배가 이루어지는 행복한 길이라고 했으므로 ③이 답이 된다.	2
38	④ 생산자에게는 아주 미미한 금액이 돌아간다고 했으므로 ④가 답이 된다.	2
39	④ 앞의 인터뷰에서 선수들이 기대에 부풀어 있다고 했으므로 ④가 답이 된다.	2

40	② 남자는 선수시절부터 감독을 맡은 지금까지 야구를 사랑한다고 했으므로 ②가 답이 된다.	2
41	② 모두 출근한 시간에 공원에 모여 있는 노인들이 많다고 했으므로 ②가 답이 된다.	2
42	③ 노인 문제는 노인들만의 문제가 아니라 우리 모두의 문제라고 했으므로 답이 된다.	2
43	③ 돌고래의 지능이 80 정도이며 바다 동물 중에서 가장 높다고 했으므로 ③이 답이 된다.	2
44	④ 돌고래는 인간과 비슷한 감수성을 가지고 있다고 했으므로 ④가 답이 된다.	2
45	④ 일류만을 지향하여 경쟁 사회를 부추기고 있다고 했으므로 ④가 답이 된다.	2
46	③ 입시를 위해 아이들을 사교육 현장으로 내모는 잘못된 교육 환경에 대해 비판하고 있으므로 ③이 답이 된다.	2
47	② 일회용품 및 플라스틱이 분해되는 데에 몇 백 년이나 소요된다고 했으므로 ②가 답이 된다.	2
48	② 일회용품 사용을 자제해야 한다고 했으므로 ②가 답이 된다.	2
49	② 도시 고유의 매력과 자생력은 역사와 문화에서 비롯된다고 했으므로 ②가 답이 된다.	2
50	③ 여자는 예전의 경향과 비교하며 진정한 도시 재생에 대해 설명하고 있으므로 ③이 답이 된다.	2

2회 쓰기

문항 번호	모범답안	배점
51	㉠ 동창회가 있습니다/ 개최됩니다 ㉡ 인원 확인이 필요합니다/ 인원을 확인해야 합니다	10
52	㉠ 과정보다 결과에만 관심을 갖는다 　과정보다 결과만을 중요하게 생각한다 ㉡ 경쟁에서 이기려고(만) 한다 　경쟁에서 이기기 위해 노력한다	10
53	자원 봉사란 자신의 시간을 쪼개어 다른 사람을 위해 좋은 일을 하는 것으로 여러 영역에서 활동을 할 수 있다. 첫째, 사회 복지 활동으로 보육원이나 양로원 등에서 청소를 하거나 사람들을 돌봐주는 것이다. 둘째, 지역 지원 활동으로 주민센터나 아동복지센터에서 교육 및 상담을 하는 일이다. 마지막으로 문화 예술 활동이 있는데 문화재나 고궁 또는 박물관 등에서 문화 행사를 지원하는 것이다.	30
54	사람들은 직업을 선택할 때 연봉, 안정성, 적성 등 여러 가지 조건을 고려한다. 하지만 이들 조건을 모두 충족하는 직업을 찾는 것은 결코 쉬운 일이 아니다. 그렇다면 이러한 조건 중 무엇을 우선적으로 고려하는 것이 바람직할까? 　대부분의 경우 대기업에 취직하는 것을 선호한다. 대기업은 중소기업에 비해서 높은 연봉과 다양한 복지 혜택이 주어지기 때문이다. 하지만 이러한 조건만으로 직업을 선택할 경우 시간이 지날수록 업무 만족도가 떨어질 수 있다. 한편 안정적인 직업을 선호하는 경향도 강해지고 있다. 대학 전공에 상관없이 공무원 시험을 준비하는 것이 그 예이다. 공무원은 연봉이 다소 낮더라도 고용이 보장된다는 측면에서 안정적이기 때문이다. 하지만 자신의 적성과 무관하게 안정성만을 따지다 보면 직장은 능력을 발휘하고 꿈을 실현할 수 있는 곳이 아니라 생계유지를 위한 수단이 될 뿐이다. 　반면 적성에 맞는 직업을 선택하면 경험이 쌓일수록 자신의 능력을 잘 발휘할 수 있으며 업무 만족도도 높기 때문에 연봉이나 안정성 같은 경제적인 조건만으로 직업을 선택한 경우에 비해 즐겁게 일할 수 있다. 실제로 성공한 사람들을 보면 자신의 적성에 맞는 일을 찾아 어려운 일이 있더라도 도중에 포기하지 않고 최선을 다한 사람들이 많다. 따라서 직업을 선택할 때 자신의 적성을 우선적으로 고려하는 것이 바람직하다고 할 수 있다.	50

2회 읽기

문항 번호	정답 및 풀이	배점
1	② 옆에서 부르는 소리를 듣지 못한 이유가 음악을 듣고 있었기 때문이므로 이유나 원인을 나타내는 표현인 ②가 답이 된다.	2
2	③ 공부는 안 하고 노는 것만 했다는 말이므로 한 가지 행동만 계속했다는 표현인 ③이 답이 된다.	2
3	④ 나이가 들면 기억력이 떨어지는 것이 자연스럽다는 내용이므로 어떤 일이 일어나는 것이 당연하다는 표현인 ④가 답이 된다.	2
4	② 술을 마시는 행동을 계속하게 되면 그 결과 건강이 나빠진다는 내용이므로 어떤 일을 하면 뒤에 안 좋은 결과가 온다는 표현인 ②가 답이 된다.	2
5	④ 계절마다 정리한다고 했으므로 ④가 답이 된다.	2
6	② 아침에 주문하고 저녁에 받는다고 했으므로 ②가 답이 된다.	2
7	③ 전열기 옆에 두지 말라, 어린이 손에 닿지 않게 하라는 등의 주의할 점을 말하고 있으므로 ③이 답이 된다.	2
8	① 건강을 위해 손을 씻고, 양치를 자주 하라는 말이므로 ①이 답이 된다.	2
9	② 20인 이상 단체는 특별 요금이 적용되므로 ②가 답이 된다.	2
10	③ 여성이 중요하게 생각하는 조건으로 가장 높은 것이 직업이므로 ③이 답이 된다.	2
11	① 공연 한 달 전부터 예매가 가능하다고 했으므로 ①이 답이 된다.	2
12	④ 매주 월, 수, 금요일에 운영된다고 했으므로 ④가 답이 된다.	2

13	② 마지막 주 수요일의 '문화가 있는 날'에 대한 소개이므로 (가)를 첫 문장으로 하는 ②가 자연스럽다.	2
14	④ 제주에서의 도보 여행에 대하여 소개하고 있으므로 (다)를 첫 문장으로 하고 설명하는 (가)가 이어지는 ④가 자연스럽다.	2
15	① 불안 장애에 대한 증상과 예방법에 대해 설명하고 있으므로 (나)를 첫 문장으로 하고 불안 장애를 설명하는 (라)가 이어지는 ①이 자연스럽다.	2
16	③ 사과에서 나오는 가스로 인해 같이 있는 채소나 과일이 쉽게 변하게 되는 것을 막아야 하므로 ③이 답이 된다.	2
17	② 긍정적인 단어가 긍정적인 결과를 가져온다는 내용이므로 ②가 답이 된다.	2
18	④ 추운 북유럽, 온대 지방, 열대 지방에 따라 피부색이 다르므로 ④가 답이 된다.	2
19	① 노화 현상을 민감하게 느끼는 부분이 시력이라고 했으므로 '다름이 아니라 곧'을 의미하는 ①이 답이 된다.	2
20	④ 시력 감퇴를 줄여 주는 음식을 말하고 있으므로 ④가 답이 된다.	2
21	④ 매출 감소로 인해 경제적으로 급한 상황이 되었다는 내용이 자연스러우므로 ④가 답이 된다.	2
22	③ 새로운 사업을 찾을 수 있도록 지원하는 것이 필요하다고 했으므로 ③이 답이 된다.	2
23	③ 오빠가 아끼는 비싼 카메라를 고장 내서 미안한 마음을 느꼈으므로 ③이 자연스럽다.	2
24	④ 오빠는 자신의 물건에 손을 대는 것을 아주 싫어한다고 했으므로 ④가 답이 된다.	2
25	③ 냉방병으로 여름에도 감기에 걸릴 수 있다는 말이므로 ③이 답이 된다.	2
26	① 기름 값이 계속 떨어지면 물가도 함께 내려 서민 경제에 도움이 된다는 말이므로 ①이 답이 된다.	2

27	② 작은 아파트의 인기가 계속 오르고 있다는 말이므로 ②가 답이 된다.	2
28	③ 시원한 팩이라고 했으므로 ③이 들어가야 자연스럽다.	2
29	④ 완전한 형태의 공룡이 발견되었다고 했으므로 ④가 들어가야 자연스럽다.	2
30	④ 사람들에게 여러 차례 목격된 적이 있다고 했으므로 ④가 답이 된다.	2
31	② 기존에는 10cm 거리 이내와 특정 방향에서만 가능하다고 했으므로 ②가 답이 된다.	2
32	④ 열사병 증상이 나타나면 일단 그늘로 피하고 수분을 섭취하는 것이 중요하다고 했으므로 ④가 답이 된다.	2
33	① 편의 시설을 저렴한 비용으로 이용할 수 있다고 했으므로 ①이 답이 된다.	2
34	① 기온 상승에 따라 꿀벌들이 살 수 있는 지역이 줄어들고 있다고 했으므로 ①이 답이 된다.	2
35	④ 궁합이 맞는 음식을 함께 먹으면 맛은 물론 건강도 좋아진다고 했으므로 ④가 답이 된다.	2
36	② 피부를 자외선에 오랫동안 자외선에 노출시키는 것은 좋지 않다고 했으므로 ②가 답이 된다.	2
37	① 한 줄 서기를 통해 바쁜 사람들이 이동할 수 있도록 하는 것은 타인을 배려하는 행동이라고 했으므로 ①이 답이 된다.	2
38	① 모든 영역에서 변화의 바람이 불고 있기 때문에 다양하고 전문화된 방법이 필요하다고 했으므로 ①이 답이 된다.	2
39	② 보기의 문장은 하이힐을 신었을 경우의 좋은 점과 부작용에 대한 자세한 설명 사이에 와야 자연스러우므로 ②가 답이 된다.	2
40	② 보기의 문장은 반사적인 행동에 대한 예이므로 ②에 들어가는 것이 자연스럽다.	2

41	③ 보기의 문장은 좌우 차이가 나는 영상을 보게 되는 현상을 설명한 다음에 오는 것이 자연스러우므로 ③이 답이 된다.	2
42	④ '허전하다'는 의지할 곳이 없어지거나 무엇을 잃어버린 것같이 서운한 느낌이 있다는 의미이므로 ④가 답이 된다.	2
43	② 옛 길이 있던 곳에는 신축된 성벽의 문이 나 있었다고 했으므로 새로운 성벽이 만들어졌다는 ②가 답이 된다.	2
44	④ '빅데이터'를 통해 사용자의 위치 정보는 물론이고 관심사나 성향, 생각 등을 분석하고 예측해 낼 수 있다고 했으므로 ④가 답이 된다.	2
45	① 특정 장소에서 발생 가능한 범죄를 예측해 낸다고 했으므로 ①이 답이 된다.	2
46	② 보기의 문장은 막힌 배수구를 뚫는 구체적인 방법을 제시하고 있으므로 ②에 들어가야 자연스럽다.	2
47	② 원두커피 찌꺼기를 이용해서 청소하는 예를 이야기하고 있으므로 ②가 답이 된다.	2
48	③ 국민들의 적극적인 정치적 참여가 필요하다고 말하고 있으므로 ③이 답이 된다.	2
49	③ 자본주의 사회에서 정치와 경제의 유착 관계가 심화되고 있다고 했으므로 ③이 자연스럽다.	2
50	① 권력은 국민 다수를 위해 일할 수 있어야 한다고 말하고 있으므로 ①이 답이 된다.	2

절취선

제1회 한국어능력시험
TOPIK II

1 교시 (듣기)

성 명 (Name)
한 국 어 (Korean)
영 어 (English)

수 험 번 호

8

※결 시 확인란 | 결시자의 영어 성명 및 수험번호 기재 후 표기

※ 답안지 표기 방법(Marking examples)
바른 방법(Correct) | 바르지 못한 방법(Incorrect)

※ 위 사항을 지키지 않아 발생하는 불이익은 응시자에게 있습니다.

※감독관 확 인 | 본인 및 수험번호 표기가 정확한지 확인 | (인)

제1회 한국어능력시험
TOPIK II

1 교시 (쓰기)

성 명 (Name)	한 국 어 (Korean)	
	영 어 (English)	

수 험 번 호

8

주관식 답안은 정해진 답란을 벗어나거나 답란을 바꿔서 쓸 경우 점수를 받을 수 없습니다.
(Answers written outside the box or in the wrong box will not be graded.)

51 ㉠　㉡

52 ㉠　㉡

53 아래 빈칸에 200자에서 300자 이내로 작문하십시오 (띄어쓰기 포함).
(Please write your answer below; your answer must be between 200 and 300 letters including spaces.)

50　100　150　200　250　300

※ 결 시 확인란　결시자의 영어 성명 및 수험번호 기재 후 표기　〇

※답안지 표기 방법(Marking examples)

바른 방법(Correct)	바르지 못한 방법(Incorrect)
●	☑　⊙　◑　⊗　✦

※ 위 사항을 지키지 않아 발생하는 불이익은 응시자에게 있습니다.

※ 감독관 확 인　본인 및 수험번호 표기가 정확한지 확인　(인)

※ 54번은 뒷면에 작성하십시오. (Please write your answer for question number 54 at the back.)

※ 주어진 답란의 방향을 바꿔서 답안을 쓰면 '0'점 처리 됩니다.
(Please do not turn the answer sheet horizontally. No points will be given.)

제1회 한국어능력시험
TOPIK II
2 교시 (읽기)

성 명 (Name)	한 국 어 (Korean)	
	영 어 (English)	

수 험 번 호

8

※결 시 확인란 | 결시자의 영어 성명 및 수험번호 기재 후 표기

※답안지 표기 방법(Marking examples)

바른 방법(Correct)	바르지 못한 방법(Incorrect)
●	☑ ⊙ ◑ ⊗ ✖

※ 위 사항을 지키지 않아 발생하는 불이익은 응시자에게 있습니다.

※감독관 확 인 | 본인 및 수험번호 표기가 정확한지 확인 | (인)

번호	답 란		번호	답 란		번호	답 란
1	① ② ③ ④		21	① ② ③ ④		41	① ② ③ ④
2	① ② ③ ④		22	① ② ③ ④		42	① ② ③ ④
3	① ② ③ ④		23	① ② ③ ④		43	① ② ③ ④
4	① ② ③ ④		24	① ② ③ ④		44	① ② ③ ④
5	① ② ③ ④		25	① ② ③ ④		45	① ② ③ ④
6	① ② ③ ④		26	① ② ③ ④		46	① ② ③ ④
7	① ② ③ ④		27	① ② ③ ④		47	① ② ③ ④
8	① ② ③ ④		28	① ② ③ ④		48	① ② ③ ④
9	① ② ③ ④		29	① ② ③ ④		49	① ② ③ ④
10	① ② ③ ④		30	① ② ③ ④		50	① ② ③ ④
11	① ② ③ ④		31	① ② ③ ④			
12	① ② ③ ④		32	① ② ③ ④			
13	① ② ③ ④		33	① ② ③ ④			
14	① ② ③ ④		34	① ② ③ ④			
15	① ② ③ ④		35	① ② ③ ④			
16	① ② ③ ④		36	① ② ③ ④			
17	① ② ③ ④		37	① ② ③ ④			
18	① ② ③ ④		38	① ② ③ ④			
19	① ② ③ ④		39	① ② ③ ④			
20	① ② ③ ④		40	① ② ③ ④			

제2회 한국어능력시험
TOPIK II
1 교시 (듣기)

성 명 (Name)	한 국 어 (Korean)	
	영 어 (English)	

수 험 번 호											
				8							

※결 시 확인란 | 결시자의 영어 성명 및 수험번호 기재 후 표기

※답안지 표기 방법(Marking examples)

바른 방법(Correct) | 바르지 못한 방법(Incorrect)

※ 위 사항을 지키지 않아 발생하는 불이익은 응시자에게 있습니다.

※감독관 확인 | 본인 및 수험번호 표기가 정확한지 확인 | (인)

번호	답 란	번호	답 란	번호	답 란
1	① ② ③ ④	21	① ② ③ ④	41	① ② ③ ④
2	① ② ③ ④	22	① ② ③ ④	42	① ② ③ ④
3	① ② ③ ④	23	① ② ③ ④	43	① ② ③ ④
4	① ② ③ ④	24	① ② ③ ④	44	① ② ③ ④
5	① ② ③ ④	25	① ② ③ ④	45	① ② ③ ④
6	① ② ③ ④	26	① ② ③ ④	46	① ② ③ ④
7	① ② ③ ④	27	① ② ③ ④	47	① ② ③ ④
8	① ② ③ ④	28	① ② ③ ④	48	① ② ③ ④
9	① ② ③ ④	29	① ② ③ ④	49	① ② ③ ④
10	① ② ③ ④	30	① ② ③ ④	50	① ② ③ ④
11	① ② ③ ④	31	① ② ③ ④		
12	① ② ③ ④	32	① ② ③ ④		
13	① ② ③ ④	33	① ② ③ ④		
14	① ② ③ ④	34	① ② ③ ④		
15	① ② ③ ④	35	① ② ③ ④		
16	① ② ③ ④	36	① ② ③ ④		
17	① ② ③ ④	37	① ② ③ ④		
18	① ② ③ ④	38	① ② ③ ④		
19	① ② ③ ④	39	① ② ③ ④		
20	① ② ③ ④	40	① ② ③ ④		

절취선

제2회 한국어능력시험
TOPIK II

1 교시 (쓰기)

성 명 (Name)	한 국 어 (Korean)	
	영 어 (English)	

수 험 번 호

8

※결 시
확인란 | 결시자의 영어 성명 및 수험번호 기재 후 표기 | ○

※ 답안지 표기 방법(Marking examples)

바른 방법(Correct)	바르지 못한 방법(Incorrect)

※ 위 사항을 지키지 않아 발생하는 불이익은 응시자에게 있습니다.

※감독관
확 인 | 본인 및 수험번호 표기가 정확한지 확인 | (인)

주관식 답안은 정해진 답란을 벗어나거나 답란을 바꿔서 쓸 경우 점수를 받을 수 없습니다.
(Answers written outside the box or in the wrong box will not be graded.)

51 ㉠ ㉡

52 ㉠ ㉡

53 아래 빈칸에 200자에서 300자 이내로 작문하십시오 (띄어쓰기 포함).
(Please write your answer below; your answer must be between 200 and 300 letters including spaces.)

50
100
150
200
250
300

※ 54번은 뒷면에 작성하십시오. (Please write your answer for question number 54 at the back.)

<table>
<tr><td rowspan="2">**54**</td><td>주 관 식 답 란   (Answer sheet for composition)</td></tr>
<tr><td>아래 빈칸에 600자에서 700자 이내로 작문하십시오 (띄어쓰기 포함).
(Please write your answer below your answer must be between 600 and 700 letter including spaces.)</td></tr>
</table>

※ 주어진 답란의 방향을 바꿔서 답안을 쓰면 '0'점 처리 됩니다.
(Please do not turn the answer sheet horizontally. No points will be given.)

절취선

제2회 한국어능력시험
TOPIK II
2 교시 (읽기)

성 명 (Name)	한 국 어 (Korean)	
	영 어 (English)	

수 험 번 호

8

※ 결 시 확인란 | 결시자의 영어 성명 및 수험번호 기재 후 표기

※ 답안지 표기 방법(Marking examples)

바른 방법(Correct)	바르지 못한 방법(Incorrect)
●	☑ ⊙ ◑ ⊗ ✗

※ 위 사항을 지키지 않아 발생하는 불이익은 응시자에게 있습니다.

※ 감독관 확 인 | 본인 및 수험번호 표기가 정확한지 확인 | (인)

번호	답			란
1	①	②	③	④
2	①	②	③	④
3	①	②	③	④
4	①	②	③	④
5	①	②	③	④
6	①	②	③	④
7	①	②	③	④
8	①	②	③	④
9	①	②	③	④
10	①	②	③	④
11	①	②	③	④
12	①	②	③	④
13	①	②	③	④
14	①	②	③	④
15	①	②	③	④
16	①	②	③	④
17	①	②	③	④
18	①	②	③	④
19	①	②	③	④
20	①	②	③	④

번호	답			란
21	①	②	③	④
22	①	②	③	④
23	①	②	③	④
24	①	②	③	④
25	①	②	③	④
26	①	②	③	④
27	①	②	③	④
28	①	②	③	④
29	①	②	③	④
30	①	②	③	④
31	①	②	③	④
32	①	②	③	④
33	①	②	③	④
34	①	②	③	④
35	①	②	③	④
36	①	②	③	④
37	①	②	③	④
38	①	②	③	④
39	①	②	③	④
40	①	②	③	④

번호	답			란
41	①	②	③	④
42	①	②	③	④
43	①	②	③	④
44	①	②	③	④
45	①	②	③	④
46	①	②	③	④
47	①	②	③	④
48	①	②	③	④
49	①	②	③	④
50	①	②	③	④